東国古墳時代の文化と交流

日高 慎
Hidaka Shin
●著

雄山閣

東国古墳時代の文化と交流　目　次

第Ⅰ部　埴輪編

第1章　埴輪の装いとその意義……………………………………11
はじめに………………………………………………………………………11
第1節　古墳時代の衣服に関する研究史……………………………………11
第2節　古墳時代の髪型に関する研究史……………………………………18
第3節　今後の課題と問題点…………………………………………………19
おわりに………………………………………………………………………20

第2章　形象埴輪群像を読み解く…………………………………23
はじめに………………………………………………………………………23
第1節　瓦塚古墳の埴輪群像…………………………………………………23
第2節　瓦塚古墳埴輪群像のこれまでの見解………………………………24
第3節　形象埴輪群像の意味についての再検討……………………………25
　1　首長権（霊）継承儀礼説について………………………………………26
　2　殯説について……………………………………………………………27
　3　葬列説について…………………………………………………………27
　4　供養・墓前祭祀説について……………………………………………28
　5　他界・来世表現説について……………………………………………29
第4節　形象埴輪群像の意味…………………………………………………30
おわりに………………………………………………………………………32

第3章　東北の前方後円墳埴輪配列………………………………33
はじめに………………………………………………………………………33
第1節　東北の後期前方後円墳の形象埴輪配列……………………………33
第2節　埴輪配列の具体的場面要素について………………………………36
第3節　埴輪と地域間交流……………………………………………………38
おわりに………………………………………………………………………39

第4章　形象埴輪群像における動物 ……………………41
　　　　―狩猟場面を再現する動物埴輪―

はじめに …………………………………………………………41
第1節　埴輪の種類と変遷 ………………………………………41
第2節　埴輪群像のなかの動物埴輪 ……………………………42
第3節　狩猟場面の意味 …………………………………………44
　　1　狩猟場面の事例 …………………………………………45
　　2　猪の意味 …………………………………………………46
　　3　鹿の意味 …………………………………………………47
　　4　狩猟場面の意味 …………………………………………47
おわりに …………………………………………………………48

第5章　甲塚古墳の埴輪群像における被葬者像 ……………49

はじめに …………………………………………………………49
第1節　栃木県甲塚古墳の埴輪配列 ……………………………49
　　1　馬および馬曳き男子の概要 ……………………………50
　　2　人物の概要 ………………………………………………50
　　3　小　結 ……………………………………………………54
第2節　女子埴輪の特徴 …………………………………………55
第3節　男子埴輪の特徴 …………………………………………55
第4節　甲塚古墳の埴輪配列と首長（被葬者）像 ………………56
おわりに …………………………………………………………58

第6章　被葬者の埴輪 …………………………………………61

はじめに …………………………………………………………61
第1節　埴輪に表されたのは生前の場面か死後のそれか ………61
第2節　群集墳の埴輪に被葬者は表現されたのか ………………62
第3節　首長墓における被葬者と思われる人物埴輪 ……………64
おわりに …………………………………………………………70

第7章　古墳時代の葬送儀礼 …………………… 71

はじめに …………………………………………………………………… 71
第1節　葬送儀礼のおこなわれる場面について ………………………… 71
第2節　弥生時代後期から古墳時代前期の葬送儀礼 …………………… 73
第3節　古墳時代中期の葬送儀礼 ………………………………………… 75
第4節　古墳時代後期の葬送儀礼 ………………………………………… 78
第5節　殯関連遺構（喪屋）について …………………………………… 81
第6節　古墳時代葬送儀礼の諸段階 ……………………………………… 85
おわりに …………………………………………………………………… 86

第Ⅱ部　副葬品・渡来系資料編

第1章　後期古墳における刀類立てかけ副葬について …89

はじめに …………………………………………………………………… 89
第1節　風返稲荷山古墳における刀類の副葬状況 ……………………… 89
第2節　刀類立てかけ副葬の類例と諸特徴 ……………………………… 91
第3節　刀類立てかけ副葬の意義 ………………………………………… 94
おわりに …………………………………………………………………… 97

第2章　稲荷山遺跡出土七星剣考 ………………………… 99

はじめに …………………………………………………………………… 99
第1節　七星剣と出土遺構 ………………………………………………… 99
第2節　稲荷山七星剣の類例 ……………………………………………… 101
第3節　七星剣の思想的背景 ……………………………………………… 106
おわりに …………………………………………………………………… 111

第3章　北海道大川遺跡出土資料の再検討 ………… 113

はじめに ………… 113
第1節　GP96出土鉄製品について ………… 113
第2節　GP34出土須恵器について ………… 115
第3節　その他の特異な副葬品について ………… 115
第4節　大川遺跡の再評価 ………… 117

第4章　松戸市行人台遺跡の鋳造鉄斧と多孔式甑 ……… 119
　　　　―東京湾沿岸地域と渡来系文物―

はじめに ………… 119
第1節　行人台遺跡の鋳造鉄斧と多孔式甑の出土状況 ………… 119
第2節　鋳造鉄斧の諸特徴と類例について ………… 122
第3節　多孔式甑の諸特徴と類例について ………… 127
第4節　行人台遺跡にもたらされた渡来系文物の流入背景 ………… 128
おわりに ………… 130

第5章　行人台遺跡出土の金海系土器について ………… 131

はじめに ………… 131
第1節　出土土器類について ………… 131
第2節　日本列島における類例と系譜について ………… 134
第3節　行人台遺跡における渡来系資料の評価と渡来人 ………… 136
おわりに ………… 137

第6章　横坐り乗馬考 ………… 139

はじめに ………… 139
第1節　馬形埴輪にみる横坐り乗馬 ………… 139
第2節　右乗り・左乗りと横坐り乗馬 ………… 142
第3節　中央アジア・中国での横坐り乗馬 ………… 143
第4節　横坐り乗馬と衣服 ………… 145
おわりに ………… 146

第7章　埴輪にみる渡来文化 …………………………… 147
はじめに …………………………………………………………… 147
第1節　渡来人あるいは渡来人の影響がみられる人物埴輪 ………… 147
第2節　渡来系と考えられる器物を表現した形象埴輪 …………… 150
第3節　朝鮮半島の墳周土器の影響と思われる壺形埴輪 ………… 155
第4節　まとめ …………………………………………………… 157
おわりに …………………………………………………………… 158

第8章　東国古墳時代における渡来文化の流入と展開 … 159
はじめに …………………………………………………………… 159
第1節　亀田修一による渡来人の定着ルート・生活 ……………… 159
第2節　鋳造鉄斧の東方伝播 ……………………………………… 161
第3節　陶質土器・韓式系土器の東方伝播 ……………………… 162
第4節　初期馬具の東方伝播 ……………………………………… 163
第5節　L字竈・大壁建物の東方伝播 ……………………………… 164
第6節　まとめ …………………………………………………… 167

　　図版出典一覧 ………………………………………………… 169
　　引用・参考文献一覧 ………………………………………… 172

　　初出論文との対応 …………………………………………… 189
　　あとがき ……………………………………………………… 191

　　索引 …………………………………………………………… 193

挿図・表　目次

第Ⅰ部　埴輪編

第1章　埴輪の装いとその意義
図1　末永雅雄による人物埴輪からみた古墳時代の衣服 …………………… 14

第2章　形象埴輪群像を読み解く
図1　瓦塚古墳形象埴輪配置復元案1 …………………………………………… 24
図2　瓦塚古墳形象埴輪配置復元案2 …………………………………………… 30

第3章　東北の前方後円墳埴輪配列
図1　原山1号墳の埴輪配列 …………………………………………………… 33
図2　丸塚古墳の埴輪配列 ……………………………………………………… 34
図3　神谷作101号墳の埴輪配列 ……………………………………………… 35
表1　場面構成要素一覧 ………………………………………………………… 37

第4章　形象埴輪群像における動物―狩猟場面を再現する動物埴輪―
図1　坂靖による埴輪配列の変遷 ……………………………………………… 43
図2　梶2号墳出土の人物・動物埴輪 ………………………………………… 44
図3　小丸山古墳出土の装飾付須恵器の小像 ………………………………… 46
図4　梶2号墳出土の装飾付須恵器の小像 …………………………………… 46

第5章　甲塚古墳の埴輪群像における被葬者像
図1　甲塚古墳の人物埴輪の配列 ……………………………………………… 51
図2　甲塚古墳の馬形埴輪・馬曳き男子埴輪の配列 ………………………… 52
表1　場面構成要素一覧 ………………………………………………………… 57

第6章　被葬者の埴輪
図1　下桑島西原2号墳の馬曳き・馬形埴輪 ………………………………… 62
図2　綿貫観音山古墳の埴輪列 ………………………………………………… 66
図3　塚廻り3号墳の埴輪出土状況 …………………………………………… 68
図4　塚廻り4号墳の埴輪出土状況 …………………………………………… 69

第7章　古墳時代の葬送儀礼
図1　弥生時代墳墓の土器配置（古屋紀之による） ………………………… 74
図2　昼飯大塚古墳後円部墳頂出土の土師器・土製品 ……………………… 75
図3　大仙陵（仁徳陵）古墳東側造出し出土の須恵器大甕 ………………… 76
図4　舞台1号墳前方部出土の土師器供物付高坏 …………………………… 76
図5　ヒル塚古墳墳丘および墳頂部出土の須恵器高坏 ……………………… 78

図6	井辺八幡山古墳造出し周辺における埴輪・須恵器出土状況	80
図7	後二子古墳前庭部の土器配置復元	80
図8	ヒル塚古墳内部主体の柱痕跡	82
図9	多田山古墳群69号竪穴遺物出土状況	82
図10	龍角寺尾上遺跡遺構および遺物出土状況	84
図11	前の山古墳旧表土上の土師器出土状況	85

第Ⅱ部　副葬品・渡来系資料編

第1章　後期古墳における刀類立てかけ副葬について

図1	風返稲荷山古墳における刀類出土状況	90
図2	虎塚古墳の壁画における刀類立てかけ図像	95
表1	刀類立てかけ副葬の類例	92

第2章　稲荷山遺跡出土七星剣考

図1	稲荷山遺跡の土坑と七星剣・刀子	100
図2	七星剣の類例	102
図3	稲荷山七星剣鍔の類例	105
図4	後漢山東省嘉祥武梁祠の画像石にみる北斗帝車の図像	106
図5	中国天文図1	107
図6	中国天文図2	108
図7	キトラ古墳の天文図	110
表1	七星剣等の文様要素一覧	103

第3章　北海道大川遺跡出土資料の再検討

図1	大川遺跡GP96出土鉄製品とGP34出土須恵器	114
図2	大川遺跡の多孔鈴とその類例	116
図3	多孔鈴の分布	118

第4章　松戸市行人台遺跡の鋳造鉄斧と多孔式甑—東京湾沿岸地域と渡来系文物—

図1	行人台遺跡（167A）の位置	120
図2	行人台遺跡6号住居と遺物出土状況	121
図3	行人台遺跡6号住居出土の土師器	121
図4	鋳造鉄斧と管玉	122
図5	鋳造鉄斧の地域別出土傾向	123
図6	鋳造鉄斧の出土個体数傾向	126
図7	鋳造鉄斧の遺構別出土傾向	126
図8	鋳造鉄斧の地域ごとの遺構別出土傾向	126
図9	鋳造鉄斧の時期別出土傾向	126
図10	古墳時代中期の鋳造鉄斧遺構別出土傾向	127
図11	古墳時代後期の鋳造鉄斧遺構別出土傾向	127

図12	多孔式甑とその類例	128
図13	古墳時代の河川流路	129
表1	古墳時代の鋳造鉄斧一覧	124

第5章　行人台遺跡出土の金海系土器について
図1	行人台遺跡出土坏実測図	132
図2	行人台遺跡の古墳時代遺構と坏出土位置	133
図3	行人台遺跡出土坏の類例	135
図4	行人台遺跡6号住居出土の多孔式甑と鋳造鉄斧	136

第6章　横坐り乗馬考
図1	短冊形水平板装着馬形埴輪	141
図2	アフラシヤブ丘壁画にみる横坐り図像	144
図3	アフラシヤブ丘壁画にみる騎馬図像	145
表1	短冊形水平板装着馬形埴輪一覧	140

第7章　埴輪にみる渡来文化
図1	酒巻14号墳の人物埴輪列	148
図2	山倉1号墳の埴輪列	149
図3	大日山35号墳の両面人物埴輪	151
図4	大日山35号墳の胡籙埴輪	151
図5	甲塚古墳の埴輪配列	152
図6	酒巻14号墳の蛇行状鉄器に旗を挿している馬形埴輪	153
図7	藤ノ木古墳の鞍金具	153
図8	壺形埴輪の変遷（太田博之による）	155
図9	朝鮮半島における円筒埴輪と壺形埴輪の分布（坂靖による）	156

第8章　東国古墳時代における渡来文化の流入と展開
図1	平底短頸瓶の分布（田口一郎による）	163
図2	武蔵台東遺跡38号住居のL字竈	165
図3	L字竈の分布（松室孝樹による）	166
図4	狛江市古屋敷・相之原遺跡の「溝持ち」掘立柱建物	166
図5	東国太平洋沿岸地域の津・港と主要遺跡の分布	168

第Ⅰ部　埴輪編

第1章　埴輪の装いとその意義

はじめに

　古墳時代を問わず、古代の装いすなわち衣服の様相を論ずることは、資料の制約から極めて難しい。奈良時代以降の文献資料や物質資料が整備されてくると、ある程度の衣服を知ることができるようになるが、それでも同時代に生きた人びとの衣服の中でも最上層のそれである[1]。一般の人びとの衣服となると、それを知る資料が圧倒的に少ないのが現状である。日本列島において現物の衣服が残されること（発掘されること）を望むのは困難であり、古墳～飛鳥時代については埴輪や壁画などの資料からそれを推察するほかない。

　本章では、古墳時代の衣服について論じていくが、衣服には日常の装いと非日常の装いとがあったはずである。そもそも「日常の装い」とは、儀式などの特別の機会（非日常）に着用されたものではなく、通常の生活（日常）を営んでいるなかでの装いということになろう。しかし人物埴輪にみる装いとは、埴輪の意義についての説はさまざま存在するものの、何らかの儀式に参加する非日常の姿であることは一致するところであろう。また、古墳の副葬品にみる装身具や冠帽、飾履などについても、副葬品である以上、日常の品々とは言い難い。つまり、日常の装いを論ずることは現状では不可能であると言わざるを得ないのである。そこで、研究史を顧みながらこれまでの見解を確認していき、人物埴輪を中心とした衣服や髪型などについてみていくことにしたい。

第1節　古墳時代の衣服に関する研究史

　衣服を知ることのできるものとして、古墳時代前期から中期にかけての資料はほとんどないといっても過言ではない。主に副葬品の装身具や冠帽などの実物資料と人物埴輪資料ということになるので、多くは古墳時代後期のものである。古墳時代前半期の装いは玉類などの

装身具を除いて未詳と言わざるを得ないのであり、研究史の多くも人物埴輪の装いを論じたものが多い。

　江戸末期あるいは明治初期にも古代の衣服について論じたものがあるが、それは文献資料をもとにして、埴輪や石人などを補助的に用いるものであった[2]。坪井正五郎は「服は男女共等しく筒袖で有りますが、男子に在っては裾は股の半ばで終り、女子に在っても是と同様のも有り、又更に長いのもあります。―中略―男子は寛い袴を穿いて之を膝の稍々下で紐を以て括ったので有ります。此紐は疑ひも無く足結と呼ばれたもの」（坪井1901：p.71）と述べた。

　比較的早い段階で古代の装いをまとまって論じたのが高橋健自である（高橋1923）。『日本服飾史論』をまとめ、通史的に見た日本の装いを論じた（高橋1927）。双脚人物埴輪や大阪府柏原市高井田横穴の線刻画にみる、細い筒袖で長さが膝上丈の上着と太い袴を穿いて膝下を足結で結ぶという衣服について、中国の北魏正光6年（525）[3]の石刻画にみる馬曳き人物の衣服との共通性を説き、また北周建徳2年（573）の石刻画にみる左衽の人物像などから、中国北方系のいわゆる胡服に源泉があり、そこから日本列島に伝わったとしたのである（高橋1927：pp.14-21）。その後も『歴世服飾図説』（高橋1929a）や『埴輪及装身具』（高橋1929b）を発表し、古墳時代に大陸から上衣と袴とからなる衣服が輸入されたと論じた。女子埴輪の袈裟状衣については、『魏志倭人伝』にみる「其衣横幅、但結束相連、略無縫」との記述との合致を指摘した（高橋1925）。ただし、これは男子の衣服の記述であり、女子の衣服は貫頭衣とある。男女の衣服に性別分化はあったとは思うが、『万葉集』にみられるように男女互いに衣服を貸借していた風俗の存在から両性共通衣があったとした。男子埴輪に袈裟状衣が存在しないことについては、「男子が既に窄袖衣を着用するに至っても、女子はなお原始的な袈裟式の纏衣を用いてゐた」（高橋前掲：p.9）と理解したのである。

　衣服の歴史について多くの著作を発表したのが後藤守一である（後藤1942・1943・1948・1956など）。特に『日本古代文化研究』では、それまで発表してきた諸論文をまとめ、その後の著作の基本的な考えが開陳されている。後藤は、高橋健自の胡服東漸説に対して日本列島における自生説をかかげた。すなわち人物埴輪にみる衣服が、無袖縫腋衣からの発達と考えられる盤領衣が多いことや、縄文時代の土偶にパンツ着用と思われる造形があることから腰巻衣から褌への進展の可能性を指摘しつつ、日本自生説の可能性を説いたのである（後藤1942：pp.295-318）。女子埴輪にみられる袈裟状衣については、「明かに衣の上にこれを纏いたものであって、主衣としての位置を去っての副貮的の服飾となったものとすれば、而して奈良時代の意須比がこれと同一形式のものであるが如くに思惟し得られるならば、この所謂袈裟衣は意須比そのものか、又は尠くも意須比の原始形式のもの」（後藤1942：p.286）との評価をおこなっ

た。この見解は、以後の袈裟状衣の評価を長く決定づけるものとなった。

　宮本勢助は、人物埴輪や天寿国繡帳にみられる一方の肩から斜めに逆側の脇へと懸けている帯状の布について論じた（宮本1933）。領巾と肩巾とが別物であり、文献資料を渉猟したうえで人物埴輪に見られる比較的細い帯を斜めに懸けているものについて肩巾と呼ぶべきものである可能性を指摘した。領巾は、両肩より前に垂らす帯状の布のことであるとしたのである。人物埴輪で領巾のような衣服の表現は存在しないので、領巾は飛鳥時代以降に新たに日本列島に伝わった可能性もあろう。

　小林行雄は古墳時代の衣服や装身具について、副葬品として出土する冠や帽、金銅製履、石製模造品の下駄などとともに皮革製の靴の存在を指摘している。また、人物埴輪の衣服や装身具との比較とともに、玉類や金属製装身具、腕飾類などの変遷にも触れている（小林1951：pp.179-188）。小林はその後、古墳時代の埴輪から見る衣服の風俗について、男女の差、身に着けるものや持ち物などから解説をおこなっている（小林1960）。

　末永雅雄は人物埴輪の衣服や装身具などをわかりやすく分離して図示し、解説をおこなった（末永1955）。人物埴輪の服飾がどのようなパーツから成り立っているのかを示したものとして高く評価される（図1）。

　原田淑人は『日本書紀』における雄略朝の渡来人衣縫部らの記述から、縄文時代の土偶にあるように「日本の衣服は本来男女とも上衣下袴であった―中略―が、その後朝鮮や中国の影響をうけ、5世紀頃には男子は大口袴（太いズボン）をうがち、大陸同様膝の下でしばっており、そして女子は裳をひいていた」（原田1962：p.36）ととらえ、さらに「すでに大陸風に近かったのに加えて、当時の一部階級の間に中国の衣服そのままのものも行われていたかもしれない」（原田前掲：p.36）とした。前述の高橋健自と後藤守一の見解を合わせる形で、古墳時代の大陸との交流を描いたのである。

　猪熊兼繁は古墳時代の衣服について、文献に残された当時の国際情勢に目配りした衣服の変遷について考察をおこなっている（猪熊1962）。人物埴輪にみられる衣服の縫製技術に着目して、それは「百済などの半島を経由して、北方の胡服が流入した後に、中国文化とともに伝来したようで、―中略―技術としては中国古典にみえる衣裳、深衣の制に起源するものであろう」（猪熊前掲：pp.86-87）と述べ、高橋健自の胡服東漸説を支持したのである。

　亀井正道は男子人物埴輪の双脚像について、「褌の形は裾広がりにつくられ、たとえ足結の紐で結んでも歩行に適切なものであるとはいいがたい。むしろ腰から大腿部にかけて非常にゆったり仕立てられた形は、乗馬のために配慮されている。―中略―こういった乗馬に適応する服装として、衣と褌に分離された衣服の形式が新たに採用されるにいたったであろう」

第1章　埴輪の装いとその意義

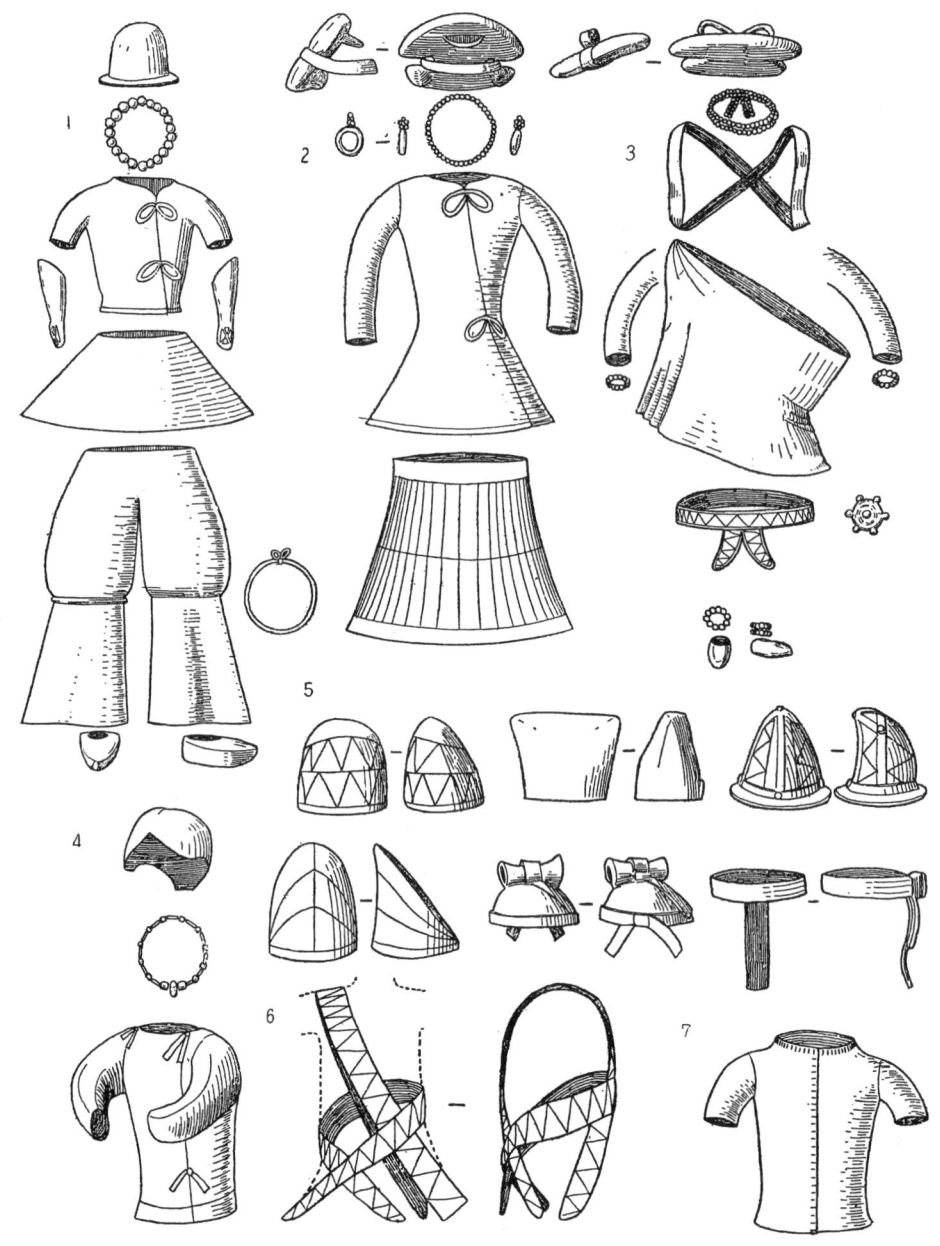

図1　末永雅雄による人物埴輪からみた古墳時代の衣服
（1の上衣は一連と思われる）

(亀井 1966：p.214) と述べ、後藤守一の自生説に対して高橋健自の渡来説を支持したのである。装身具類についても資料を渉猟して解説を試みている。

　三品彰英は弥生時代の貫頭衣から古墳時代への衣服の変化に対して、「武装男子を象る立派な武人埴輪が示しているように、騎馬の習俗とともに、それに適するズボン式服装は新しい機能を持つものであり、—中略—ヤマト朝廷をはじめ支配階級の優位を象徴する姿でもあった」(三品 1971：p.61) としつつも、『常陸国風土記』や『令義解』にみられる裁縫しない衣服の存在を重視し、「往古ながらの裁縫しない貫頭単被が神衣として後代まで伝承されていたのである。—中略—歌儛を奏する巫女がやはり貫頭単被を着用しているのも、儀礼服として活用されていたことを窺い得る」(三品前掲：p.62) と考えたのである。

　奈良県高市郡明日香村高松塚古墳の壁画が発見された頃、にわかに日本列島の衣服について論議が高まった。高松塚古墳については、その後類書が多く出版され、幾多の研究者からさまざまな意見が出されている[4]。ここではいち早くその意義を認め、多くの研究者の見解をまとめた末永雅雄編『飛鳥高松塚古墳』をとりあげる。その中で、五味充子は高松塚古墳の人物像と人物埴輪、天寿国繡帳、高句麗古墳壁画との比較を試みた。高松塚古墳の人物像とまったく同一の服飾表現をもつものは、人物埴輪以下いずれにも存在しないこと、女子の髪型は近似するものが高句麗舞踊塚の婦人像にのみ確認できることなどを明らかにした。さらに「いわゆる「きぬ・はかま」（上衣とズボン）と「きぬ・も」（上衣とスカート）が高句麗をはじめとする朝鮮半島からの直接的影響を受けて成立したことは疑う余地がないが、これらの衣服は6世紀から7世紀にかけてすでに日本に定着し、"日本の衣服"になっていたと考えられる」(五味 1972：p.136) としたのである。三上次男も高松塚古墳の女子像の上衣について「左前に合わせた垂領の襟元をひもで蝶むすびにし、下にたらしている。このような襟元を紐で結ぶのはわが国のハニワの女子の服装に普通に見るところであって、日本の女子の服装の伝統を考えさせる。ところが高句麗古墳壁画の婦人ではこのような襟元の紐結びはなく垂領のままである」(三上 1972：p.283) として両者の違いを指摘しつつ、「高松塚の壁画の男子・女子の図を見ると、男子は朝鮮のそれと似た服装をつけながら、冠は中国風、女子も朝鮮のそれに近い服装をつけながらも日本の服装の伝統をそれに加えて、独自のものをつくりあげているのがわかる。さらに女子の髪形にいたってはまことに日本である」(三上前掲：p.285-286) と総括した。

　佐田茂は人物埴輪の衣服についてまとめるなかで、「下衣にはほとんど変化がなく、いわゆるズボン状の袴が一般的であり、下半身まではっきり表現した埴輪では例外がない。—中略—農夫の例のような庶民の間では通常下衣が用いられたものかはっきりしない」(佐田 1974：p.189-190) と述べた。また、南朝の梁の時代に朝貢してきた外国の使節を描いた『梁職貢図』

の倭人については、「倭人朝貢図の衣服はあまりにも貧弱で、強いて考えれば、日本から中国へ渡る長いきびしい航海の中で、ぼろぼろになってしまったのではないかと好意的にも見てみたい程である。とはいっても、既に上衣と下衣が分かれており注目される」（佐田前掲：p.180）としたのである。そして、「古墳時代の服装を位置づけるならば、いわゆる原始衣から衣褌、衣裳へと発展し、定着する時代であったといえよう。そして中でも力説したいのは既に身分による服装の違いがはっきりしており、民衆の服装は農夫の埴輪にみられるようなものであった」（佐田前掲：p.196）と述べた。

　米田耕之助は千葉県市原市山倉1号墳の人物埴輪について概要を述べ、そのなかで指先まで隠れる筒袖の上衣と足結のないズボン状着衣、つま先が上方を向く履をつける人物埴輪を図面とともに報告した（米田1976）。後に渡来人と目される人物像がはじめて明らかにされたものである。

　武田佐知子は文献史学の見地から人物埴輪の衣服について考察をおこなっている（武田1984・1993など）。古墳時代の衣服について、人物埴輪の双脚像のような「短衣大袴」は「きわめて限定的な上部の階層、すなわち首長層とその周辺の人々によって、儀仗用に、つまり首長の権威を象徴的に示す指標として着用されたのであり、民衆にあっては、なお貫頭衣系統の衣服の着用が、8世紀段階にまで続いた」（武田1984：p.106）ととらえた。そして「短衣大袴」は、「騎馬の便のために供されたものと考えるほうが妥当であり、とすれば乗馬の風習の渡来と共に、大陸からもたらされた衣服形態」（武田前掲：p.120）という高橋健自以来の意見を再確認した。

　辰巳和弘は人物埴輪そのものが「首長と彼をとりまく、いわゆる社会的上位の人びとであり、彼等が身につける衣服を、祭儀（ハレ）の場の装束と理解して間違いない」（辰巳1991：p.27）と理解した。そして、古墳時代における上衣と下衣という衣服（二部式衣服）の存在について、弥生時代には見られないことから、弥生時代との非連続を指摘する。このような二部式衣服が乗馬の風習とともに伝来したと言われてきたが、群馬県高崎市八幡原出土と伝える狩猟文鏡にすでに二部式衣服が確認されることから慎重な態度をとっている（辰巳前掲：p.33）。

　市毛勲は人物埴輪を姿態別にわけ、佩刀の人（盛装造・盛装簡衣造）、挂甲の人、平装の人などの衣服について考察をおこなっている。ただし、「盛装（正装）があれば、平常の服装つまり普段着姿人物の造型があってもおかしくないが、人物埴輪の造型に平装と認める服装は何かという明確な判断基準は捉え難い」（市毛1991a：p.457）と述べ、衣服が簡略化されたために盛装でないような造形になったものもあることを指摘した。そして「平装の人とは男子の場合天冠をかぶらず、大刀・刀子を佩かず、手甲を着けない服飾の人物埴輪」（市毛前掲：p.458）と

規定した。

　川西宏幸は古墳時代の巫女について、埴輪、鈴鏡、女子埋葬古墳などから論じた。巫女の衣服については、畿内周辺以西の場合、人物埴輪の表現は「写実感をまだしもとどめた作品は畿内例の服飾表現に近く、畿内例と異風の作品は服飾として成立しがたい表現をとることが知られる。つまり、畿内例の服飾表現の模倣ないし変形であって、異なる服飾様式の存在を示唆するような作品は、見あたらない」（川西・辻村 1991：p.3）と述べ、関東地方の場合、「幅広の畿内風の意須比も一部にあるが、幅の狭い綬状の意須比がみられる。―中略―これは当時の服飾の一種であり、幅が広い意須比の造形を嫌って安易な綬状表現に変えた便化の所産ではない」（川西・辻村前掲：p.3）として関東地方に別の衣服形態が存在した可能性を指摘した。

　塚田良道は埼玉県行田市酒巻 14 号墳出土の筒袖の男子埴輪の評価をおこない、①みずらをしない、②手のかくれる長袖の上衣を着る、③裾のすぼまるズボンをはき脚帯をしない、④先の反り上がった沓をはく、という諸特徴のルーツが基本的に朝鮮半島にあったと考えた（塚田 1991）。さらに、袈裟状衣をつけた女子埴輪を巫女ととらえる従来からの考えに疑問を呈するなかで、女子埴輪の衣服について考察をおこなっている。袈裟状衣をオスイ（意須衣）とする根拠はないとした上で、宮本勢助が指摘した肩巾に相当するとした（塚田 2007）。

　増田美子は服飾史の見地から古墳時代の衣服について概観し、「支配者層の男性の衣服構成は基本的に衣褌であり、庶民層の中には支配者層と同様に衣褌の者もいたが、多くは褌をつけていなかったと考えられる。そして、衣服の材質が貴賤で大きく異なっており、身分差の表示は主として材質によるものであった」（増田 1995：p.46）とした。女子の衣服は、基本的に衣と裳で構成されるが、「一般貴人女性は、男性と同様の筒袖腰下丈の上衣に、足首までの長さの襞を畳んだスカート状の裳をはいている。―中略―巫女とされる女性像はこれら基本構成である衣と裳に手繦を掛け、中には手繦に加えて肩から斜めに袈裟状に布を掛けているものもある。斜めに布を掛けた場合には裳を省略することもある」（増田前掲：p.47）とした上で、これらの袈裟状布については文献にみられるオスイの長さと比較したときに女子埴輪の袈裟状布とはあまりに大きさに差がありすぎることから、オスイではないと考えた（増田前掲：pp.47-50、増田 2002）。一方、同様に服飾史の見地から女子埴輪の衣服をまとめた山岸裕美子は、この種の衣服をオスイであると考えている（山岸 1998）。

　若狭徹は女子埴輪の衣服について、日本列島の東では装いが派手で太い襷を斜めにかけ、さらに太い腰帯をつけた姿、西では装いが清楚で、袈裟形の祭服をふわりとまとった姿として表現されており、この差異が「女性の社会的立場の反映なのか、儀礼様式・生活様式の違いによるものなのか…。それはまだ不明だが、東西の風俗差はたしかに存在した」（若狭 2009：p.36）

と位置づけた。

　太田博之は酒巻14号墳出土の筒袖男子埴輪、力士埴輪、蛇行状鉄器装着の馬形埴輪と各地で出土する類品や副葬品にみられる朝鮮半島由来の器物について考察をおこなった（太田2010）。筒袖男子埴輪について、「実際に関東へ移動・往来する機会のあった朝鮮半島出身者をモデルとし、古墳時代後期後半に至って新規に造形されるようになった人物埴輪」（太田前掲：p.124）と位置づけた。

第2節　古墳時代の髪型に関する研究史

　坪井正五郎は男子の髪型には左右に垂らした美豆良があり、「女子には垂髪、断髪、結髪の風が有ったので、結髪に島田髷に類したもの銀杏返しに類したもの」（坪井1901：p.70）があるとした。

　高橋健自は男子の髪型について振り分け髪で美豆良を左右に結ぶ形態のものがあり、両耳あたりで上げている上げ美豆良、長く垂れ下げている下げ美豆良があることを示した。この美豆良は日本列島のみに見られるわけではなく、中国敦煌で出土した絵画の中に上げ美豆良と同じ髪型があることを指摘し、「所謂「胡服」系の衣褌を著用した吾々の祖先が、更に遼遠の昔から後の「胡人」の或者と髪風を同じうしたということは学術上興味あることである」（高橋1929b：p.55）と述べ、中国と日本との関係を考えた。一方の女子埴輪の髪型はいわゆる島田髷と呼ばれるものと同じであり、日本独自のものであったと考えている。また、頭の後ろで垂らす垂髪も、文献に見られるように少女の髪型として存在したのだろうと考えた（高橋前掲：pp.55-58）。

　後藤守一は男子が美豆良であり、それは「耳に連る（つらる）」から発した名前であることを紹介し、女子はいわゆる島田髷であったことを示した。島田髷のような結髪の風俗は、中世以降にも伝えられていて現代に残る「忌中髷」などに繋がるとした（後藤1943：pp.31-32）。美豆良には「あげみずら」と「垂れみずら」があり、後者は人物埴輪の造形をみたときに上流社会の人びとに好まれていたようであると述べ（後藤1948・1956）、髪型に階層差があることを指摘した。

　杉山晋作は人物埴輪にみられる髪型について詳述し、男子は上げ美豆良と下げ美豆良があり、下げ美豆良には「頭髪上半を短くして左右に振り分け、美豆良は頭髪下半を長くして左右で束ねている。また、美豆良のほかに、髪を後頭部から背中へ垂らした弁髪様の表現」（杉山1983：p.47）もあるとした。女子の髪型は島田髷だが、女子埴輪の髷形態によって髪を束ねる

位置が違っている可能性を指摘した。すなわち「角形䯻の長方形あるいは対頂複三角形䯻は頭頂部で水平に貼り付けられているのがふつうであり、一方、分銅形䯻はやや後の後頭部で斜めに表現されている例が多い」（杉山前掲：p.50）としている。表現の地域性もあろうが、髪型の違いを著わしていた可能性がある。

中田尚子は女子の髪型を論ずる際に、埴輪のようにすべての女子が髪を結っていたのかどうかに疑問を呈し、『日本書紀』の天武11・13・赤烏元・慶雲2年の条にみられる結髪の有無に関する詔をもとに、『万葉集』も参照しながら「垂髪も多く、たとえ結髪していたとしても簡単に結び上げた程度の女性が多かったのではないだろうか」（中田1989：p.7）と述べたのである。埴輪に表現されるのがどのような階層の人びとなのかを考える上でも重要な指摘と思われる。

市毛勲は男子の髪型に階層差が現れるとし、振り分け髪に下げ美豆良と上げ美豆良および一文字状髪型があり、前者が首長層であり後二者が豪族集団の下部構造を構成する職業集団つまり部民層ととらえた（市毛1991a：pp.466-467）。また、女子の髪形は造形方法の違いはあるものの「職掌上の違いを䯻形に現すことがなかった」（市毛1991b：p.46）とした。

髪型ではないが、性差を示すものとして、泉森皎の研究は重要である。人物埴輪にみられる装身具について解説を試み、性差の問題をとりあげ耳玉および足玉の存在は女子像を示す可能性を指摘した（泉森1991）。さらに、奈良県磯城郡三宅町石見遺跡の椅子に座る人物像について女子像の可能性が強く、「もし従来の解説どおり男性埴輪と見るなら、本来、女性の衣服や装身具をつけなければならなかったことを重視すべきであろう」（泉森前掲：p.39）と述べたのである。女装した男子の可能性を指摘したわけだが、足首部分については復元なので、別の考えもありうる（玉城1992）。

第3節　今後の課題と問題点

以上、考古学から見た古墳時代の衣服・髪型に関する諸研究について順を追って述べてきた。古墳時代の衣服に関しては、男子にみられる上衣と袴が渡来のものなのか、それとも日本列島自生のものを基本としているのかという問題がある。古墳時代前期や弥生時代の衣服を知ることのできる資料は限られているが、奈良県磯城郡田原本町清水風遺跡出土の絵画土器などにみられる鳥装の人には袴はみられない。『魏志倭人伝』の記述は、貫頭衣あるいは横幅衣と考えられるだろう。そうすると、古墳時代になって袴が登場した可能性が高いと思われる。朝鮮半島の高句麗壁画にみられる上衣と袴のセットなどがその源流と思われるが、足結をつけて

いる図像はなさそうである。中国の北朝期の壁画などには高橋健自の指摘以降も北周李賢夫婦墓（569年）などで足結の表現がみられる。南朝側の資料にも、宋・南斉時代（5世紀）と考えられる金家村大墓に袴が足結で窄まった表現がみられる。漢代の画像石や壁画墓にはそれらしい表現がみられないようなので、古墳時代の衣服の源流として南朝あるいは北朝がその候補となろうか。ただし、狩猟文鏡の二部式衣服にも注意を要する。

女子の袈裟状衣については、意須衣か否かという問題がある。意須衣の問題点は文献に記された意須衣の長さと女子埴輪の表現があまりにも違いすぎる点である。そうなると、高橋健自の指摘する『魏志倭人伝』の男子の衣服として記録された横幅衣との共通点を重視したくなるが、宮本勢助や塚田良道が考証した肩巾との見解も併記しておきたい。

髪型に関しては、男子が美豆良および垂髪、女子が島田髷であったことは間違いなかろう。また、男子の髪型は、上位の階層に属する人びとが下げ美豆良で、下位の階層に属する人びとが上げ美豆良であったことも、間違いなかろう。さらに、盾持人に多く見られる頭頂部に笄を着けたような髪型ないし帽の存在、力士にみられる横髷とも言うべき髪型の有ったことも間違いない。上げ美豆良に関しては、茨城県土浦市武者塚古墳で出土した毛髪が問題となる。終末期の首長墳と考えられる武者塚古墳に葬られた人のうち、2号人骨に伴うのが上げ美豆良、3号人骨に伴うのが頭頂部で結髪していたものである。いずれも下げ美豆良ではない。増田精一は美豆良が北方遊牧民に通ずる髪型であると考えている（増田1986：p.77）。前述の衣服の源流と関わりからも考究していく必要があろう。ただし、佐賀県神埼市・吉野ヶ里町吉野ヶ里遺跡の甕棺から美豆良とも思われる結髪が出土していることを考慮に入れると（岩松2011）、日本列島で独自に発達したものかもしれないので類例の増加を待って結論づける必要があろう。女子の髪型は、人物埴輪から考えられる髪型は島田髷である。ただし、上述のように垂髪の存在の可能性や、髷の位置の差などが本来的な髪型の違いを表しているのかどうかなど今後の課題も多い。

おわりに

以上、古墳時代の衣服と髪型について、研究史を繙く中から課題や問題点を述べてきた。もとより関係文献の遺漏も多いと思われるが、古墳時代研究の中で実物がほとんど残されていないものに対して、どのように接近したらよいのかを考えてみたところである。古墳時代を語る際に東アジア歴史世界との比較研究が重要となることは言を俟たないことだろう。今後も検討を重ねていきたい。

註
1) 例えば、正倉院宝物に残された衣服などが好例であろう。
2) 例えば天明元年（1781）の記載がある藤貞幹『衝口発』および、これを糾弾した天明5年（1785）の記載がある本居宣長の『鉗狂人』などである（鷲尾編 1970）。また、明治3年（1870）に刊行された豊田長敦『上代衣服考』や明治5年（1872）の記載がある著者不詳の『弁正衣服考』などがある（日本随筆大成編輯部編 1975）。
3) 高橋1927では正光2年（521）としているが、その後の著作ではいずれも正光6年（525）としているので、後者に従った。ちなみに、この拓本は高橋1929aで家蔵拓本からとされている。
4) 天寿国繡帳や高松塚古墳壁画は飛鳥から奈良時代の習俗を知る基本資料であるが、本章ではひとまず扱わない。多くの類書が刊行されているが、その基本的な整理をおこなった沢田むつ代の研究は重要である（沢田 1992）。

第2章　形象埴輪群像を読み解く

はじめに

　瓦塚古墳は埼玉県行田市埼玉に所在する墳丘長73mの前方後円墳である（杉崎ほか1986、若松ほか1989・1992）。同古墳が所在する埼玉古墳群は、115文字の金象嵌鉄剣が出土した埼玉稲荷山古墳や、馬冑・旗挿、銅鋺など多彩な副葬品が出土した埼玉将軍山古墳といった著名な古墳が集中する場所であり、その中でも瓦塚古墳は中規模の前方後円墳である。多くの前方後円墳が存在する埼玉古墳群ではあるが、埴輪の様相が判明しているものは極めて少ない。例えば、武装男子頭部や鈴鏡女子などが出土した稲荷山古墳は、トレンチ調査のため、埴輪の全容はわかっていないし、将軍山古墳も残存状況がわるく、その全体像を知ることはできない。一方、瓦塚古墳は断片資料も多いものの、ある程度形象埴輪の全体像を知ることができる。

　日本各地において、比較的規模の大きい前方後円墳の資料は、いずれも断片資料ばかりである。どのような埴輪がどれだけ立て並べてあったのか、ということがわかる事例は案外少ない。近年の調査で大阪府高槻市今城塚古墳の埴輪配列が判明したが（森田2009・2011a・2011b）、それ以外には近畿地方の前方後円墳で埴輪配列が判明している例はほとんどない。このことから、瓦塚古墳は稀有な事例であり、埴輪群像の意味を読み解くためには極めて重要な資料である。

第1節　瓦塚古墳の埴輪群像

　埼玉瓦塚古墳は9次にわたる発掘調査の結果、二重の堀、方形の造出し、中堤と外堀の間に渡り土手が確認された。発掘区域からは多くの埴輪や須恵器、土師器が出土しており、なかでも西側中堤周辺からは、多数の形象埴輪が出土した。残存状況には著しい差異が存在しているが、ほぼ樹立当時の様子を把握することができた。すなわち、人物埴輪（26）、馬形埴輪（6）、

第2章 形象埴輪群像を読み解く

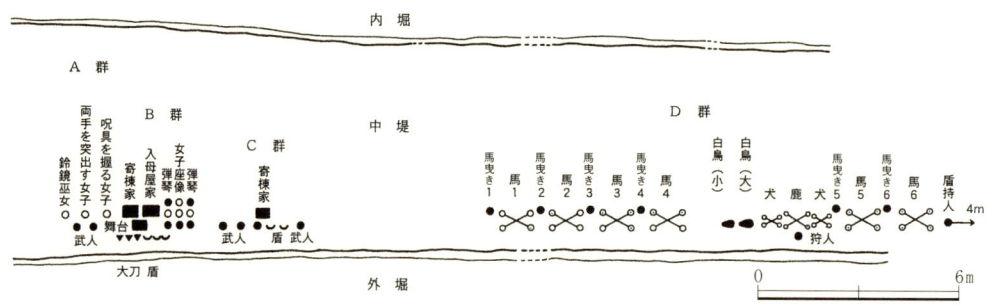

図1　瓦塚古墳形象埴輪配置復元案1

水鳥形埴輪（2）、犬形埴輪（2）、鹿形埴輪（1）、家形埴輪（4？）、大刀形埴輪（3）、盾形埴輪（5）である。すべての埴輪は、外堀に落ち込んだ状態で出土しており、原位置をとどめていたものは皆無である。しかし、その落ち込み方を詳細に観察すると、当初は中堤の外堀寄りに立て並べられていたと考えられた。また、出土状態では何個体もの形象埴輪が折り重なって出土している部分と、あまり重ならずに出土している部分が存在する。中でも両手を突き出す女子や男子弾琴像、円柱家、格子壁家、水鳥などはそれぞれ纏まって出土していることから、外堀への落下が埴輪樹立当時の配置状況をある程度反映していると考えるに至った。その結果、図1のように、これらの埴輪群を中堤上で積極的に復元した（若松・日高 1992・1993・1994）。

埴輪群はA群、B群、C群、D群に分けられたが、A群からC群とD群の間には、約3mにわたって遺物の出土しない部分が存在する。当初から距離を置いて配置していた可能性が高い。すなわち、大きくみたときに埴輪配置としては2ヶ所ととらえることができよう。さらに、形象埴輪の種類を考えたとき、AからC群とD群では明らかに差異が存在する。すなわち、前者では家・大刀・盾などの器財埴輪とともに、人物埴輪も武装男子（3）や双脚男子（3）、男子弾琴像（2）、女子坐像（1）や女子像（6）であるのに対して、後者では馬（6）と馬曳き男子（6）、水鳥（2）、犬（2）と鹿（1）と狩人（1）という構成である。また、盾持人（1）は中堤の南西コーナー付近から出土している。

第2節　瓦塚古墳埴輪群像のこれまでの見解

瓦塚古墳の埴輪群像に対して、積極的な意見を述べているのは若松良一である（若松 1986a・1992bなど）。若松は、瓦塚古墳における琴弾像、女子坐像、円柱寄棟家（舞台）などの存在か

ら、「魂振り歌舞の再現」に代表される「モガリ（殯）」ととらえている。また、平行突帯家を殯屋と想定している。

　それに対して、橋本博文は瓦塚古墳において首長が存在する可能性はないのか、という疑問を提出するとともに、殯屋とした家形埴輪にも疑問を投げかけた（橋本1987）。さらに、群馬県高崎市綿貫観音山古墳の埴輪群像は「次期首長による代替わりの儀式」とする一方、同伊勢崎市境剛志天神山古墳の埴輪群像は「首長の再生と首長権の継承」を示すとした（橋本1993：pp.18-19）。いわば、水野正好（水野1971・1990など）に代表される「首長権（霊）継承説」と「殯説」の折衷案といえよう。

　森田悌は文献史学の立場から、葬列、首長霊継承儀礼、殯、生前生活再現説をことごとく否定するとともに、「神事に伴う饗宴に関わるさまざまな情景をかたどっている」（森田1995：p.12）とした。そして、瓦塚古墳に関しても、家形埴輪のうち吹き放ちの建物は豪族の屋敷に設置された楼閣であり、堅魚木を置く寄棟造りの家は殯屋に相応しくないとした。瓦塚古墳例を含め、埴輪群像が示す世界は神を祭り、豊穣を願い感謝する神宴儀礼とした。

　筆者は、かつて若松良一と瓦塚古墳出土埴輪の再整理および検討をおこなった。その際、鹿狩りという狩猟儀礼に関連して、岡田精司（岡田1988）のいう鹿狩りと稲魂との繋がりから「タマフリ」の姿を示している可能性を指摘した（若松・日高1994）。しかし、その後、古墳とは人が埋葬される墓であり、その墓に埴輪が樹立されている以上、すでに再生の可能性は絶たれていたはずと考えるに至った。さらに、埴輪群像を総体としてみた場合、時間と空間を超越しており、このことは、埴輪に表現される場面が一つではないことを示している。よって、一つの場面（儀礼）を表現したという諸説は否定されるものと考えている（日高1999：p.84）。

第3節　形象埴輪群像の意味についての再検討

　形象埴輪の意味については、以下のような考えがある。
　　「首長権（霊）継承儀礼」（水野正好1971・1990、橋本博文1980・1993、須藤宏1991など）
　　「殯」（和歌森太郎1958、若松良一1986a・1992b、市毛勲1985、橋本博文1980）
　　「葬列」（後藤守一1933a・1937、滝口宏1963、市毛勲1985）
　　「生前顕彰」（杉山晋作1986・1991、和田萃1993）
　　「供養・墓前祭祀」（高橋克壽1996・車﨑正彦1999・梅沢重昭1998）
　　「他界における王権祭儀」（辰巳和弘1990・1992・1996）
　　「集落や居館での祭祀・墓前祭祀・生前の儀礼」（坂靖2000）

「神宴儀礼」（小林行雄 1944・1960・1974、森田悌 1995）

「殉死の代用から来世生活」（増田美子 1996）

「古墳の被葬者に服属して奉仕にあたる近侍集団」（塚田良道 2007）

　次には、これらの諸説への筆者の意見を提示したい。

1　首長権（霊）継承儀礼説について

　水野正好の根幹は後の大嘗祭をモデルとして、それを人物埴輪群像になぞらえたところにある。その底流には、折口信夫の大嘗祭論（折口 1928）の影響が明瞭にみてとれる。いわゆる「真床追衾論」を中心とした天皇霊の継承を具現化したもの、すなわち「葬られた死せる族長の霊を、新たな族長が墳墓の地で引き継ぐ祭式」（水野 1971：p.277）が人物埴輪の世界であるとした。水野はさらに、群馬県高崎市保渡田八幡塚古墳の埴輪群像をモデルとして「男女二体ずつの椅座像は王と妃、皇太子と皇太子妃にあたる存在」（水野 1990：p.29）とも述べている。矛盾する意見であり、前論では死んだ後の場面、後論では皇太子（これ自体それほど遡る制度ではないが）などと書かれている以上、被葬者の生前の一場面と考えていることになろう。ただし、後論は天皇霊の継承ともしているので、皇太子というのは口をついて出た物言いかもしれない。

　これに対して、岡田精司は大王就任儀礼としての大嘗祭が比較的新しく成立したものであることを論証した。本来は王位の象徴＝レガリアとしての「宝器の授受があり、高御座をめぐる儀礼として宣命・拝礼」（岡田 1983：p.17）という形態が即位の儀礼であったということを明らかにし、大嘗祭と人物埴輪を結びつけることが困難であるとした。

　熊谷公男は「天皇霊」そのものを「始祖霊」と考えるのではなく、祖霊全体を指すものと述べている（熊谷 1988）。また、「死者の霊魂は死後も遺体とともにあり、それが埋葬された墳墓に籠っているという観念（熊谷前掲：p.7）」の存在を指摘した。天皇霊が祖霊全体を示していて、かつ墳墓に霊魂が籠っているならば、天皇（首長）霊継承儀礼そのものが果たして存在していたのだろうか。筆者には甚だ疑問に思われるのである。

　岡田荘司は、折口のいう真床追衾そのものを、平安朝から中世の諸記録を渉猟しながら否定し、寝具（寝座）は「迎えられた大神が休まれると見立てられた座」（岡田 1989：p.16）と理解した。ただし、松前健は「一般に、儀礼とか祭式などは、時代や環境の変遷により、その意味や機能も変容し、やがては全く形骸化・象徴化」するものであり、「恐らく、「真床追衾」の秘儀は、平安時代には、ほとんど形骸化し、象徴化した」（松前 1990：pp.511-512）と考えていることや、榎村寛之が、岡田荘司の研究姿勢そのものに対して痛烈に批判している（榎村 1996）

こ␣とも付言しておきたい。

　筆者は、前述した熊谷公男の指摘が正鵠を得ていると考えている。そもそも、首長霊継承儀礼を表したものならば、まさに首長霊を継承する場面を表現しているべきであり、それは真床追衾ということになろう。しかしながら、形象埴輪群がその場面を表現していないことは明白である。よって、水野が「天皇霊を継承」（水野 1971：p.277）するとしている以上、この説は成り立ち得ないと思われる。

2　殯説について

　若松良一は人物埴輪の構成要素として9つの属性に整理している。それらが、墳丘規模や墳形によって構成要素を欠きつつ、総体として殯を再現していると説く。首長像の有無については、「殯の主催者は、その家族であって、自動的に後継者となる人物や未亡人」（若松 1992b：p.153）がいると述べている。殯再現という立場であるから、埴輪製作は被葬者死亡後に発注されたと考えているのであろう。ここに、「殯説」のみならず最も大きな克服されていない課題がある。

　埴輪がいつつくられたのかは、未確認な部分が多い。しかし、古墳の多くが寿陵であるならば（茂木 1994）、埴輪についても被葬者の生前に発注されていた可能性が極めて高い。例えば、埼玉県加須市小沼耕地1号墳と同さいたま市井刈古墳の馬形埴輪は、特徴的な馬装表現や胎土などが同鴻巣市生出塚窯跡群1号工房跡出土の馬形埴輪と共通しており、生出塚産としてよい。だとすると、同一の埴輪がつくり置きされていた可能性が高いのである。間接的ではあるが、死後発注されたものではないことを示していよう。筆者がこれまで追究してきた人物埴輪における共通表現の存在（日高 2013b）は、まさにつくり置きを示すものと考えられる。

　生前に発注されたのであれば、被葬者の殯の場面を表現することは不可能である。若松が「後継者となる人物」としたものは、被葬者とすべきであろう。殯を表現したならば、そこには死せる首長がなければならない。古墳は墓であり、死せる人物の復活がすでに不可能な段階に到達する場所である。そこに、復活を願う像を配置する必然性は低いと思われる。

3　葬列説について

　後藤守一が、伊勢皇太宮式年遷宮の行列図を提示し、葬列を表したものとしたのがこの説である（後藤 1937）。しかし、殉死殉葬に代わる意義をももたせていた後藤の所論に対して、小林行雄が、行列の主たる根拠の双脚人物に見られる脚結（足結）は「晴の場に臨む者の姿として、必ずしも遠道を歩くことのみを表」（小林 1944：p.108）してはいないとしたように、首肯

し得るものではない。

　また、滝口宏は葬祭の場の表現を示すものが多いとしながらも、千葉県山武郡横芝光町姫塚古墳の埴輪配列をもって葬列説を提示した（滝口1963）。しかし、姫塚古墳の双脚人物像が墳丘を背にして配置していることを考えると、列を表現したとは考えにくい。滝口は「表飾の効果を最大限に考慮」（滝口前掲：p.14）した結果ととらえているが、総体として理解すべきであり、葬列という諸説は認めがたい。

4　供養・墓前祭祀説について

　高橋克壽は兵庫県加古川市行者塚古墳の調査成果から、造出しでの土製供物を用いた祭祀を復元し、「祭祀を司る人物を土製品に置き換えたのが人物埴輪」であり、「最初の人物埴輪は、被葬者に対する祈りの姿」（高橋1996：p.137）とした。車崎正彦も高橋に賛意を表しつつ、人物埴輪や動物埴輪の意味を、「死者の霊を祀る巫覡と、贄、供物の動物」（車崎1999：pp.174-176）ととらえている。

　梅沢重昭は群馬県高崎市綿貫観音山古墳の形象埴輪群をもとに、祭人・頌徳像グループという2つにわけ、前者は「黄泉国世界へ旅立つ被葬者の霊魂の鎮魂儀礼」とし、後者を「被葬者・豪族の生前の権威が死後の世界へ継起することを願望して被葬者を象徴的に象った」（梅沢1998：pp.465-466）ものとした。梅沢は被葬者たる先首長と鎮魂の儀礼を執りおこなう新首長（男子胡座像）がグループを違えて表現されており、先首長は貴人・武人・農人の三場面にそれぞれその姿態でもって登場しているととらえている。一方、車崎は、被葬者は表現されない（車崎前掲：p.178）としている。

　坂靖も、先の高橋の論説をひきつつも、「まず王の居館とそれを守護する器物を象徴的に表現した。また、集落や居館で行われた祭祀をも再現した。そして渡来文化の影響により、他界観が変質する中ではじめて墓前祭祀が表現されることとなった。最後には、王の行った数々の儀礼をも再現するようになった」（坂2000：p.133）とした。

　筆者は、首長（被葬者）は表現されていると考えている。それは、前述したように埴輪とは、被葬者の生前に発注されていたものと考えているからである。そのことからすれば、形象埴輪群は被葬者の鎮魂や供養・墓前祭祀を表現したものではなかろう。高橋も言及した群馬県前橋市舞台1号墳では、造出しで供物を貼りつけた高坏が出土している他、人物・馬形埴輪も出土している。つまり、両者は別物ととらえたほうがよい。瓦塚古墳でも、造出しやその周辺から相当数の須恵器・土師器が出土しており、形象埴輪とは別に、造出しで墓前祭祀が継続していたことを示す。造出しでおこなわれた供物を用いた供養・墓前祭祀を、人物埴輪に再現したと

するには不都合である。

5 他界・来世表現説について

　他界（死後の世界）での王権祭儀ととらえるのは辰巳和弘である。墳丘規模の狭小な古墳から立派な埴輪が出土した事例をもとに、「被葬者の他界での一層の幸いを願って、立派な居館の姿を墳丘上に創造しようとする人々の心がそこにある」（辰巳 1996：p.182）としていることから、埴輪は被葬者（死者）のために生者がつくったものととらえているのであろう。形象埴輪群像は、「他界に首長としての新しい生を得た亡き首長が、さまざまな王権祭儀を実修する情景」（辰巳前掲：p.184）と考えている。

　塚田良道は人物埴輪がいかなる性格の姿を表していたのかということに関連して、人物埴輪の意味を論じている（塚田 2007）。塚田は、人物埴輪の配置に5つの形式があり、それらが墳丘規模などによって欠落したり、結合したりしていることを明らかにした（塚田前掲）。総体として、「人物埴輪の構造とは基本的に古墳の被葬者に服属して奉仕にあたる近侍集団」（塚田前掲：p.223）ととらえている。

　一方、増田美子は殉死の代用を否定してきた研究史に疑義を呈し、さらに、大阪府藤井寺市蕃上山古墳出土の人物埴輪を巫人と限定できず、近習を表したものと考えている。つまり、「初期段階の人物埴輪は、書紀の記述通りに、殉死の代用として近習者の人像」であり、その後「来世での華やかな生活の為に、より多くのまた様々な職業や階層の人々を伴う」（増田 1996：p.16）ようになったとした。その変化に、朝鮮半島からの移住者によって高句麗壁画などに描き出された来世での生活観ももたらされた可能性を考えている。

　いずれも、人物埴輪が被葬者の死後の世界を表現したという点で共通する。筆者は再三述べてきたように、埴輪が被葬者の生前に発注されていたと考えている。被葬者が生前に、来世あるいは死後の世界を表現させようとして埴輪を製作させた可能性もある。生前における近習を死後でも仕えさせる意図で製作されたと考えるのである。いわば、中国秦帝国の始皇帝陵における兵馬俑のごとくに、である。

　しかし、それだけですべてが理解できるとも思えない。動きをもった形象埴輪群が、何らかの具体的場面を表現していると思うからである。それは、死後における場面と考えるより、生前における場面ととらえたほうがより理解できると思われる。

第2章　形象埴輪群像を読み解く

第4節　形象埴輪群像の意味

　ここまで、近年までに提示されてきた埴輪群像をめぐる諸説について、筆者の見解を交えながら言及してきた。ここでは、再び瓦塚古墳の埴輪群像にもどり、その意味について思うところを述べてみたい。

　瓦塚古墳におけるA・B群は一つの場面を表したものとしてよいだろう。問題はC群である。図1のように、筆者らはここには寄棟家（1）と武装男子（4）、盾（2）があると復元した。しかし、短甲着用の武装男子は、破片がB群付近からも出土しており、かなりの移動が考えられる。ここに復元した格子突帯家形埴輪は、壁体部分は一部が残存するだけである。特に底部の残存率は極めて悪い。このことから、本来あった位置からの移動の可能性が高い。

　B群の平行突帯家形埴輪は、堅魚木の断片をのせているが、押縁などはまったく確認されておらず、この家形埴輪に伴うのか未詳である。また、屋根の傾きや上端の形状なども不明である。一方、B群の入母屋家は、切妻部分は小破片を含めてある程度確認できるものの、寄棟部分以下が未確認である。近接して出土した吹き放ちの寄棟家は上端が確認されており、この上に切妻部分がのることはない。このことから、残存状況の悪い寄棟家の上に切妻部分がのり、組み合わせ式の家形埴輪となる可能性が高いと判断する。格子突帯の家形埴輪を含めB群の位置に3棟の家形埴輪を配置していたと考えたい。

　さらに、双脚男子はその出土位置から、家形埴輪の東側に3体（挂甲・短甲・甲不明）の武装男子を配置し、西側に3体（大刀を腰に佩用する男子像2体・裸足の双脚像1体）を配置し、その西側に盾（2）を配置していたと考える。そうすると、A～C群までが1つの場面として無理なく理解できよう。このうち、大刀を腰に佩用する男子像については、塚田良道の指摘（塚田2007：pp.60-61）通り、武装男子の草摺ではないと思われ、双脚男子像とすべきと判断し

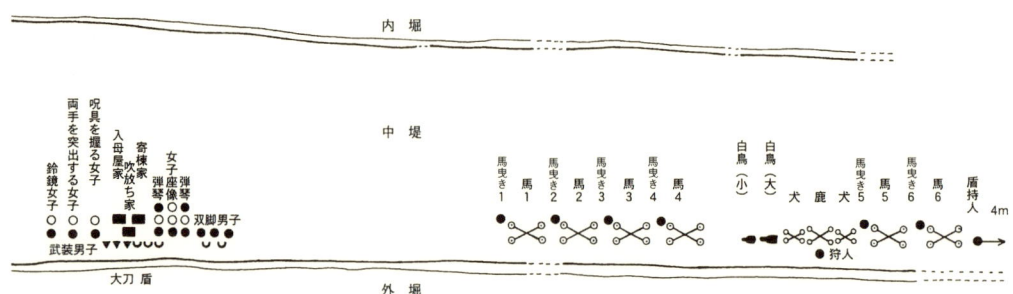

図2　瓦塚古墳形象埴輪配置復元案2

た。D群の変更点はない。また、盾持人は中堤南西コーナー付近に樹立されていた。結果、新たに埴輪配置を復元したものが図2である。

　筆者は、埴輪が生前に発注されていたことを再三述べてきた。このことから、埴輪群像が表したのは生前における何らかの場面と考える。瓦塚古墳の人物埴輪群像は、2体の琴弾と椅座の女子、そして未確認の首長像、さらに、姿態不明の女子3体、男子2〜3体、双脚男子2体、3棟の家を挟んで両手をつき出す女子、鈴鏡を伴う女子、武装男子3体である。このほか両端付近に盾、大刀がある。これらの埴輪群像が示す主題は、歌舞・音曲や飲食がおこなわれている場面と考えられる。家形埴輪は、入母屋造建物と吹放ち寄棟造高床建物、寄棟造建物である。吹放ちの家は森田悌が述べるように楼閣（森田1995：p.11）とみるべきであろう。埴輪群像の示す儀礼がおこなわれたのはこの楼閣であったと推察する。これらの3棟の家形埴輪はハレの場の建物群、すなわち首長の居宅を現しているのであり、そこでの歌舞・音曲や飲食が伴う儀礼を現している。

　先学が述べてきた埴輪群像の意味において注目されるのが、杉山晋作（杉山1986）の説く、生前顕彰説である。文字通り生前の姿を顕彰するためであるが、瓦塚古墳でみた歌舞・音曲や飲食儀礼の具体的な場面としては、小林行雄のいう「神を祭る儀礼の場に臨んでいる人々の姿」（小林1944：p.109）と考えるのが最も理解しやすい。

　森田悌も、「埴輪群像が示す饗宴を概念化すれば、神宴儀礼として把握」でき、「神宴は神をまつり豊穣を願い感謝する豊饒を具象化」（森田1995：p.21）したものと理解している。ただし、生前の事績を記念する頌徳的性格であるならば、安閑紀の武蔵国造の乱などをはじめとする戦いの場面が表現されるべきであるが、そのような例が皆無であることから、生前顕彰説を退けている。

　筆者は生前における神を祭る儀礼を再現したものが人物埴輪群像であると考える。それは、生前に埴輪群像が製作されていた可能性を重視したいからである。瓦塚古墳の家形埴輪を中心にした群像もそのように理解したい。首長像は未詳だが、おそらく存在していたことであろう。多くの形象埴輪群像が現す場面の共通点は、先学の指摘するとおり、飲食ないし歌舞・音曲である。些細な表現の異同は、地域によって神を祭る儀礼が少しずつ異なっていたことを示していると理解したい。

　それではこれらの埴輪群とすこし離れて出土した動物を中心とした埴輪群像にはいかなる意味があったのだろうか。筆者は、狩猟場面（巻き狩り）を表現した埴輪群像をとりあげ、その獲物として鹿と猪がセットであることが望ましいと述べたことがある。そして、鹿と猪はまったく正反対の性格をもったもので、正と負の存在をともに駆逐することに意味があったと考えた（日高1999および第Ⅰ部第4章参照）。首長の巻き狩り（狩猟儀礼）の様子を再現したものと考えたい。獲物は神を祭る儀礼の場で捧げられたのであろう。ただし、この場面には首長は登

場しない。それは、首長が造形されるならば、唯一最も重要な神を祭る儀礼場面にだけ登場すると考えるからである。

狩猟場面の東側の水鳥形埴輪は、妙案が思い浮かばない。大きな造形のそれは、焼成後に白泥を塗っているので、白鳥を表したものである。白鳥だとすると、すぐさまヤマトタケルの説話を思い起こすが、生前に製作された埴輪が被葬者の魂を運ぶ鳥として造形されたとは思えない。むしろ、雄略紀における鳥をめぐるさまざまな説話を重視したい。白鳥を献じたり、鳥官の鳥が犬に食い殺された失態に対して鳥養部としたり、大王（首長）の周りに鳥類が少なからず存在していたことを示しており、財産としての水鳥の存在を示していたと考えておきたい。

馬形埴輪については、いずれも鏡板や杏葉などを表現した飾馬であることから、狩猟儀礼に随行する馬列ではなかろう。森田悌は「奉迎された神への奉納」あるいは「首長へ納れるため牽かれている」姿と考えている（森田前掲：p.20）。しかし、筆者は飾馬を立て並べるということから、推古紀16年条にある、唐の使者である裴世清らを京にて迎えるために75頭の飾騎を遣わしたという記事を重視したい。同様の記事は推古紀18年条において新羅や任那の客人を迎える場面でもみられる。つまり、客人を迎える場面に飾馬が必要だったのである。ただし、『日本書紀』には良馬・鞍馬を下賜する、あるいは献ずるという記事も随所にみられ、『続日本紀』光仁天皇宝亀8年5月7日の条にも装馬及走馬を進らしむという記事や同13日の条には白馬を丹生川上神に奉るなど、森田の説も捨てがたい。しかし、同宝亀7年正月の条で、諸王が装馬で参列していたことを知ることができる。つまり、儀礼に際して飾馬を並べることがあったと考えられよう。先にみた推古紀の記事と合わせ、馬形埴輪（飾馬）で表された場面は儀礼に参列する姿と想定したい。それは、神を祭る儀礼場面であった可能性もあろう。

盾持人は、唯一埴輪群像から離れて出土している。同様の在り方を示す例は多く、堤や墳丘で外を向いて置かれていたようである。瓦塚古墳における盾持人は、埴輪群像のなかで警護するのではなく、唯一古墳という墓を警護する役割を担っていた可能性がある。埴輪群像の周りにある盾形埴輪や大刀形埴輪とは別の意味があったと思われる。

おわりに

瓦塚古墳出土の形象埴輪群像をめぐって、これまでの諸説と、その意味するところを考えてきた。もとより、これですべてが解釈できるとは考えていない。裸馬の意味や近年改めて注目された鵜飼いを表す場面、特殊な動物埴輪など多くの論じ残しがある。このことについては、第Ⅰ部第4章で狩猟場面を中心とした動物埴輪の意義について考えることにする。

第3章　東北の前方後円墳埴輪配列

はじめに

　東北地方における古墳時代後期の埴輪出土古墳の詳細については、それほど明確ではない。関東地方や西日本の埴輪樹立古墳の様相に比べると、かなり断片的な情報しか確認されておらず、埴輪の組成や配置などが判明しているものは極めて少ない。ただし、個別の資料にあたってみると、それぞれが特徴を有していることも事実である。そこで、本章では埴輪配列がある程度判明している古墳の実際を論述した後、その他の断片的に知られている資料を含めて東北の埴輪が何処からの影響で成り立っていたかについて試論を試みてみたい。

第1節　東北の後期前方後円墳の形象埴輪配列

　原山1号墳　本古墳は福島県中通り、泉崎村に所在する前方部の比較的短い墳丘長約17mの前方後円墳である（福島県教育委員会1982、今津1988、若松1988）。墳丘の大部分が失われていたが、前方部の側面の周溝から琴を弾く男子1体、器を捧げもつ女子1体、左腕に器物を載せる男子1体、右手を挙げる男子（馬曳き？）1体、不明男子1体、馬、鳥（鵜？）

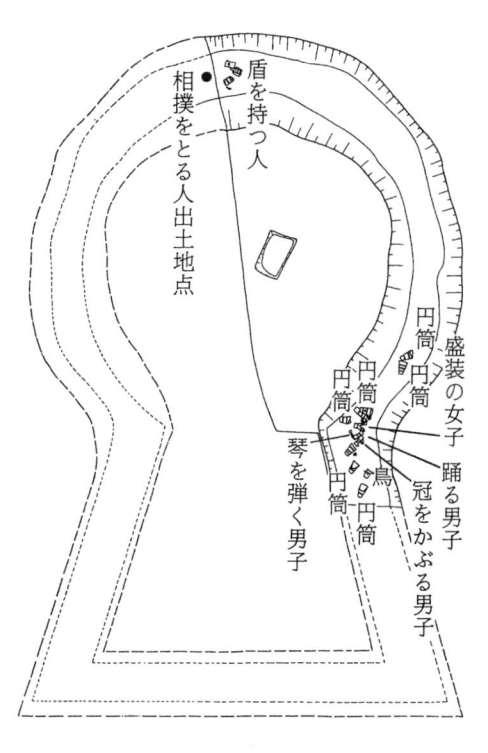

図1　原山1号墳の埴輪配列

第3章　東北の前方後円墳埴輪配列

などが出土した。破片からさらに数体の人物像があったようである。また、後円部の周溝からは盾持人2体、力士2体などが出土している（図1）。中心人物の存在は未詳であるが、捧げものをもつ女子像と琴弾きや左腕に器物を載せる男子などのグループと、馬と馬曳きや鳥などのグループが前方部上に置かれていたようである。また、後円部に盾持人および力士が別途配置されていたようである。出土した土器から5世紀末ころの築造と思われる。

丸塚古墳　本古墳は福島県浜通り、相馬市に所在する古墳である。畑の区割りや埴輪の出土状況から前方後円墳の可能性が高い（今津 1988）。すなわち前方部上に各種の形象埴輪が並べ

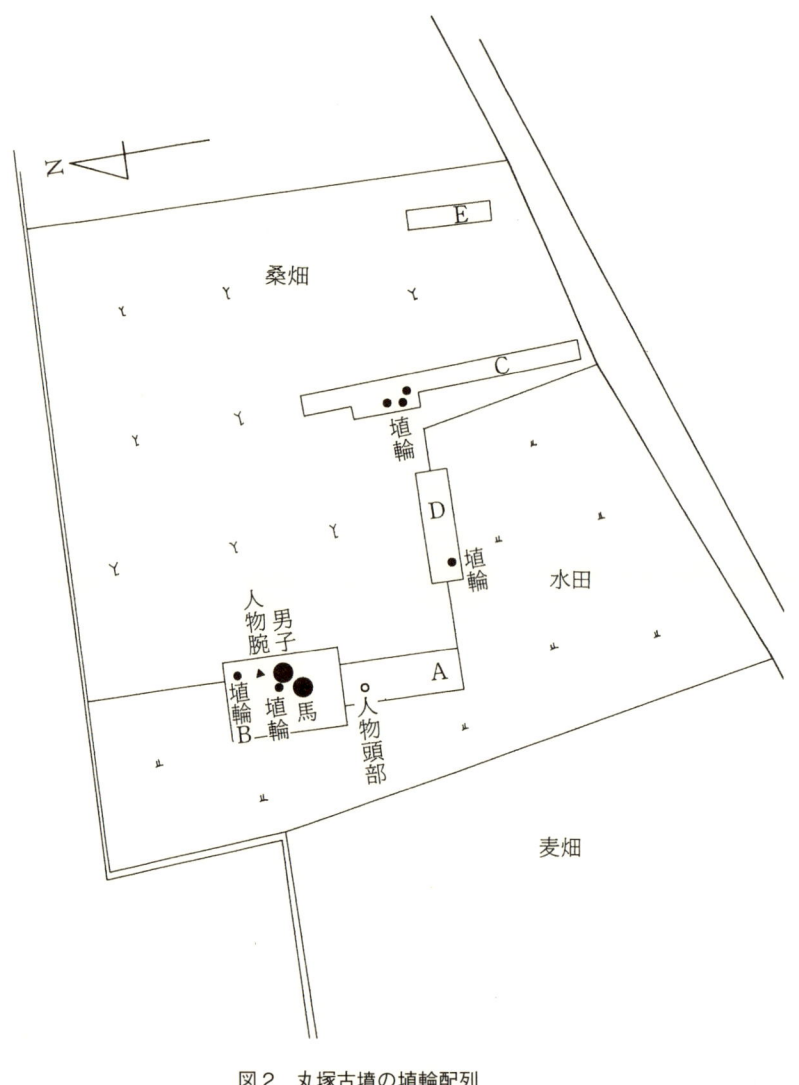

図2　丸塚古墳の埴輪配列

られていたと思われ、胡座男子1体、左手を挙げる男子（馬曳き？）1体、両手を前に出す男子2体、器を捧げもつ女子1体、女子1体、馬などである（図2）。6世紀前半ころの築造と思われる。

神谷作101号墳 本古墳は福島県浜通り、いわき市に所在する古墳である。墳丘の詳細は未詳であるが、前方後円墳と推定されている（福島県1964、今津1988）。女子4体、胡坐男子2体、跪坐男子1体、挂甲武装男子1体、馬2体、鶏、翳、家などが出土している（図3）。前方部にあたる部分に樹立されていたと推定されており、天冠の胡座男子1体が中心人物と考えられ、その近くに女子1体、跪坐男子1体、女子3体、両手を前に出す鈴鏡の女子1体などで儀礼の場面を再現したグループ、傍らに馬、挂甲武装男子1体などのグループ、中心群像を挟んで反対側に家が置かれていたようである。鶏と翳の出土位置は未詳であるが、家が置かれていたグループに属していた可能性が高いと思われる。6世紀中ごろの築造と思われる[1]。

これらのほか、5世紀後半の岩手県奥州市胆沢区角塚古墳（前方後円墳：45m）では、人物埴輪（男子・女子）、複数個体の馬、猪、鶏、家などが出土している（朴沢ほか2002）。鶏を除い

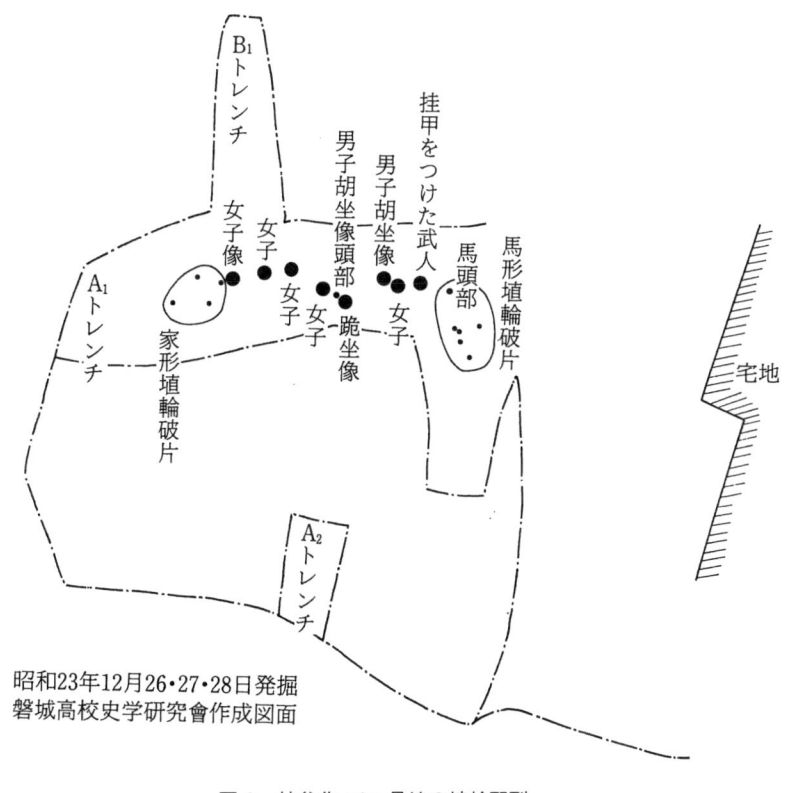

図3　神谷作101号墳の埴輪配列

第3章　東北の前方後円墳埴輪配列

ていずれも細片となっており、配列を検討する材料に欠ける。6世紀後半の福島県白河市下総塚古墳（前方後円墳：47.9m）では、個体数は未詳ながら、人物埴輪（男子・女子）、盾、大刀、翳、家？、馬？、鳥？などがあり、石室周辺から多く出土しているが配列などの詳細は判明していない。関東地方からの影響が想定されている（鈴木2003）。6世紀後半の福島県須賀川市塚畑古墳（前方後円墳：40m）では、くびれ部の周溝から冠をつけた男子3体（内1体は手を前で合わせる）、挂甲武装男子3体、性別不明人物2体、馬、家？、靫？などが出土している。性別不明人物の一方は壺を頭に載せた女子像であった可能性もある。このほか、葉脈状の線刻をもつ剥離した破片が2点出土している（須賀川市教育委員会1974、阿部1999）。なお、本古墳には分離造形の人物埴輪が出土しており、茨城県那珂川下流域との関連が想定される（阿部1999、日高2013b）。

第2節　埴輪配列の具体的場面要素について

　前節までに東北地方の主要古墳の形象埴輪出土古墳の概要を述べてきた。ここでは、改めてこれらの諸古墳の埴輪配列に表された場面について詳述していきたい。

　原山1号墳の埴輪樹立については、円筒埴輪が墳丘からずり落ちたような出土状態、すなわち底部を墳丘側に向けた形で出土しているのに対して、形象埴輪の出土状態は必ずしも墳丘からずり落ちたようなものだけではない。頭部と体部がかなり離れていたり、人物でも残存状況に個体差がかなり存在していたり、馬などは細片での出土であったりと、本来の樹立状態を反映しているわけではなさそうである。中心人物の存在は未詳であるが、小型壺を捧げもつ女子の存在が確認されるので、捧げる対象となる中心人物も本来はあったと思われる。つまり、音楽や食物を捧げる場面、馬列・鳥（鵜？）、そして離れたところで墳丘を守る盾持人・力士という3つの場面が想定される。

　丸塚古墳は詳細な出土状況が未詳であるが、胡座男子1体、両手を前に出す男子2体、器を捧げもつ女子1体、女子1体で構成される場面、馬と左手を挙げる男子（馬曳き？）1体で構成される場面の2つが想定される。

　神谷作101号墳は中心人物の天冠の胡座男子像とその近くに女子1体、跪坐の男子1体、女子3体、両手を前に出す鈴鏡の女子1体などで構成される儀礼の場面、馬・挂甲武装男子1体で構成される場面、中心群像を挟んで反対側に家・鶏と翳などで構成される場面という3つが想定される。

　以上の場面要素を通観すると、中心人物に対して何かを捧げるあるいは相対するという儀礼

第 2 節　埴輪配列の具体的場面要素について

表 1　場面構成要素一覧

構成要素	中心儀礼場面			動物中心場面			家中心場面			墳丘守護場面	
	対面	飲食	音楽	馬列	狩猟	武人	家	鶏	器財	盾持人	力士
原山 1 号墳	?	○	○	○	○?	?	?	?	?	○	○
丸塚古墳	○	○	?	○	?	?	?	?	?	?	?
神谷作 101 号墳	○	?	?	○	?	○	○	○	○	?	?
今城塚古墳	3 区			4 区			1・2 区			4 区?	

　の場面と、動物を中心とする場面（狩猟場面を含む）、そして家を中心とする場面、墳丘を守る埴輪を配置した場面という配列上の特徴があり、古墳によって存在する場面と削除される場面とがあることがわかる（表 1）。

　もちろん、樹立埴輪のすべてが発掘で確認されているわけではなかろう。個体数も増えてくると思われる。今回示した古墳はいずれも前方部を中心に形象埴輪が樹立されていたので、仮に 1 列ではなく群像として組み合っていたならば、反対側あるいは前方部前面に埴輪が落ち込んでいる可能性もあるだろう。表中で「?」としたものも今後確認される場合もあろう。

　いずれにせよ、これらのうち中心儀礼場面が最も重要な場面であることは間違いない。中心人物が、対面する跪坐の男子や両手を前に出す女子らからの奏上を聞く、あるいは捧げものを受け取るということが主要な場面である。そこに音楽を奏でる人物たちが加わる場合もあったのだろう。もう一つは馬列であり、飾り馬を並べる場面は必要不可欠であった。そこに狩猟の場面が加わる場合もあったということだろう。

　以上のような場面について、これらのすべてと登場していない場面などすべての要素が存在するのが、大阪府高槻市今城塚古墳の中堤張出部における 1～4 区である（森田 2009・2011a・2011b）。上述の 3 古墳の場面をそれぞれ当てはめると、中心儀礼場面が今城塚 3 区、動物中心場面が今城塚 4 区、家中心場面が今城塚 1・2 区である。墳丘守護場面とした盾持人と力士については、原山 1 号墳では離れたところに両者が配置されているが、力士はしばしば人物群のなかにある場合が多いので、今城塚 4 区と共通する。盾持人は人物群と離れたところに配置される場合も多いので、その場合は墳丘守護という位置づけになろう。つまり、今城塚古墳で区分けされたそれぞれの場面の縮小版あるいは変形版を東北地方の古墳でも採用していたと考えられるのである。塚田良道や犬木努も関東・東北などの埴輪配列について同様の見解を述べている（塚田 2007、犬木 2008）。家中心場面に女子像が入るのかどうかは極めて重要な問題であ

第3章　東北の前方後円墳埴輪配列

るが、神谷作101号墳の鈴鏡の女子をその場面に入れたほうがいいのかどうか、現状では保留しておきたい。

第3節　埴輪と地域間交流

　ここまで東北地方の後期前方後円墳における主要な埴輪樹立古墳について述べてきた。そこには、今城塚古墳の各区の要素が縮小されつつ登場していると理解できる。東北地方の形象埴輪を通観すると、浜通り地域、中通り地域で異なる様相をもっている。ここでは、形象埴輪の製作技法や共通表現から、これらの系譜について述べていきたい。

　浜通りでは、福島県いわき市神谷作106号墳や丸塚古墳の円筒埴輪に代表されるように、尾張系埴輪の影響が認められる（髙島・馬目2010）。また、神谷作101号墳の人物埴輪には茨城県北部の久慈川下流域との関連も想定されている（今津1988）。丸塚古墳の形象埴輪は竹管文を多用するという特徴を有しているが、神谷作101号墳の武装男子の脚部にも同じ特徴がある。共通表現として関連性を論じるには資料が足りない。同古墳の翳とされた埴輪はいわゆる双脚輪状文の埴輪と思われ、関東では群馬県地域にのみ確認されるものである（若松1991）。神谷作古墳群に供給する埴輪の製作に当たってはさまざまな地域からの技術導入がなされたと考えられよう。

　中通りでは原山1号墳の二山式冠状の被り物をつけた人物埴輪と東京都狛江市亀塚古墳、埼玉県鴻巣市新屋敷Ｃ区35号墳に同工品（藤沢2002）、あるいは共通表現（城倉2008）として関連する可能性が説かれている。東京・埼玉周辺の埴輪製作工人集団との関わりがあったのだろうか。ただし、筆者はこれらの埴輪表現が共通表現として認識できるものなのか、それとも他人の空似なのか判断できかねている。被り物という習俗に関わる共通性は、同時多発的に出現しても何らおかしいものではないからである。

　このほかに、茨城県那珂川下流域との関連が想定される、塚畑古墳の分離造形の人物埴輪がある。このような製作技法は類例が限られるものであるから、情報の共有がなければ出現することはないだろう。下総塚古墳の埴輪は断片資料ではあるが、人物埴輪（男子・女子）、盾、大刀、翳、家？、馬？、鳥？などがあり、器財埴輪の種類が多いという特徴がある。茨城県や千葉県では器財埴輪そのものが少ないことから、栃木・群馬・埼玉などの埴輪製作工人集団との関わりが想定されるだろう。ちなみに、5世紀段階の福島県本宮市天王壇古墳などの最上段が著しく短い回転横ハケを施す埴輪が、中通り以外では栃木南部で確認されることを考えると（藤沢2002）、栃木南部との関わりを想定するべきかもしれない。

以上のように、東北地域の埴輪が遠くは東海地方、周辺では茨城の太平洋沿岸、内陸の栃木南部あるいは埼玉・群馬などとの交流のもとに製作されたことは間違いないだろう。さらに埴輪配列に関しては、今城塚古墳の埴輪配列の縮小版として理解でき、関東諸地域との共通性も指摘できるのである。

おわりに

　ここまで、東北地方の後期前方後円墳の埴輪についての論点を述べてきた。出土状況の明確な例が極めて少ないので、雑駁な議論に終始したことは否めない。ただし、共通性と関係性については、明らかにできたのではないかと思う。

　最後に、埴輪の意義について私見を述べておきたい。第Ⅰ部第2章で示したように、筆者が考える埴輪が表した場面とは、「生前における神を祭る儀礼」である。筆者は、古墳がある程度まで被葬者の生前につくられていた、すなわち寿墓であると考えている。そのことからすれば、埴輪で再現されたのは被葬者の生前の意向を最大限汲んだ場面なのではないかと思われるのである。すなわち生前に数多く実施されたであろう神を祭る儀礼（祭祀）の場面を中心に据え、それらを後代の人びとに見せつけるため、埴輪を樹立したのではなかろうか。

註
1) 2015年に再発掘され前方後円墳の東側くびれ部が検出された。形象埴輪も多数出土しており、さらに個体数が増えると思われる。

第4章　形象埴輪群像における動物
―狩猟場面を再現する動物埴輪―

はじめに

　古墳時代につくられた形象埴輪は、粘土をこねてさまざまな形を表現したものである。ただし、形を象るという行為は、何も古墳時代に始まったことではない。世界史的にみれば、はるか旧石器時代にも女性や動物をかたどったもの、岩壁に絵画としてさまざまな生き物を描いたものなどがある。旧石器時代の絵画をみると、狩りの様子や日常の生活などを表現豊かに描いている。生き物は生きた姿として描かれており、今にも飛び出してくるような動きをもっている。

　日本列島において古墳時代とは、人物、動物、さまざまな器物などを最も数多く埴輪という形をとって具象化した時代であった。実物大に近い大きさに表現されることもしばしばであった。あたかも人びとの目に曝すことを目的としてつくられたかのようでもある。

　縄文時代には土偶（人物や動物）や岩偶などさまざまなモノを具象化した。弥生時代には青銅器や土器の中にそれらを表現した。しかし、等身大にしかも、朽ちるまでその場に置かれて人びとの目に曝されたわけではない。奈良時代や平安時代にも祭祀に伴って人や馬などさまざまなモノを具象化してはいるが、仏像や神像以外に実物大につくられたものはない。永い日本列島の歴史の中で、これほどまでにさまざまなモノを粘土という材料を使って盛んにつくりつづけた時代は古墳時代をおいて他にはない。埴輪とは、そのような位置づけのできる造形物なのである。

第1節　埴輪の種類と変遷

　埴輪にはさまざまな形を象ったものがある。もともとは器を載せる台を象った筒形の円筒埴

第4章　形象埴輪群像における動物―狩猟場面を再現する動物埴輪―

輪、それに壺を乗せた形の朝顔形埴輪、家、さまざまな器財（盾や大刀など）、そして人物、動物などである。人物には男子・女子の区別があり、双脚を表現したものと、そうでないものがある。相対的にみて、双脚を表現したものは大きく造形され、そうでないものは小さい。動物には馬、犬、猪、鹿、牛、鶏、水鳥などがあり、類例の極めて少ないものとして魚、猿、ムササビなどもある。

　形象埴輪は、古墳時代前期末ころまでに、家や器財埴輪が登場し、それに鶏や水鳥が加わる。そして古墳時代中期中ごろまでに、馬・猪・犬や人物が登場する。動物の中には魚や牛、猿なども存在するが、極めて類例の少ないものである。魚を象った埴輪はいまの千葉県北部地域に相当数みられるが、いずれにせよ一般的ではない。

　人物埴輪には男子・女子の別があり、男子には冠を被った首長と考えられる姿、甲冑を身にまとった姿、弓を携えた姿、盾をもつ姿、楽器を奏でる姿、鷹を腕にとまらせた姿、農具を担いだ姿など多くの姿態がある。弓を携えた男子は背中に靫を背負っていることが多い。また、弓を射る姿態もあり、これは後述の狩猟場面に登場する狩人と考えられる。一方、女子埴輪はまれに器以外の器物を捧げもつ姿もあるが、基本的に器を捧げもつ姿であり、全国的にも共通点が多いことが指摘できる。

第2節　埴輪群像のなかの動物埴輪

　はじめ埴輪は、前方後円墳であれば後円部頂に、円墳や方墳であればその墳頂に置かれていた。数多くの円筒埴輪に囲まれた中に形象埴輪は立て並べられていた。その後、造出しと呼ばれる低方丘がくびれ部や主丘部に付随されるようになると、形象埴輪は墳頂部を降り、墳丘の側面部に置かれるようになる。ただし、造出し出現当初にその場所で立て並べられたのは、家や器財などの埴輪であり、墳頂部でのそれとほぼ同じものであった（図1）。造出しの出現からしばらくすると、人物や馬・犬・猪などの生物を象った埴輪がその場所で立て並べられるようになる（坂1988）。

　鳥類を除く生物を象ったもので現在までに知られる最も遡る例としては、5世紀前半に築造された大阪府藤井寺市野中宮山古墳である。前方部側面に付設された造出しで馬・猪などが出土している。人物埴輪は確認されていないが、これが当初からなかったのかはなお検討を要する。

　続いて5世紀後半になると、数多くの古墳で人物埴輪とともに動物埴輪が立て並べられるようになる。例えば群馬県高崎市保渡田八幡塚古墳中堤A区では、人物・馬・犬・猪・鹿など

第 2 節　埴輪群像のなかの動物埴輪

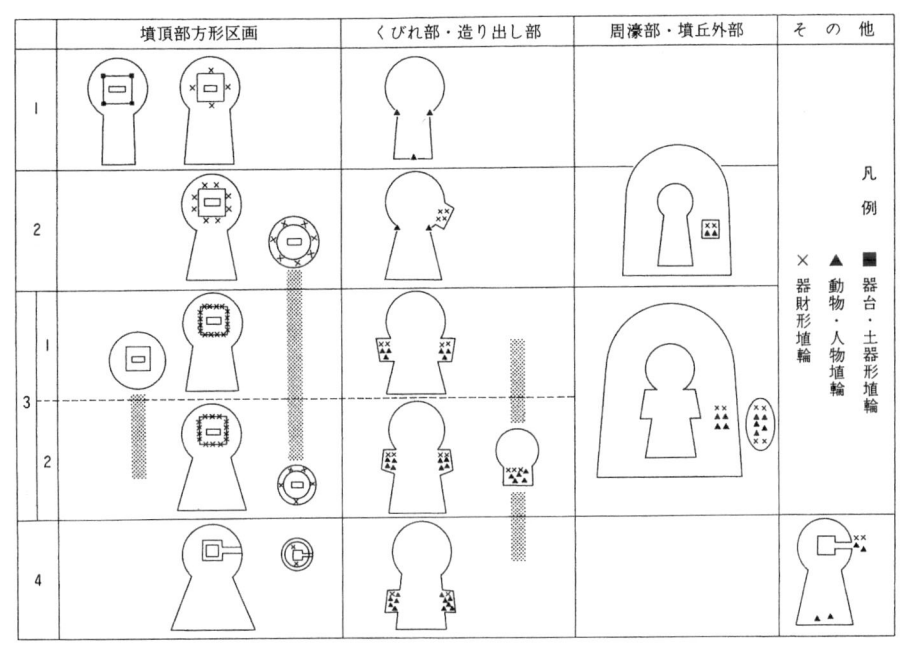

図1　坂靖による埴輪配列の変遷

の形象埴輪が確認されている。小型の猪の存在から、腰に猪を吊り下げた狩人がいたことがわかる。同様の資料は同保渡田Ⅶ遺跡でも確認されており、人物・馬などとともに、猪を吊り下げた狩人・犬・鏃が突き刺さって血が流れている猪が出土している。猪は狩猟の対象である。

　6世紀以降では類例を数多くみることができる。例えば大阪府守口市梶2号墳（笠原1991、大西1994）では前方後円墳のくびれ部から人物・馬・犬・猪・牡鹿・牛などが出土している（図2）。人物埴輪の破片で弓があることから、狩人がいた可能性もある。埼玉県行田市埼玉瓦塚古墳では墳丘の外の周溝に、中堤から落ち込んだ状態で人物・馬・犬・牡鹿などが出土している。狩人の存在は未詳である。

　これらの犬や猪・鹿・馬などの埴輪が樹立当初にどの場所に立て並べられていたかをみると、他の人物埴輪などとは別の場所に立てられている場合が多い。例えば前述の瓦塚古墳では、家や弾琴像などの人物群がまとまって配置された場所とは5mほどの空間を隔てて馬・犬・牡鹿・人物などが配置されていた（第Ⅰ部第2章図2）。八幡塚古墳でも椅子に座る男子・女子像などの人物群とは別の場所に、狩りの場面として犬・猪・狩人・さらには魚をくわえた鵜などとその周りに人物群が配置される（若狭2000）。つまり犬・猪・鹿などは、人物が何がしかの飲食物を捧げる儀礼を執りおこなっている場面とは別の場所に置かれていて、そこには狩人が存在する場合がある。

43

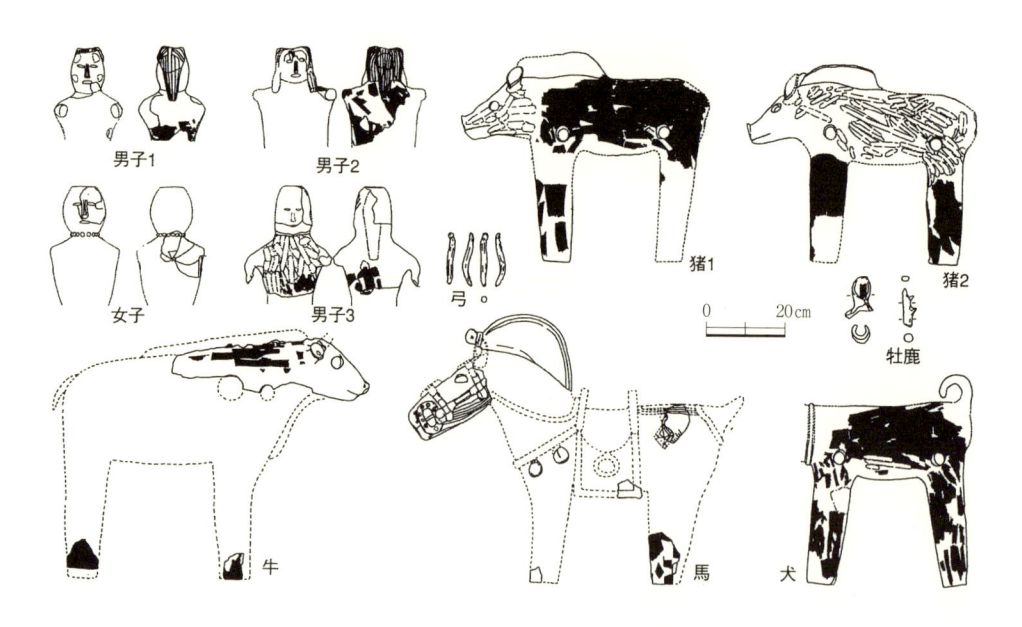

第4章 形象埴輪群像における動物―狩猟場面を再現する動物埴輪―

図2 梶2号墳出土の人物・動物埴輪

　筆者は、形象埴輪群像とはいくつかの時間と空間を異にした、被葬者生前の場面を再現していると考えている（第Ⅰ部第2章参照）。犬・猪・鹿などは保渡田Ⅶ遺跡にみるように、狩猟場面の一役を担っているのである。それは、犬を使った巻き狩り場面をあらわしているのであり、狩猟対象獣は猪や鹿であった。次には犬・猪・鹿によって現された狩猟場面の意味について考えていきたい。

第3節　狩猟場面の意味

　古墳から出土する形象埴輪は、長い間風雨に曝されていたことや、後世の開発に伴って古墳そのものが削られてしまったりして、断片になってしまう場合が多い。また、発掘調査がごく一部の範囲である場合もある。前述の各古墳のようにある程度の全体像が判明することは極めて稀である。よって、得られる情報が古墳時代のすべてではないことも念頭に置いておかなくてはならない。しかし、例え断片でもその存在が明らかになることで、普遍的なものなのか、それとも地域的に限定されるものなのか、ということは議論できるのである。そこで、列島各地で発見されている形象埴輪を、遺漏もあるだろうが見渡してみて、狩猟場面と考えられる埴輪群像を抽出してみよう。

第3節　狩猟場面の意味

　抽出にあたっては、かつておこなった集成をもとにして（日高1999）、その後管見に触れた事例などを加除した。また、狩人が確認された事例は極めて限定されるので、犬・猪・鹿の組み合わせをもとに狩猟場面を集成した。

1　狩猟場面の事例

- 犬と猪・鹿………7例
- 犬と猪……………8例
- 犬と鹿……………3例
- 矢負いの猪のみ…1例
- 矢負いの鹿のみ…1例
- 狩人のみ…………3例

狩猟場面の可能性がある事例

- 猪・鹿……………5例
- 猪のみ……………14例
- 鹿のみ……………19例
- 猪（伝出土）……4例
- 鹿（伝出土）……4例

　このほかに、例えば大阪府堺市大仙陵古墳の墳丘外では犬が出土している（德田・清喜2001）。犬の存在が狩猟場面を表現していた可能性は、極めて高いと思われることから、このような例も本来は犬と狩猟対象獣というセットがあったと考えられるだろう。

　狩猟場面の可能性がある事例についても、その出土古墳を仔細にみると、いずれも断片的な資料が多いことがわかる。今後の調査などによって、犬の存在がわかる可能性があろう。つまり、これらも狩猟場面と考えて差し支えないと思われる。そこで、狩猟場面における対象獣である猪と鹿の出現頻度を示せば、以下のようになる。

- 猪が関わる狩猟場面……36例
- 鹿が関わる狩猟場面……36例

　猪と鹿の出現頻度は偶然にも同数であり、このことを最大限評価するならば、狩猟場面に登場する対象獣は猪と鹿の両者がセットであったと考えられるのではなかろうか。

　さらに、岡山県赤磐市小丸山古墳出土の装飾付須恵器には、背中に矢筒を背負った騎馬の人物と背中に矢の刺さった牡鹿、小壺を挟んで斑点のある牝鹿、犬に追いこまれ背中に人物の乗る猪という像がある（図3）。間壁葭子はこれらの図像を総体として躍動的な狩絵巻と述べてい

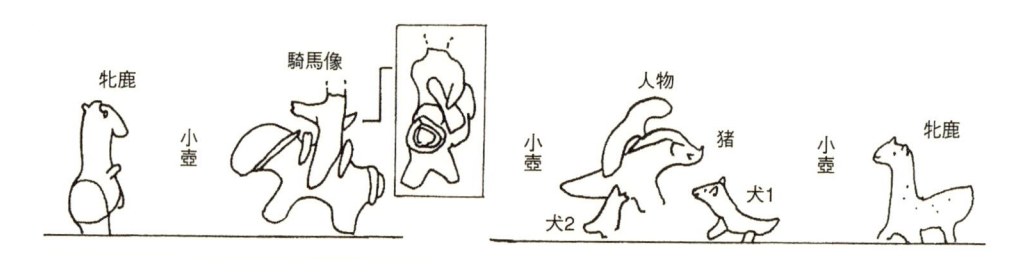

第4章　形象埴輪群像における動物―狩猟場面を再現する動物埴輪―

図3　小丸山古墳出土の装飾付須恵器の小像

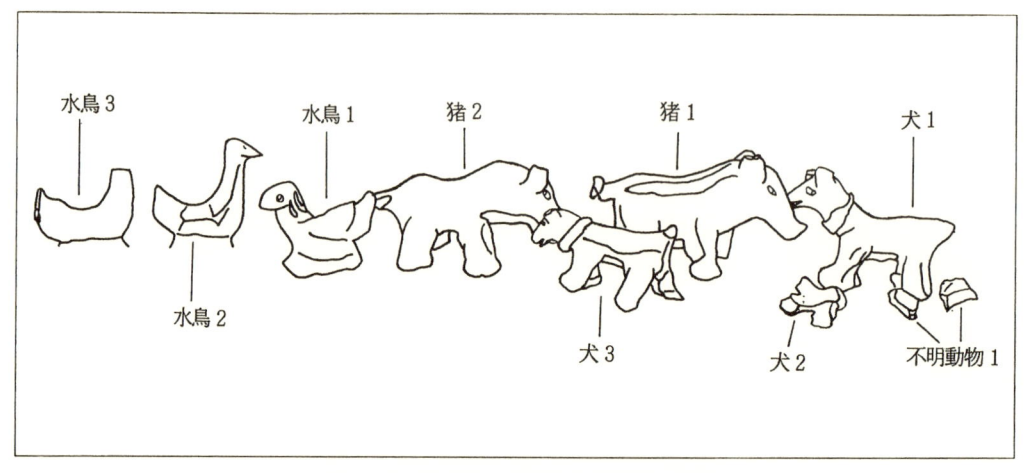

図4　梶2号墳出土の装飾付須恵器の小像

る（間壁1988）。前述の、埴輪にみる狩猟場面と同様の世界が表現されているのである。装飾付須恵器には同様に狩猟場面と考えられる数多くの作品がある。狩猟場面の埴輪が確認された梶2号墳で出土した装飾付須恵器には、犬に追われる猪の像をみることができる（図4）。それでは、犬を使った巻き狩りの対象である猪と鹿にはいかなる意味があったのだろうか。

2　猪の意味

　猪は、千葉徳爾によれば嗅覚にすぐれており、臭いを嗅いだり音を聞いたりすると姿を隠すといわれる。眼はあまりよくないようであり、遠方や高い場所はみられない。猪は水や泥を浴びた後で樹脂の出る樹木に身をすりつけることで、毛が固まり板のようになることがあるといい、昔の弓箭で射ぬくことが難しいことを指摘する（千葉1975）。また、猪は多産で強い繁殖力をもつ動物でもある（井沢ほか編1996）。

　平林章仁は、古代の狩猟儀礼のなかで猪は負の存在であるという（平林1992）。祈狩の結果

としては、猪とは凶兆なのである。『日本書紀』や『古事記』、『播磨国風土記』には、天皇の狩りの場面がいくつも登場するが、猪の描かれ方は、随行した者を食い殺したり、猪に追いこまれたり、弓が折れたりなど、いかにも凶兆の存在である。しかし、その負の存在を駆逐することにこそ、重要な意味があったのだろう。

3　鹿の意味

　鹿は、土地の神の化身として描かれる場合が多い。岡田精司が明らかにしたように、『延喜式』には瑞祥のなかの上瑞として位置づけられており、それは鹿の毛色の変化や角の成長・脱落が稲の生育と対応していることにより、吉兆とされたのである（岡田1988）。

　鹿（ニホンジカ）はオスのみが角をもっており、夏毛として鹿の子文様が全身にあらわれる。角は毎年春に落ち、春から夏にかけて新しく伸びてくる。おおむね年齢とともに枝の数が増えてくるという。また猪と比べ、鹿は1頭の子供しか出産しない（井沢ほか編前掲）。

　各地で出土した鹿の埴輪には、角の有無にかかわらず、体に鹿の子文様が表現されたものがある。前述した小丸山古墳出土の装飾付須恵器の牝鹿も、鹿の子文様が表現されていた。この鹿たちは夏毛の時の姿をあらわしていることになる。憶測を述べるならば、狩猟の季節が夏毛のころであったことを示しているのかもしれない。そうすると、5月5日に執りおこなわれた薬草を摘んだり薬効をもつとされた鹿の角（袋角）を得たりするための薬狩の可能性もでてくる（和田1995b）。ただし、表現された牡鹿の角は立派な枝振りのものも少なくないので、春というより夏の雰囲気が強い。また、鹿の象徴として鹿の子文様を表現したという可能性もある。例えば、鳥取県東伯郡北栄町土下211号墳や同倉吉市沢ベリ7号墳で鹿の子文様の着衣を身にまとった人物埴輪が出土している。

4　狩猟場面の意味

　いずれにせよ、鹿は猪とは正反対の存在であることが重要なのであろう。鹿と猪は、正と負、静と動、単と複、弱と強などすべてにおいて相反する性格をもっていたのである。その意味からすれば、狩猟の場面には鹿と猪の両者を表現することが望ましい。前述の鹿と猪が登場する狩猟場面がほぼ同数であることは、偶然とはいえ意味のあることと思われるのである。

　それでも、いずれかの対象獣しか存在しないという場合もある。例えば福島県本宮市天王壇古墳や群馬県保渡田Ⅶ遺跡などであり、いずれも猪であった。猪という負の存在を駆逐したことをことさら強調するために、あえて鹿を欠落させたのだろうか。

第4章　形象埴輪群像における動物—狩猟場面を再現する動物埴輪—

おわりに

　最後に狩人について一言付言しておこう。狩人は確認されているものでは、すべて半身像（双脚を表現しない）である。服装も簡素であり、被葬者そのものとは思われない。被葬者とともに随行して狩にあたった人物なのであろう。狩猟の補助として重要な役割を担った猟犬とともに、鹿や猪を追っていたのである。

　腰に吊り下げられた小型の猪には、足を上方に向けて吊り下げられ体に線刻を施したもの、足は下方に向け体には線刻がないものがある。前者はいわゆるウリ坊と考えられる。後者は成獣である可能性もあるが、それを実際に腰に吊り下げることは考えにくい。このことについて大塚和義は、獣殺害とこれに伴う霊送り儀礼の存在の可能性を指摘した（大塚1998）。群馬県保渡田二子山古墳出土の二者の違いを説明したものとして興味深い。

第5章　甲塚古墳の埴輪群像における被葬者像

はじめに

　栃木県下野市甲塚古墳は、凝灰岩切石を用いた横穴式石室を内部主体にもつ古墳である。基壇と呼ばれる幅広の第一段があり、基壇は基本的に円墳という形状であるが、その上に乗る墳丘は前方後円形になるという類を見ないものである。基壇は径80mであり、石室の開口する南側が若干膨らむような形状と推定されている。その基壇の上に主軸長47mの前方後円形墳丘が乗る。この部分の後円部径は35m、前方部長は14m、前方部前端幅は17mと推定される。周溝は径91mの円形をなし、前方部前面の南側が張り出す可能性もある。墳丘とは基壇部分の長さに相当するので、径80mの円墳ということになる（下野市教育委員会2014）。

　甲塚古墳を含むしもつけ古墳群の形象埴輪の様相がすべて判明しているのは、中型前方後円墳以上の規模をもつ古墳では本古墳以外には例がなく、甲塚古墳で良好な状態の形象埴輪配列が判明したことは、極めて貴重なものといえよう。本章では、甲塚古墳の埴輪配列をもとにして形象埴輪群像が古墳に立て並べられる意義について考えてみたい。

第1節　栃木県甲塚古墳の埴輪配列

　調査区の西側および東側では円筒列が確認されており、形象埴輪は円筒列が途切れた範囲内で確認されている。馬形埴輪（以下馬）と馬曳き男子がセットになって配置されているが、それぞれの間に1本の円筒埴輪を樹立している。馬1および馬曳き1と人物埴輪（以下人物）1の間にも、円筒埴輪が1本樹立されている。また、人物3の南側で盾持人が出土しているが、基部が欠落していることから、本来の位置から動いている可能性が高い。調査区の南側に埴輪列から離れて樹立されていたのかもしれない。本章では、便宜的に埴輪列の西端から記述を進める。馬はすべて東側、すなわち人物列が続いていく方向に顔を向けて樹立されていた。馬子

は、基部の残っている馬曳き1・2は周溝側すなわち南を向いて立てられていた。機織形埴輪を除く他の人物は、周溝側すなわち南を向いて立てられていたことが判明している。機織形埴輪は馬列側すなわち西を向いて立てられていた。埴輪の彩色などの詳細は個別報告を参照して頂くこととして、ここでは基本的な形状のみ言及する。馬、人物以外の形象埴輪は、墳丘2段目の後円部裾付近で家形埴輪片が出土している。おそらく墳頂部に家形埴輪が立てられていたと考えられる。

1　馬および馬曳き男子の概要

　馬4は片手綱の馬である。馬装は頭絡のみを表現したものであり、顔の右側から背中を通る片手綱が表現されている。遺存状況は悪いが上げ美豆良の馬曳き男子4が伴う。

　馬3は遺存状況から馬4と同様に顔の右側にのみ手綱の表現がある片手綱の馬である。タテガミが背中に接地するあたりで手綱が終わっている可能性もあるが、背中部分の遺存状況が悪いので馬4と同様に背中まで片手綱が続いていた可能性もある。馬装は頭絡のみを表現しており、素環鏡板付轡をつける。右手を挙げる上げ美豆良の馬曳き男子3が伴う。背中部分に鎌がつけられていたと思われるが剥落している。基部は出土していないが、馬の東側墳丘寄りで出土しており、右手が馬の口先にくるように配置していたと思われる。

　馬2の馬装は頭絡（素環鏡板付轡）、胸繋（鈴付）、鞍、鐙（輪鐙）、障泥、尻繋（雲珠・円形突起）が伴った飾り馬である。馬1に比べると馬装としては簡素であると言えよう。左手を上に、右手をやや前方に突き出す馬曳き男子2が伴う。背中には鎌を腰帯に挟む表現がある。馬の東側墳丘寄りで出土しており、右手が馬の口先にくるように配置していたと思われる。

　馬1の馬装は頭絡（f字形鏡板付轡）、胸繋（馬鐸）、鞍、鐙（壺鐙）、障泥、尻繋（馬鐸）が伴ったフル装備の飾り馬である。特徴的なのが胴右側面に横坐り用の短冊形水平板が装着されている点であり、その下に壺鐙がつけられている。また、f字形鏡板よりも前には環の表現があり、衘端の表現か、頭絡が二重になっているかのいずれかであろうが、前者の可能性が高いと思われる。右手を挙げる馬曳き男子1が伴っており、背中部分の腰帯の上に鎌がつけられている。馬の東側墳丘寄りで出土しており、右手が馬の口先にくるように配置していたと思われる。

2　人物の概要

　人物は女子と男子の樹立場所が完全に分けられていた。馬列寄りに女子が9体（人物1～9）、続けて男子が7体（人物10～16）並べられていた。人物3の南側で盾持人が出土しているが、

第1節　栃木県甲塚古墳の埴輪配列

図1　甲塚古墳の人物埴輪の配列

51

第5章　甲塚古墳の埴輪群像における被葬者像

基部が確認されていないので、埴輪列よりも外側の調査区外に立てられていた可能性が高い。また、馬の周辺や円筒埴輪列の近くでも別個体の盾持人の破片が出土しているので、最低でも2体が存在していた可能性が高く、いずれも埴輪列の外側に立てられていたようである。

人物1は丸い合子を頭に載せ、右手に特殊扁壺をもつ女子である。分銅形の島田髷を後頭部に貼りつけていたと考えられる。頸飾りは大小の丸玉を二重につけ、服装は盤頸・左衽であり、上下2ヶ所に結び目がある。腰部分に細いナデつけがあるが、着衣の合わせ目は下端まで続いている。左手首に二重の腕飾り（釧か）[1]の剥離痕が認められる。

人物2は細長い箱状の容器を頭に載せ、両手を下げる女子である。分銅形の島田髷を後頭部に結い、頭部の左前に竪櫛をつける。頸飾りは大きめな丸玉を一重につけ、服装は盤頸・左衽であり、上端に結び目が残っている。腰部分が欠失しており、さらに着衣下方の合わせ目が通るところが欠失しているので、着衣が一体のものであったかどうか未詳である。着衣全体にコンパス文を施す。両耳には立体的な耳環をつけている。

人物3は円形の容器を頭に載せ、右手を上に挙げる女子である。後頭部が欠失しているので、この部分に島田髷がついていたのだろう。頸飾りは大きめの丸玉を一重につけ、服装は盤頸・左衽であり、上下二ヶ所に結び目がある。腰部分に細い突帯が廻っているので、上衣とスカート状着衣に分かれると思われる。胸の膨らみの

図2　甲塚古墳の馬形埴輪・馬曳き男子埴輪の配列

（左より）馬形埴輪4、人物埴輪20（馬曳き4）、馬形埴輪3、人物埴輪19（馬曳き3）、馬形埴輪2、人物埴輪18（馬曳き2）、馬形埴輪1、人物埴輪17（馬曳き1）

（人物埴輪）0　50cm
（馬形埴輪）0　80cm

表現がある。

　人物4は両手を前に突き出した女子である。頭部は欠失しているが、頸飾りはなかったようである。服装は盤頸であるが、結び目の表現はない。胸の膨らみの表現がある。

　人物5は幅広の鉢巻をつけ、分銅形の島田髷を後頭部に結い、頭頂部に櫛歯の表現はないが竪櫛をつけた女子である。両手を下げているが、左手を腰に、右手を腹部前に配置している。頸飾りは大きめの丸玉を一重につけ、服装は盤頸・左衽であり、上下2ヶ所に結び目がある。腰部分に細い突帯が廻っているので、上衣とスカート状着衣に分かれると思われる。胸の膨らみの表現がある。

　人物6は幅広の鉢巻をつけ、後頭部は欠失しているので、この部分に島田髷がついていたと考えられるので女子である。頭頂部に櫛歯の表現はないが竪櫛を斜めにつけている。両手を下げているが、左手を腰に、右手を腹部前に配置している。頸飾りは大きめの丸玉を一重につけ、背面には頸飾り紐の結び目の表現がある。服装は盤頸・左衽であり、上端に結び目がある。腰部分に細いナデつけがあるが、着衣の合わせ目は下端まで続いている。

　人物7は機織形埴輪であり、機台をもつ新式の地機と考えられる。頭部の遺存状況が悪いが、破片から幅広の鉢巻をつけ、分銅形の島田髷をつけていたと思われるので女子である。両手は前方やや下向きに伸びていたようである。着衣全体に円文を施す。頸飾りは剥離痕を残すのみであるが、背面に頸飾りが二列垂れさがった表現となる剥離痕が認められる。手首に一重の腕飾り（釧か）の剥離痕が認められる。服装は盤頸・左衽であり、上下2ヶ所に結び目がある。背面の上衣下方に彩色で市松文様があるので裳裾の表現と思われる。胸の膨らみの表現がある。

　人物8は機織形埴輪であり、機台をもたない原始機と考えられる。人物部の遺存状況が悪く、着衣表現などは未詳であるが、おそらく女子と思われる。同一個体と思われる腕に模様などはないが、手首に一重の腕飾り（釧か）の剥離痕が認められる。

　人物9は分銅形の島田髷を後頭部に結い、頭頂部に櫛歯の表現のある竪櫛をつける女子である。右手を下げているようであり、左手は同一個体と思われる腕の破片からやはり下に向けて延びていたと思われる。頸飾りはなく、上衣の合わせ目は赤彩によって表現された左衽であり、突帯による盤頸表現、上端に結び目があったと考えられる。胸の膨らみの表現がある。

　人物10は上げ美豆良の男子である。頭頂部には振り分け髪の表現と思われる1本のナデつけがあり、ハケメによって上げ美豆良に髪を集める表現がみられる。両手を腰にあてており、頸飾りは大きめの丸玉を一重につけている。服装は盤頸・左衽であり、上端に結び目がある。腰帯の表現がある。腰帯より下方の遺存状況が悪いので持ち物などは未詳である。

第 5 章　甲塚古墳の埴輪群像における被葬者像

　人物 11 は人物 10 とほとんど同じ形態であるが、上衣の合わせ目がなく、前面左側に刀を佩用した男子である。人物 10 よりやや小振りである。

　人物 12 は人物 11 とほぼ同じ特徴を有した男子である。人物 10 とほぼ同じ大きさである。

　人物 13 は右手にナスビ形曲柄平鍬をもつ男子である。頭部は欠失している。上衣の合わせ目がなく、前面左側に刀を佩用している。腰帯の表現がある。

　人物 14 は遺存状況が悪く詳細が不明だが、上衣下端の位置に突帯を廻らすだけの形状である。背面左腰部に剥離痕があり、その形から鎌などをつけていた可能性がある。現状では性別不明であるが、剥離痕が鎌であるならば、男子であろう。

　人物 15 は帽子を被る上げ美豆良の男子である。後頭部中心の上下方向に振り分け髪の分け目と考えられるナデがあり、ハケメが上げ美豆良の方向へ集められている。右手に棒状製品を担いでいるが、先端が欠失している。頸飾りは大きめの丸玉を一重につけているが、上衣の合わせ目はなく、腰帯の表現もない。右手にもつものは、その形状から人物 13 と同様の鍬であった可能性がある。

　人物 16 は帽子を被る下げ美豆良の男子である。後頭部に振り分け髪のナデなどはなく、縦方向のハケメがある。右手を前に差し出して、掌に何かをもっている造形である。左手の向きは未詳である。胴部の遺存状況が悪いので腰帯より上の服装は不明である。腰帯から下に前方やや左で着衣裾まで垂下した突帯の表現がある。腰帯より上には続かないようなので上衣の合わせ目ではなさそうである。何を表現しているのかは不明である。人物 16 は何かをもった右手を前に差し出すという動きのある造形が特徴である。甲塚古墳出土の男子の中で下げ美豆良という髪型をもつのは、本例のみである。

　盾持人は人物 3 の南側でまとまって出土している。基部が欠失しているので、おそらく調査範囲外に立てられていたと考えられる。馬が墳丘側に倒れて出土している様子が読み取れるので、盾持人も本来立てられていた場所から墳丘側に倒れて検出されていて、基部は調査範囲よりも南側に立てられていたのであろう。頭頂部に何か載せていたと思われるが詳細は不明である。他の人物よりも顔のつくりが大きく目も大きくくり抜かれている。頸飾りとして大きめの丸玉を一重につけている。盾面は方形で上端に幅広の突帯を貼りつける。別個体の盾持人の破片が馬列周辺などで出土している。

3　小　結

　以上、馬および人物について概要を述べてきた。重要なのは、馬・馬曳き男子は円筒埴輪を挟みつつ配置されていること、馬列と人物列の間にも円筒埴輪が配置されていること、女子と

男子が厳密に分けられて配置されていること、人物16より東側には円筒列が続いているので人物はこの部分で終わっていることなどである。また、盾持人は埴輪列ではなく外側に配置されていたと思われる。

　甲塚古墳の形象埴輪の全貌としては、女子像は9体、男子像は7体、馬曳き男子が4体と馬が4体、盾持人（男子）が2体以上である。墳頂部には家形埴輪が並べられていた。

第2節　女子埴輪の特徴

　女子埴輪は、器や箱を頭に載せる人物1・2・3と両手を前に突き出す人物4、幅広の鉢巻をつけた人物5・6、機織をする人物7・8、上衣の合わせ目を赤彩によって表現した人物9である。人物1〜4までは飲食などの捧げものをする人びと、中心像と思われる人物5・6の人びと、機織りとその後ろで付従う人物7〜9の人びとである。人物5・6を中心像としたが、これはいずれも他の女子像にはない鉢巻をつけ、左手を腰にあて右手をやや前に置くという動きをもった像であることと、人物6が最も大きなつくりである点から判断したものである。これらをグループ分けするのは困難であるが、飲食場面と機織り場面の間に中心人物が配置されていると考えることができよう。

　2体の機織形埴輪はこれまで類例がなく、特異な造形である。よって、他の人物群像とは一端切り離して理解したい。そうすると、飲食物を中心とした捧げものをする総体的に下位の女子像と、その上位に位置する女子によって場面が構成されていると理解されよう。馬列寄りに下位の女子像があり、横穴式石室に近い方に中心の女子像が配置されているのである。つまり、被葬者が眠っている場所に近い位置に上位の女子像を配置しているのであり、この配置は次に述べる男子像の配置にも深い関わりがあると思われる。

第3節　男子埴輪の特徴

　男子埴輪は上げ美豆良の人物10〜12、鍬を担ぐ人物13・15、不明人物14、下げ美豆良の人物16である。人物16以外は不明の人物13・14を除きすべて上げ美豆良であることが特徴である。丸みのある両把頭を耳の位置まで下げたような格好の髪型をもつ人物10〜12の人びと、農具を担いだ人物13・15の人びと（人物14も鎌などの道具を腰に配した像になるかもしれない）、下げ美豆良の人物16に分けられる。人物16は、一見すると人物15と帽子の形も同様であるから同じような格好と見えなくもないが、下げ美豆良という決定的に異なる髪型をしていて、

第 5 章　甲塚古墳の埴輪群像における被葬者像

何かを握った右手を差し出すという姿態から中心像と考えられよう。基部の詳細は現地に残しているので、全体の高さは未詳だが、おそらく人物 15 と同様かそれ以上の高さを有していたはずである。

　人物 15 の上げ美豆良は、人物 10〜12 のそれとは形態的に異なるものである。束ねた髪が上下に若干延びる T の字を横にしたような形である。製作者が、異なる髪型として認識し造形していた可能性があるだろう。人物 13 も同様の頭部であった可能性もある。帽子を被っている点を重視すると総体的に人物 10〜12 よりも上位の人物と認識できるのではなかろうか。人物 10〜12 の上げ美豆良が、馬曳き 3・4 の髪型に近いことも下位の人物とする理由である。

　以上のような特徴から、馬列寄りに下位の男子像があり、横穴式石室に近い方に中心の男子像が配置されていると考えられよう。つまり、被葬者が眠っている場所に近い位置に上位の男子像を配置するという女子像の配置と同様の論理がここに認められるだろう。

第 4 節　甲塚古墳の埴輪配列と首長（被葬者）像

　ここまでの検討で、甲塚古墳の埴輪配列には横穴式石室寄りに上位の人物を配置し、石室から離れると総体的に下位の人物を配置するという一貫した特徴があることが判明した。この特徴は馬列も同様であると考えられる。すなわち馬具表現をみると、横穴式石室寄りにはフル装備で馬鐸・壺鐙・短冊形水平板をつける馬 1 が配され、最も離れた場所の馬 4 は片手綱の簡素な装備である。そのように理解できるならば、甲塚古墳の馬形埴輪で最も中心となるのは横坐り用の馬であると言えるだろう。馬の横坐りは基本的に女性に限られた特徴である（第Ⅱ部第 6 章参照）。

　甲塚古墳の埴輪配列の特徴は、基壇上のテラス面において列状配置をしているという点である。そして、女子と男子が混在せず、厳密に分けて立てられていた。しかし、上述のようにそれぞれが横穴式石室寄りに中心像を配置していることから、総体として何らかの場面を再現していたと考えることができよう。形象埴輪が、一列ではなく場面ごとにまとまって隊を組む配置となる場合もある（市毛 1985）。大阪府高槻市今城塚古墳の中堤上の埴輪列も場面ごとに隊を組んで立て並べられていた（森田 2011a）。

　第Ⅰ部第 3 章で、東北地域の形象埴輪列の場面要素について、今城塚古墳との対比で中心儀礼場面、動物中心場面、家中心場面、墳丘守護場面の 4 つに分割して理解できることを論じた。以下に甲塚古墳の構成要素を今城塚古墳のものと対比してみたい。

　中心儀礼場面としては、飲食の場面が存在する。対面の場面は現状では存在しないが、中心

像の人物6と人物16がセットになる可能性が高いことから、これらと飲食物等を捧げる人物1～4をもって対面の場面と理解できる可能性を指摘しておきたい。音楽の場面はない。今城塚古墳では3区に相当する。

動物中心場面としては、馬列のみが存在する。狩猟や武人といった要素は見当たらない。今城塚古墳では4区に相当する。

家中心場面は埴輪列中にはなく、墳頂部にそのような場面を設定していたのであろう。鶏や器財は確認されていないが、存在するならば墳頂部であろう。今城塚古墳では1区と2区に家中心場面が存在する。甲塚古墳がそのいずれに相当するのかは未詳である。

墳丘守護場面としては埴輪列の外側に盾持人を配置していたと思われる。力士は見当たらない。今城塚古墳では4区に相当するだろうか。

まとめると、表1のようになる。

表1　場面構成要素一覧

構成要素	中心儀礼場面			動物中心場面			家中心場面			墳丘守護場面	
	対面	飲食	音楽	馬列	狩猟	武人	家	鶏	器財	盾持人	力士
甲塚古墳	△	○	×	○	×	×	○	?	?	○	×
今城塚古墳	3区			4区			1・2区			4区?	

甲塚古墳の埴輪配列は、基本的に今城塚古墳の縮小版として理解できよう。それぞれの場面を構成する要素が縮小されたり、削除されたりして甲塚古墳の埴輪配列が成立していると理解できるだろう。そこで問題になるのが、機織形埴輪と農夫の存在である。いずれも今城塚古墳からは確認されていない。極めて特異なものである。しかも、機織形埴輪は女子像の中では最も被葬者に近い位置であり、農夫は男子の中心人物の隣に配置されている。これらの2種はいずれも生産に関わる人びとであるという共通点がある。織物をつくる人びとと、農作物をつくる人びとである。それらが、埴輪配列に表された人びとにとって主な生業であったことを示しているのだろうか。

農夫の埴輪は、関東地域の多くの古墳から出土例がある。しかし、いずれも中心人物としての造形ではない。埴輪群像の中では、比較的小さく簡素に造形されるものなので、甲塚古墳の人物15はやや異例だが、やはり中心人物と考えることはできない。

2体の機織形埴輪はいずれも女子と考えられる。中心女子の人物6よりも横穴式石室寄りに配置されていることに意義を見出したい。古来より機織りは女子の仕事として重要視されてき

たことは、織女と牽牛（河鼓）の伝承を思い浮かべてみても明らかである（小南 1991）。機織形埴輪は、人物 7 が地機、人物 8 が原始機と推定される。地機は出土資料では遡っても 5 世紀代と推定され、おおむね 6 世紀から出土例が増えてくるようであり、原始機は弥生時代の始め頃から存在する（東村 2011）。地機が新来の技術であることは間違いなかろう[2]。甲塚古墳に新旧の技術をあえて表現しているところに意味があるのだろう。甲塚古墳の被葬者にとって機織りが重要な役割であったと考えられるのである。

そのように考えられるとするならば、甲塚古墳の被葬者は女性だった可能性があるのではなかろうか。人物 6 の女子が甲塚古墳の被葬者の姿である可能性を指摘したい。男子の中心人物と考えられる人物 16 が総体的に下位の農夫である人物 15 と帽子が共通していて、人物像の大きさとしてもほとんど同じである点や双脚でない点などからも[3]、人物 16 を被葬者とするには躊躇を憶えるのである。馬形埴輪の最も中心となるのが女性用の横坐り馬（馬 1）である点も補強材料である。

古墳の被葬者に、少なくない女性首長たちが葬られていることは間違いない（間壁 1987、森 1987、清家 2010 など）。そのことは古墳時代を通じて、あるいはそれ以降の女性天皇の存在を考えても了解されるところだろう。甲塚古墳の主要な埴輪列部分には、女性像が 9 体、男子像が 7 体と、女子の優位性が感じられるのである。形象埴輪に表された場面に、被葬者は表現されないという意見もあるが、筆者は人物埴輪を中心とした形象埴輪群像が被葬者の生前における神を祀る儀礼を表していると考えている（第Ⅰ部第 2 章参照）。被葬者の生前の最も重要な儀礼場面を再現しているのであり、被葬者は表現されていると思う[4]。形象埴輪を墳丘上や周堤上に立て並べることは、その姿を万民に晒すことに意義があったと考えており、墓室内に秘匿するものではなかった（日高 2013a）。そのように考えると、甲塚古墳の埴輪列中に被葬者が存在しているはずである。

甲塚古墳の横穴式石室からは、遺物として石室埋土中から埴輪・須恵器破片がガラス瓶・磁器破片などと混在した状態で出土し、鉄刀の切先が墓道東壁際で出土している（秋元ほか 1989）。性別などを推定する要素は今のところ確認できない。発掘調査などを経て副葬品の様相が明らかになった時、再考すべき課題である。今は、埴輪を通して考えたときに人物 6 が被葬者像候補であることを指摘したい。

おわりに

以上、甲塚古墳の埴輪配列をもとに、その意義について論述してきた。大きくみたときには

今城塚古墳の縮小版として理解できるようであるが、甲塚古墳の個性として機織形埴輪のもつ意味は極めて大きいと思われる。本章で論じてきたもの以外にも、甲塚古墳の人物埴輪には頭に合子を載せ右手に特殊扁壺をもつ人物1の女子や、頭に細長い箱状の容器を載せる人物2の女子など、その姿形のもつ意味について考究すべき造形が多い。本章では、これらの意味について一切論じることができなかったので、今後の課題として提示しておきたい。

註
1) 腕飾りは女性特有の装飾品であった可能性がある。甲塚古墳の人物像は女子にのみ腕飾りの表現がある。古墳の副葬品として腕輪形石製品が、古墳時代前期から中期前半に存在するが、これらは女性特有というわけではなさそうである。古墳時代後期の人物埴輪では、そのほとんどが女子像である。古墳の副葬品に銅釧がある場合や腕飾りとしての玉類などがある場合の被葬者の性別を考える必要があると思われる。ただし、群馬県太田市塚廻り4号墳の跪く男子像に手甲の上に鈴釧と思われる腕飾りの表現があり、大阪府高槻市昼神車塚古墳の力士像にも腕飾りの表現があるものの、極めて限定的である。
2) 『日本書紀』巻14雄略天皇7年に「新漢陶部高貴・鞍作堅貴・畫部因斯羅我・錦部定安那錦・譯語卯安那等を、上桃原・下桃原・眞神原の三所に遷し居らしむ。或本に云はく、吉備臣弟君、百済より還りて、漢手人部・衣縫部・宍人部を獻るといふ」とある（坂本ほか校注1967）。
3) 双脚像は基本的に男子に限られる。女子で双脚を表現しているのでは陰部を露わにした姿である場合がほとんどである。女子の全身像を表現しているものとして著名なのは、群馬県伊勢崎市豊城町横塚出土の重要文化財の盛装女子像（東京国立博物館所蔵）である。上衣と裳からなる造形であり、双脚ではない。裳裾で足は隠れていたはずであり、ことさら双脚を表現する必要がなかったと考えられよう。
4) 埴輪の意味するところや基本的な考え方などについては、『埴輪の風景』としてまとめられた一書にさまざまな研究者の意見が網羅されており、参考文献も載せられているので、参照願いたい（東北・関東前方後円墳研究会編2008）。

第6章　被葬者の埴輪

はじめに

　周知のように形象埴輪に表された場面の解釈には諸説がある。このことは研究史を繙いてみても明らかである（日高2013b：pp.19-20）。こうしたなか、大阪府高槻市今城塚古墳の調査では、日本列島全域の埴輪配列および埴輪の意義を考える上で極めて重要な資料を提供した（森田2011a）。日本列島のさまざまな地域に築造された古墳における埴輪配列の要素を分割してみると、今城塚古墳の縮小版、あるいは変形版として理解できる（第Ⅰ部第3章および犬木2008など）。塚田良道が述べた5形式による共通する配置が（塚田2007）、畿内の大王墓に求められることを示していよう。本章では、人物埴輪のなかに被葬者が表現されたのかどうか考えてみたい。

第1節　埴輪に表されたのは生前の場面か死後のそれか

　前章までの検討のとおり、埴輪に表されたのが、被葬者の生前の場面なのか、それとも死後の在り様を表現したものなのかという点において大きな意見の食い違いがある。埴輪が古墳に立て並べられるのは墳丘構築の最終段階であると思われるが（日高2011b）、埴輪の発注[1]はいつの段階でのことだったのだろうか。製作地を同じくする埴輪の表現にまったく同じものが、複数の古墳から出土していることを考えると、埴輪のつくり置きを考えるべきであり、間接的ではあるものの死後に発注されたのではなさそうである（第Ⅰ部第2章参照）。さらに、古墳築造が生前になされる寿墓（寿陵）である可能性が高いのであれば（茂木1994）、埴輪の発注も被葬者の生前であったと考えるのが素直であると思われる。生前発注であるならば、被葬者の意思が埴輪に表されている可能性が高い。被葬者が生前に死後の場面を埴輪に託した可能性もあろうが、生前の何らかの事象を表していると考えたほうが理解しやすいのではなかろうか[2]。

第6章　被葬者の埴輪

諸説の内容を詳述するのが本論の狙いではないので、ここでは被葬者の意思が反映されている可能性が高いことを指摘するだけにとどめておく。

　埴輪に表された世界、そのことを考える上で極めて重要だと考えているのは、人物埴輪の中に被葬者は存在するのかどうかという問題である。増田精一は、「墳丘に次代の天皇、族長をかたどる人物像は当時まだ製作しなかった」（増田1976：p.180）とした。また、車﨑正彦も増田精一の説を念頭に置きながら、被葬者は表現されないと述べている（車﨑1999：p.178）。

　これらのことを解決するためには、埴輪がどの時点での場面を表現しているのかという極めて大きな問題が理解されないと、埴輪群像のなかに首長と推定される造形があったとしても、それが被葬者なのか、次代の首長なのか、それともまったく別の存在なのか解決しないだろう。筆者は、人物埴輪を中心とする群像が、前述の通り生前の何らかの事象を表していると考えている。それは生前の儀式場面であり、そこには当然ながら首長たる被葬者が存在しているはずである。

第2節　群集墳の埴輪に被葬者は表現されたのか

　数ある形象埴輪のなかで、首長の造形とは思えない人物像のみが出土する古墳もある。例えば栃木県宇都宮市下桑島西原2号墳は、径20.5mの円墳であるが、女子像の可能性がある馬曳きと馬形埴輪が近接して出土した以外には形象埴輪は存在していない（図1）。人物の下半分

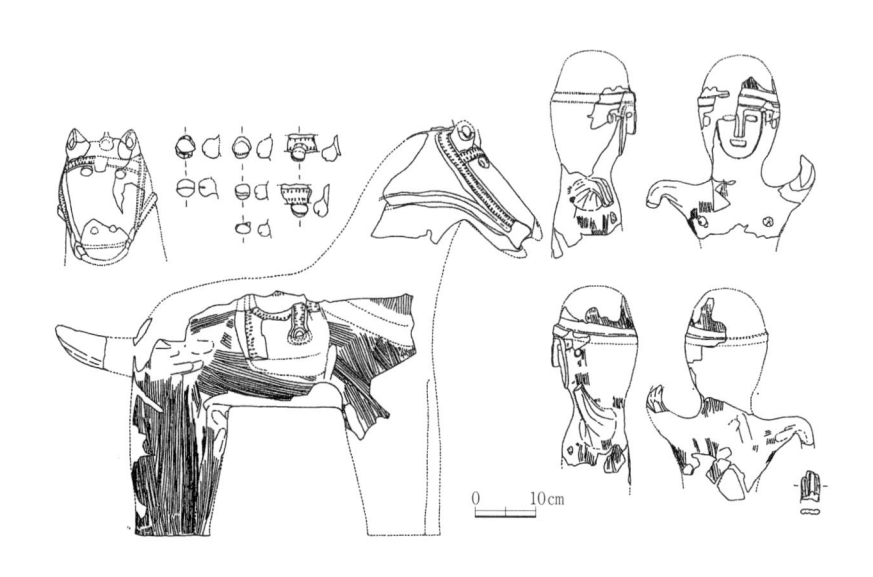

図1　下桑島西原2号墳の馬曳き・馬形埴輪

が出土していないので残存状況としては必ずしも良いわけではないが、別個体が破片ですら出土していないことから形象埴輪は2体のみであった可能性が高い。そうすると、女子像とも思われる馬曳きが被葬者の姿と考えられるのだろうか、それとも被葬者像ではないのだろうか。

筆者は、下桑島西原2号墳の女子馬曳き像が被葬者像である可能性を指摘したい。顔面左側の耳穴の前には帯状に垂れる表現があり、美豆良の可能性もある。頭頂部は欠落しているので、島田髷があったかどうか不明である。以上の特徴から、頭部は男子像のような表現をもち、体には乳房の表現がある。想像をたくましくすれば、男装の女性と考えることもできるだろう（杉山2004：p.173）。もちろん首長とするには躊躇する造形である。それでは、首長でない階層の人びとが被葬者になりうるのだろうか。そもそも、群集墳などの小規模古墳に葬られる人びととは、いかなる階層に属しているのだろうか。改めて代表的な見解のいくつかを把握してみたい。

近藤義郎は「家父長的関係が地方＝農村の共同体（即ち曾つての「英雄」の論理によってその共同体的関係を支配の手段とされていたところの共同体、自らの主体性の発展を強く制約されていた共同体の構成員）をゆりうごかし、その中に古代的な秩序を持ちこんでいった姿を示すものではあるまいか？従って、そこに葬られた人々即ちいわゆる「豪族」「貴族」が、前期中期の被葬者とは異った性格を有っておることは明らかである。それは、正に家父長的家族の墓であるということが出来る」（近藤1952：p.50）と理解した。この見解は、その後の群集墳研究のなかでの被葬者像として認知されている。

和田晴吾は「新式群集墳の基本をなすのは近接して継続的に営まれた二、三基からなる単位で、それは家長の死を契機に二代、三代と順に築造されたものと推測される。―中略―新式群集墳の被葬者は家族構成員のごく一部で、家長とその世帯の一部といえる。」（和田1992：p.342-343）と理解した。

土生田純之は大和盆地東部の首長墳と群集墳との関係に着目し、「六世紀になって擬制的同祖同族関係を紐帯として結びついた杣之内古墳群と園原東方古墳群の関係に対して、これよりも早く大首長のもとで隷属的な位置にいた鉄器工人集団が大首長墓造営地区の片隅に彼らの奥津城を造営することを許された結果ではないだろうか」（土生田2006：p.161）と理解し、群集墳に相対的に低い地位の人びとが葬られた可能性を指摘した。

広瀬和雄は群集墳の造営に関して大阪府能勢地域を例にとり、「一定地域に住まいしていたすべての家族が、小古墳を築造して群集墳の一角を占めたわけではないのである。政治的に選択された有力家族層が集まって共同墓地を形成するのが群集墳なのである。」（広瀬2013：p.160）とし、それは集落構成員の人数からすれば「全体の1/3～1/4ほどの有力な家族」（広瀬前掲：

第6章　被葬者の埴輪

p.160）であったと理解し、より具体的な被葬者像を提示した。

　以上のような見解をまとめると、群集墳には、家父長的家族、家長とその世帯の一部、大首長のもとで隷属的な位置にいた鉄器工人集団、政治的に選択された有力家族層などの人びとが埋葬されたと言えそうである。農耕や鉄生産などに携わる人びとの中でも、有力な家族層が群集墳の被葬者と考えられるだろう。このほか、馬匹生産、水上交通に関わる人びとも考えられるだろうし、紡織、土器生産、埴輪生産などの手工業関係の人びと、渡来人も群集墳に葬られたと考えられるだろう。そうすると、それぞれの境遇を反映した埴輪群像が一定の決まりの中で立て並べられていたと考えられないだろうか。前述の下桑島西原2号墳の女子馬曳き像は馬匹生産に関わる家長的存在の人で、被葬者であった可能性は高いと考える。

第3節　首長墓における被葬者と思われる人物埴輪

　筆者は、前章において栃木県下野市甲塚古墳出土の形象埴輪を検討した。個々の埴輪の詳細は報告書に譲るが（下野市教育委員会2014）、径80mの円形基壇の上に主軸長47mの前方後円形墳丘がのるという特異な形状をなす、6世紀末頃の首長墓と考えられる古墳である。横穴式石室西側の円筒埴輪列に挟まれた範囲で形象埴輪列が検出された。埴輪は一列に配置されており、石室に近い場所に男子7体、そして女子9体（第Ⅰ部第5章図1参照）、最も遠いところに馬4体と馬曳き男子4体（第Ⅰ部第5章図2参照）が立てられていた。女子列中の最も石室に近い位置に機織形埴輪2体およびそれに付従うような女子像1体があり、形状の異なる機織り機が表現されていた。男女それぞれの埴輪は、横穴式石室に近いほうが背も高く、服装も裄を立体的に表現しているなど総体的に上位の存在と思われる。男子では下げ美豆良を表現した人物埴輪16、女子では人物埴輪6、馬形埴輪1が該当する。これらの埴輪群像の中で、筆者が中心人物と考えているのが、人物埴輪6とした女子像である（前章参照）。造形的に最も大きく表現されており、頭飾りや服装表現なども他の女子像にないものがある。人物埴輪16は下げ美豆良の男子であるが、鍬を担ぐ人物埴輪15と帽子の表現が共通し、大きさもほぼ同一である点から、中心人物としては相応しくない[3]。さらに、馬1は馬鐸やf字形鏡板付轡という完全装備の飾り馬であるが、右側面に横坐り用の短冊形水平板を着装しており、女性用の馬と考えられる（第Ⅱ部第6章参照）。女性用の馬が最も上位の存在として甲塚古墳に樹立されていたということは、被葬者は女性であると考えることができるだろう。

　以上のような想定が首肯されるものであるならば、被葬者の生前の姿として女子の人物埴輪6が造形されたと考えられないだろうか。形象埴輪群像の中に被葬者は表現されていると理解

すべきであると考える。古墳の被葬者に、少なくない女性首長たちが葬られていることは間違いない（間壁1987、森1987、清家2010・2015など）。そのことは古墳時代を通じて、あるいはそれ以降の女性天皇の存在を考えても了解されるところだろう。甲塚古墳の主要な埴輪列部分に女子像は9体、男子像は7体と、女子の優位性が感じられることも女性首長の墓であることを補強すると思われる。

これまで全国各地の多くの古墳で各種の形象埴輪が出土しており、中には円筒埴輪や朝顔形埴輪のみという場合もあるが、人物埴輪が出土している古墳には、被葬者が表現されている可能性が極めて高いと考える。以下、人物埴輪の全容がほぼわかっている事例について、その人物像を改めて検討してみたい。

群馬県高崎市綿貫観音山古墳においては、石室北側のテラス面で胡坐し腰に大帯を巻く男子、正坐し両手を前に出し何かをもっている女子、皮袋をもつ女子、両手を下に下げる女子、3人の両手を前に出し背中へと続く紐をもっている女子、3人の靭を背負う弓持ちの男子などが主要な儀礼の場面を構成する人物群である（梅澤ほか1998）。これらの北側には列状に4人の盛装男子、武装男子、鍬を担ぐ男子、盾持人などが並ぶ（図2）。このなかの胡坐し腰に大帯を巻く男子は両手を前に出し掌を合わせる姿態をとっている。大帯は線刻による三角文が施された鈴付のものである。観音山古墳の横穴式石室から出土した金銅製鈴付大帯には文様などはないが、おそらくはこの金銅製鈴付大帯と胡坐人物の大帯とは同じものであったと理解すべきだろう[4]。つまり、胡坐人物は横穴式石室に埋葬された被葬者の姿と理解したいのである。

埼玉県行田市酒巻14号墳においては、推定される主体部の前面の状況は不明であるが、西側に馬列と馬曳き人物、東側に人物埴輪列が確認された。西側から筒袖の男子（やや背が低い）→正坐する女子→筒袖の男子（背が高い）→女子→着飾った力士→女子の順に並べられていた（第Ⅱ部第7章図1参照）。真ん中に位置する背の高い筒袖で冠と円形浮文のある冠帯をつける男子が中心人物であり、筆者はこの渡来人とみられる人物が被葬者であると考えている。正坐をする女子とともに何らかの儀式をおこなっている場面であろう。ただし酒巻14号墳の場合は、墳丘未調査部分があるので、筒袖の人物より上位に位置づけられる人物像がまだ存在する可能性もあるが、仮に筒袖の人物より下位に位置づけられる人物像しかなかった場合は被葬者が渡来人ということになるだろう。

千葉県市原市山倉1号墳においては、人物埴輪は主体部の西側から前方部にかけてのテラスに立て並べられており、水鳥2体→頭巾状被り物を被る男子半身像2体→女子半身像4体→筒袖の男子2体→振り分け髪の男子1体→頭巾状被り物を被る男子2体→振り分け髪の男子半身像2体・壺を頭に載せる人物1体（女子か？）→鍬を担ぐ男子半身像2体→馬2体以上の順で

第6章 被葬者の埴輪

図2 綿貫観音山古墳の埴輪列

第 3 節　首長墓における被葬者と思われる人物埴輪

出土した（第Ⅱ部第 7 章図 2 参照）。このなかで最も大振りにつくられているのが頭巾状被り物を被る双脚男子であり、振り分け髪の双脚男子もほぼ同じ大きさである。いずれかが中心人物すなわち被葬者であろう。それに比べて筒袖の男子はやや小振りであり、儀式に参列した渡来人を表現していると考えられよう（第Ⅱ部第 7 章参照および太田 2010）。

　群馬県太田市塚廻り 3 号墳においては、前方部上で椅子に坐る男子、椅子に坐り坏をもつ女子、椅子に坐る男子と同様の飾り帽子を被る男子、振り分け髪の男子、坏をもつ女子 2 体、女子 2 体などが出土した（石塚ほか 1980）。その出土状況をみると、前方部の西側を中心に倒れこんでおり、西側に男子の破片が多く、東側で女子の破片が検出されている（図 3）。飾り帽子の男子の全体像は不明であるが、椅子に坐る男子が坏をもつ数体の女子から飲食物を受け取る姿であると考えられる。椅子に坐る男子が中心人物すなわち被葬者であろう。

　群馬県太田市塚廻り 4 号墳においては、前方部上で後円部寄りに馬 2 体と馬曳き男子 2 体があり、振り分け髪の椅子に坐る男子、跪く男子、両手を前に出す男子、右手に大刀をもつ女子、坏をもつ女子 2 体、左手を挙げる女子などが出土した（石塚ほか 1980）。その出土状況をみると、人物埴輪（馬曳きを除く）は前方部の西側と南側に集中しており、西側と前方部コーナー付近に女子、南側に男子が検出されている（図 4）。振り分け髪の椅子に坐る男子が、坏をもつ数体の女子から飲食物を受け取り、さらに大刀をもつ女子からその大刀を受け取る姿であると考えられる。振り分け髪の椅子に坐る男子が中心人物すなわち被葬者であろう。

　大阪府高槻市今城塚古墳においては、埴輪列 3 区が中心的な儀礼場面であると考えられる。そこには二山式冠を被る男子、振り分け髪の男子、楽坐の人物群、坏をもつ女子群、祭具をもつ女子群、両手を後ろに反らす女子、詳細不明の獣脚像などとともに家、器財、鶏、水鳥などが並んでいた（高槻市立しろあと歴史館 2004、森田 2011a）。このなかで、女子群像と対になるのが二山式冠を被る男子と思われ、中心人物すなわち被葬者たる継体大王の可能性が高いと考える。獣脚像や楽坐の人物群などとともに儀礼をおこなっている場面となるのだろう。

　以上のように、人物埴輪群像の中に首長と考えられる中心人物がおり、それは極めてパーソナルな状況を示していると理解されるのである。このことからすれば、中心人物とは被葬者であり、生前の場面を表現していると考えられないだろうか。山倉 1 号墳の事例をみるごとく、人物埴輪群像とは、生前の何らかの場面に登場している人びとを表現していると考えると理解しやすいのであり、被葬者の生前の活動を反映しているのである。だからこそ、埴輪群像に差異が存在するのであり、形象埴輪の数や質に違いがでてくるといえよう。表されている場面としては、今城塚古墳のⅠ～Ⅳ区の縮小版や変形版として理解できると思われるが、具体的な造形に生前の活動を反映してそれぞれ違いが生じていると考えたい。動物埴輪

第6章 被葬者の埴輪

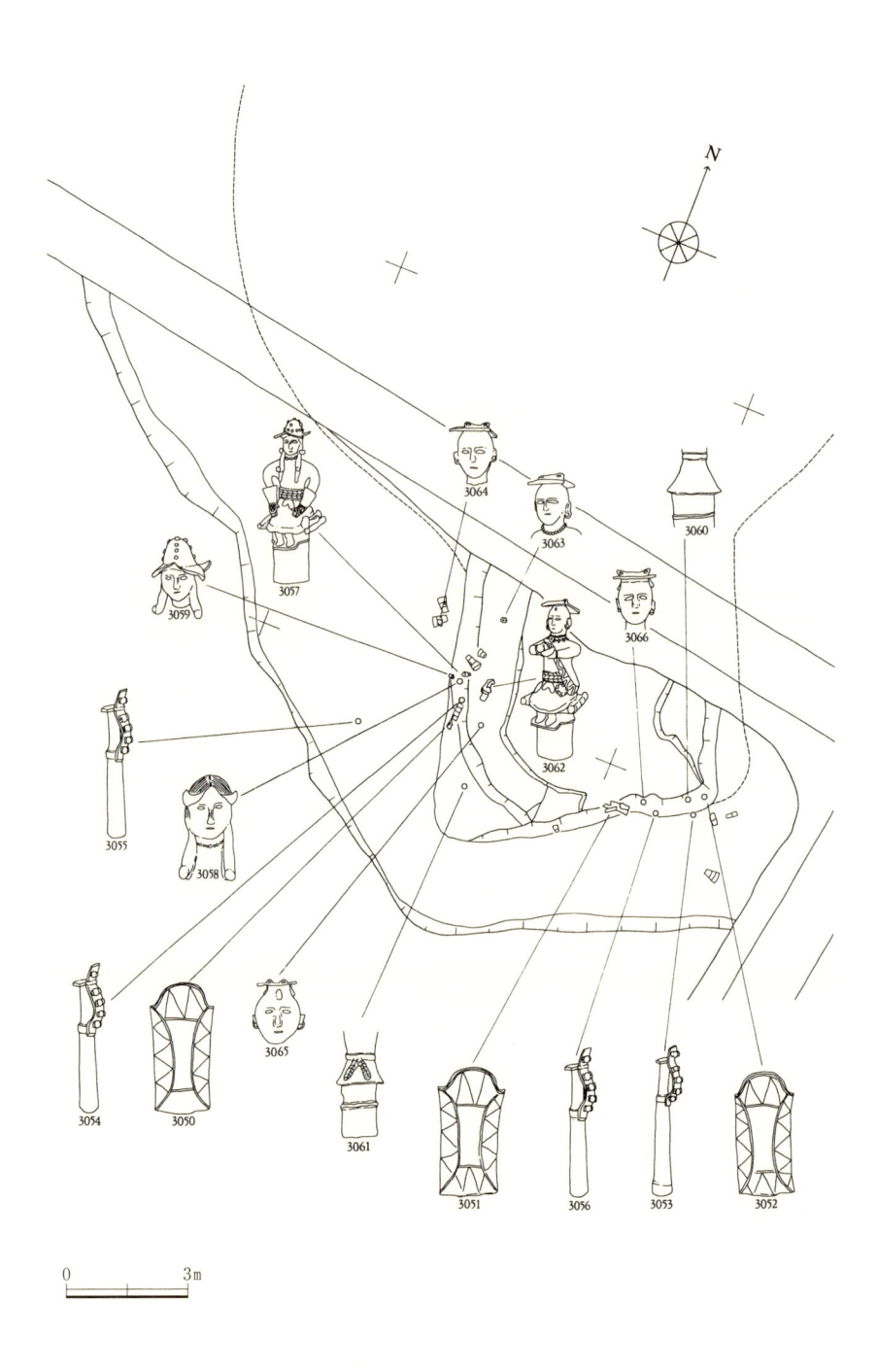

図3 塚廻り3号墳の埴輪出土状況

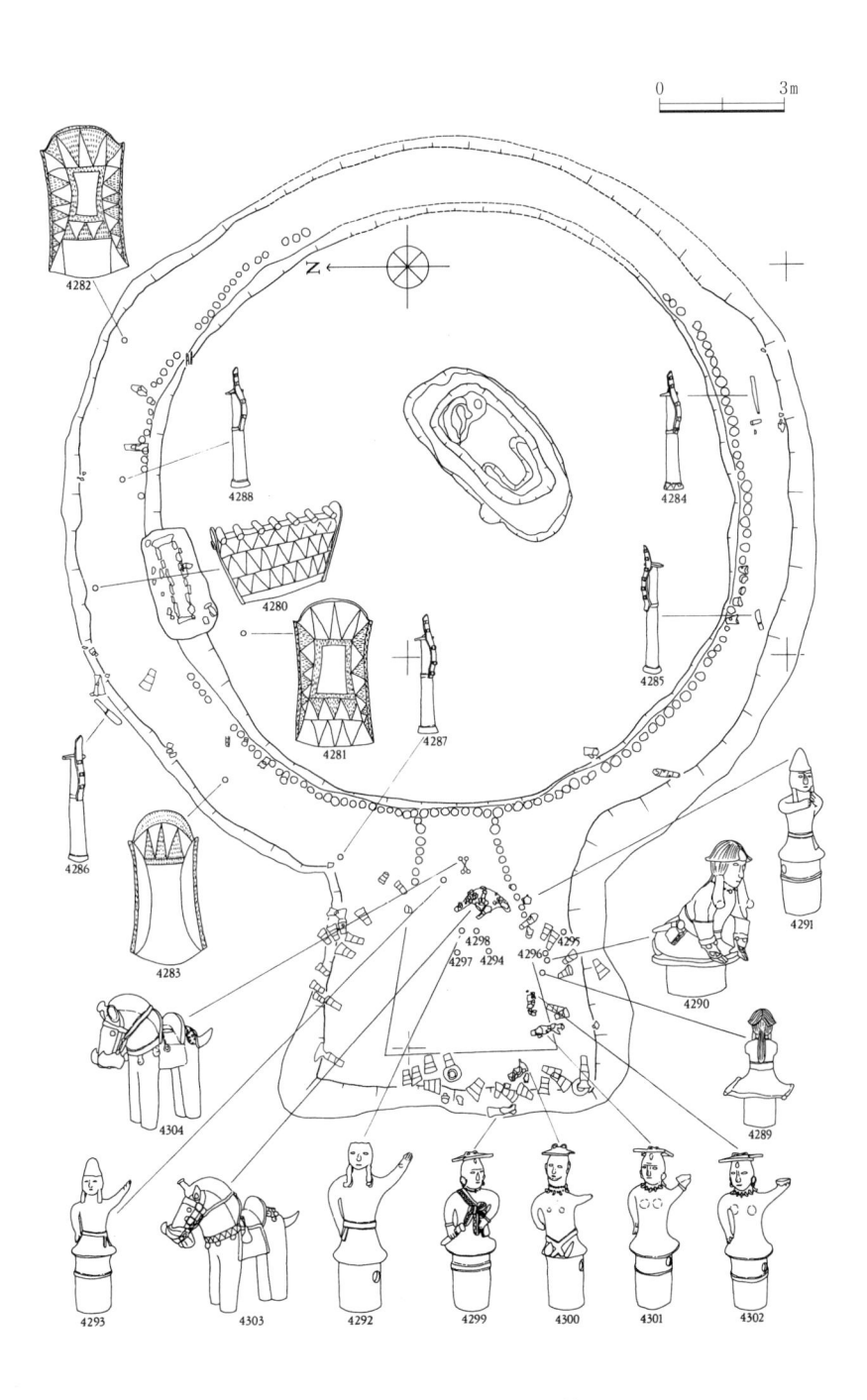

第3節　首長墓における被葬者と思われる人物埴輪

図4　塚廻り4号墳の埴輪出土状況

第 6 章　被葬者の埴輪

に猿やムササビ、魚などが登場する古墳があることも、被葬者の生前の活動と不可分な理由があったはずである。

おわりに

　ここまで、人物埴輪に被葬者が表現されているか否かという問題について素描し、埴輪群像に被葬者の生前の活動が色濃く反映されていると理解した。古墳の「副葬品が被葬者とともに秘匿された、いわば「私」のものであったのに対して、埴輪は外部に晒された、いわば「公」の存在だった」（日高 2013a：pp.30-31）ことを前提にして考えると、埴輪の意義も理解できるのではなかろうか。

　註
1) 埴輪の発注とは、構想（企画）段階から製作、配列までのすべての内容を含んでいるが、ここでは製作までの工程をさしている。
2) 筆者は生前の神を祭る儀礼を表していると考えている（第Ⅰ部第2章参照）。
3) 甲塚古墳の埴輪配列は一列に配されているが、男女ともに横穴式石室からの位置で、グループ同士の対応関係があると思われる。中心人物としては人物埴輪6と人物埴輪16が対応関係となる。また、人物埴輪7・8という機織形埴輪が、女子の中心人物の真横に配されていることは、女性の生業としての機織りを示しており、それが極めて重要な要素であることを人物埴輪配列から読み解くことができる。
4) 形象埴輪の表現には実物とは異なるものの、実際に存在した器物を表現していると考えられるものが多い。例えば馬具の表現などをみると、およそ実物とはかけ離れた表現をもっているが、モデルとなった馬具を推定することはできる場合もある。あるいは変形が著しく何をモデルとしたのかわからないものもある。胡坐人物の大帯も鈴がつけられているということに共通点を見出すべきだろう。

第7章　古墳時代の葬送儀礼

はじめに

　古墳時代の葬送儀礼を考えるとき、「葬送儀礼」という文言が入った考古学からアプローチした論文は数多く存在する。しかし、その中で葬送儀礼の具体的場面や儀礼の内容・所作等にまで深く言及したものは極めて少ないと言わざるを得ない。つまり、あまり良くわかっていない、あるいは定説を得ていない部分が多いのである。それは、考古学という学問体系の資料的性格・特徴に起因しているといえよう。考古学は物質資料をもとに過去を考えるという研究手法を得意とする学問である。あえて誤解を恐れずに言えば、考古学は目に見えない行為や人びとの心情を明らかにすることが不得意な研究分野である。むしろ、民俗・民族調査の結果から葬送儀礼の具体に迫った研究のほうが当然のことながらわかりやすい。

　ただし、当該分野に対する考古学からの接近もないわけではない。ここまで埴輪群像の意味するところについて筆者の見解を述べてきた。埴輪群像の意味については、有力な意見として古墳における葬送儀礼の場面を埴輪として具象化しているというものがある。それでは、古墳における葬送儀礼とはいかなるものであったのか。そして、それを埴輪として再現している可能性があるのかどうか。本章では先学の研究の中で、考古学から葬送儀礼の具体に迫ったものを中心に論述を進めていき、古墳時代の葬送儀礼を考察することで、埴輪の意義についても考えてみたい。

第1節　葬送儀礼のおこなわれる場面について

　土生田純之は古墳構築にあたって、さまざまな場面で儀礼が執りおこなわれたであろうことを示している。古墳の選地に始まり、基礎工事、埋葬など多くの場面で儀礼がおこなわれたと考えたのである。また、実際の発掘調査成果から、それらの場面で儀礼がおこなわれたことを

第 7 章　古墳時代の葬送儀礼

示した。具体的には、「土器を用いたものと焚火の二種、およびこれらの複合形態」があるとした（土生田 1998c：p.217）。

　和田晴吾は墳丘や、内部主体等でおこなわれていたと考えられる古墳祭祀について、前期古墳から後期古墳の墳丘や内部主体構築過程の違いなどを踏まえて詳細に整理した。すなわち、地鎮儀礼、納棺・埋納儀礼、墓上儀礼、墓前儀礼などを古墳構築の各段階と対比させてまとめたのである（和田 1989・2009・2014 など）。また、玉城一枝は古墳構築にあたって、身につけるという使用法でない玉類の出土状況を集成し、墳丘構築以前から墳丘形成後までの玉を使った祭祀について検討をおこなっている（玉城 1994）。

　先学の卓見に導かれながら、改めて古墳時代人の一生のうち、死に際しておこなわれる儀礼をまとめると、以下のような過程・場面が考えられる。

　　0.墳丘築造中―築造の各段階において儀礼をおこなう[1]
　　1.死の確認―死を受け入れずに甦りを図る
　　2.死の決定―死を受け入れ死者から生者への何らかの移行を図る
　　3.死者の埋葬―死者を埋葬することで完全に生者との関係を断つ
　　4.死者の慰撫―埋葬後に追悼儀礼をおこなう

　古墳という墳丘をもつ墓に埋葬をおこなうにあたっては、まず墳丘を構築するという作業がある。墳丘の築造がいつおこなわれたものであるのかという点については、なお不明な部分が多い。すなわち生前に構築していたのか、それとも死後構築したのか、考古学から考究することは難しい。前者の場合であったならば、いわゆる寿墓（寿陵）という思想があったことになる[2]。さらに、前者の場合は、古墳被葬者そのものが築造に深く関わっていることになり、後者の場合は、生者すなわち後継者などが亡くなった被葬者のために古墳を築造したことになる。筆者は、すべての古墳が寿墓であったかどうかはわからないものの[3]、多くの古墳が生前に築造をし始めていたのではないかと考えている。そうであるならば、稀に見られる墳丘内で土器などが出土するものは、被葬者の死の前におこなわれた儀礼の痕跡を示しているとも思われてくるのである[4]。つまり、前述の「1.死の確認」以前におこなわれた可能性のあるものとして「0.墳丘築造中」の儀礼が存在するのである。

　これらの各段階を具体的に考古学として発掘調査で検証できるのは、墳丘でおこなわれた儀礼ということになろう。墳丘外でおこなわれた儀礼については、遺構の認定や古墳と当該遺構との関係性認識の難しさもあり定かではないが、若干の報告事例もあることから後述したい。上述の0、3、4はいずれも墳丘ないし内部主体でおこなわれるものである。しかし、1と2の段階における儀礼が何処で執りおこなわれたものなのかが問題になってくる。以下、代表的な

見解をひもときながら、各時期、各段階での葬送儀礼の具体像を考究してみたい。

第2節　弥生時代後期から古墳時代前期の葬送儀礼

　近藤義郎は弥生時代後期の岡山県倉敷市楯築墳丘墓において、円丘部から特殊器台30個体余、特殊壺10個体（もともとは器台と同じほどであったと推定）、高坏47個体余、台付直口坩47個体余などが出土している状況をして、以下のような儀礼を復元している。「特殊器台は壺を載せる台であり、特殊壺は主として液体つまり酒（場合によってはゆるい粥を入れることがあったかもしれない）を入れる器である。―中略―亡き首長の霊（その霊は同時に重層的に祖霊に連なる）とともに行なう共飲共食であったに違いない」（近藤1998：pp.160-161）と述べた。さらに、「その儀礼行為を通して、新首長は亡き首長の霊威・霊力を引き継ぎ、―中略―同時に代々の祖霊を引き継ぐ」（近藤前掲：p.161）としたのである。弥生後期の墳丘墓においては、地域的な違いや規模の大小はあるとしても、かなり普遍的に認められるとした。

　ところが、近藤はこの考えを改め、焼成後穿孔の各種土器類が、実際に墳丘上で使用された後に穿孔されたのではなく、穿孔されてから墳丘上に持ち込まれた、すなわち最初から使えない状態にされた土器類を用いて墳丘上で儀式がおこなわれたと考えたのである（近藤2005：pp.165-171）。この思考の転換は極めて大きなものであり、重要な視点を含んでいる。

　古屋紀之もこの転換を重要視しており、私どもが従来考えている、「「焼成後穿孔＝実用の儀器を使用後に穿孔した」、あるいは「焼成前穿孔＝儀礼が省略され、はじめから仮器として製作された」という暗黙の常識を覆した」とした（古屋2007：p.224）。ただし古屋は、近藤が岡山県倉敷市真備町黒宮大塚墳丘墓において出土した多量の土器について、実際に使用したのではなく祭祀施行以前に穿孔がおこなわれたと考えたことに対して再検討をおこなった。すなわち、黒宮大塚墳丘墓出土土器を詳細に検討し、穿孔方法に2種があることを指摘し、そのうち打撃穿孔については、その結果壊れてしまったと考えられる土器もあることから、打撃する前に実際に使用して飲食儀礼がおこなわれたことをまったく否定することはできないと評価した。もう一方の錐揉み穿孔という丁寧な穿孔方法についても、「打撃穿孔という行為自身が儀礼として一定の重要性があったために、打撃穿孔する予定の土器を除き、あとは打撃穿孔儀礼の前にあらかじめ丁寧に錐揉み穿孔しておく」としたのではないかと推定した。さらに、これらの土器類が使用された場所についても、墓地ではなく別の場所で使われて、儀器を供献するために使用後に墓地まで運んだ可能性も指摘している（古屋前掲：p.229）。図1は古屋紀之による弥生時代の墳墓における土器配置の様子である。

第7章　古墳時代の葬送儀礼

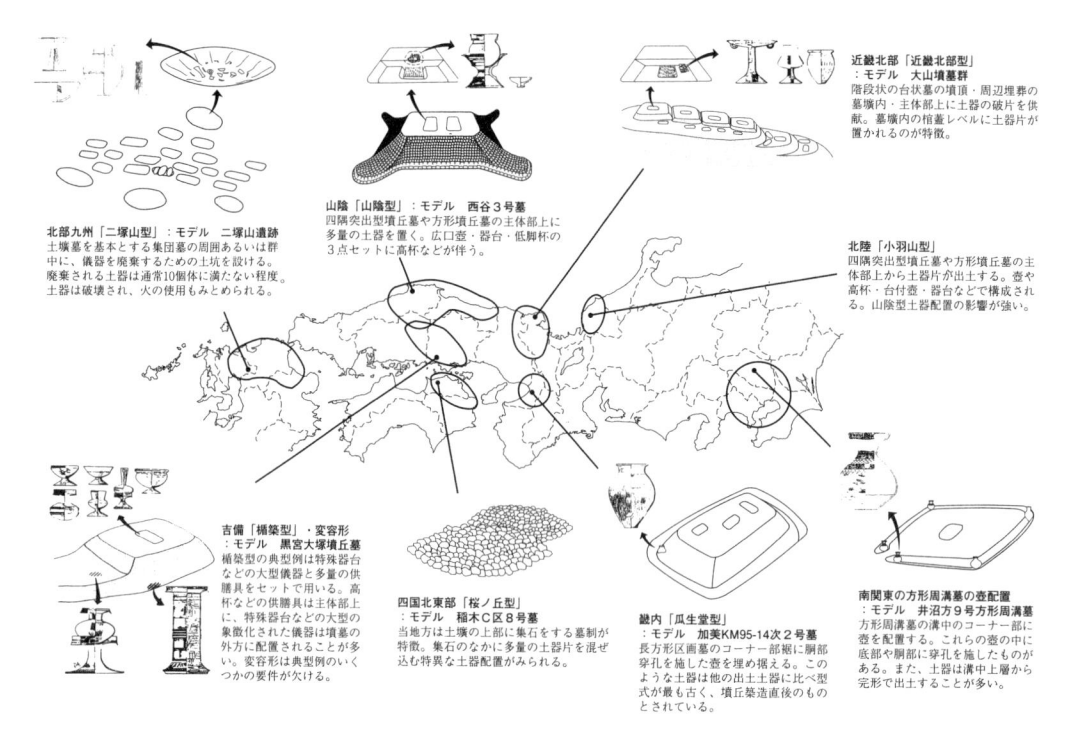

図1　弥生時代墳墓の土器配置（古屋紀之による）

　弥生後期において多量の土器を用いた飲食儀礼が復元できる可能性があるのに対して、古墳時代に近づいてくると状況が変わってくる。すなわち焼成前穿孔の土器類が極めて多くなってくることである。埴輪の成立とも深く関わる事柄と思われる。ここに、葬送儀礼の質的な変化を求めることは首肯されるであろう。兵庫県神戸市西求女塚古墳から出土した山陰系土器の多くが焼成前穿孔を施していることは、あらかじめ中身を入れずに使用することを目的として製作されていると考えられる（古屋2009）。

　ただし、依然として古墳時代前期に古墳から多数の土器が出土することも事実である。岩﨑卓也は、多様な土師器が墳頂あるいは埋葬施設上に配されていることをもって、「神人共食」の具ととらえた（岩﨑1973）。中期に近づくころに墳頂で複数の土師器高坏を配する例は、「共食というよりは、供献を第一義としたもの」ととらえ、儀礼の変遷を想定した（岩﨑前掲：p.19）。そして、古墳時代の日本列島に広く認められる「小型丸底土器」と高坏とが組み合わさって共通する「まつり」の姿を想定した小林行雄の説をひきつつ（小林1935）、畿内勢力が祭祀・儀礼の整備を進めることで、ミニチュア化という土器の仮器化が墳頂部の高坏とともに供献として広まったとしたのである（岩﨑前掲：pp.17-24）。

　いずれにせよ、弥生後期においては使用された土器類を墳丘上で孔をあけて埋納あるいは廃

棄していたのが、古墳時代なると焼成前に穿孔されているものが多くなることは、飲食儀礼そのものが葬送儀礼の過程でおこなわれなくなったことを示している可能性がある[5]。これらの土器類が用いられた儀礼の場面としては、墳丘上ないし墳丘外の違いはあるにしても、上記の「2.死の決定」あるいは「3.死者の埋葬」に際しておこなわれたものと思われる。

第3節　古墳時代中期の葬送儀礼

　前期末から中期前半にかけては、墳頂部や造出しなどから土師器が出土することがある。岐阜県大垣市昼飯大塚古墳では、壺類や高坏、あるいは笊形土器、食物形土製品が後円部墳頂から出土した（図2）。中條英樹は昼飯大塚古墳の出土状況から、高坏や笊形土器などとセットとして使用された可能性を指摘しており、古墳における儀礼の場が造出しへと移行していく過渡期のものと評価した（中條2003）。兵庫県加古川市行者塚古墳や奈良県河合町乙女山古墳などでは、造出しにおいて食物形土製品を使用した儀礼がおこなわれているからである。食物形土製品の存在は、実際に墳丘上で飲食儀礼がおこなわれなくなったことを示しており、それは岩﨑卓也が4世紀末葉に共食から供献へと変化するとした見解を裏付けるものといえるだろう（岩﨑1973）。あるいは近藤義郎が指摘した儀礼の象徴化が進んだものと考えられる（近藤2005）。つまり、弥生時代後期から続いていた内容物が存在する土器を使用した儀礼が、古墳

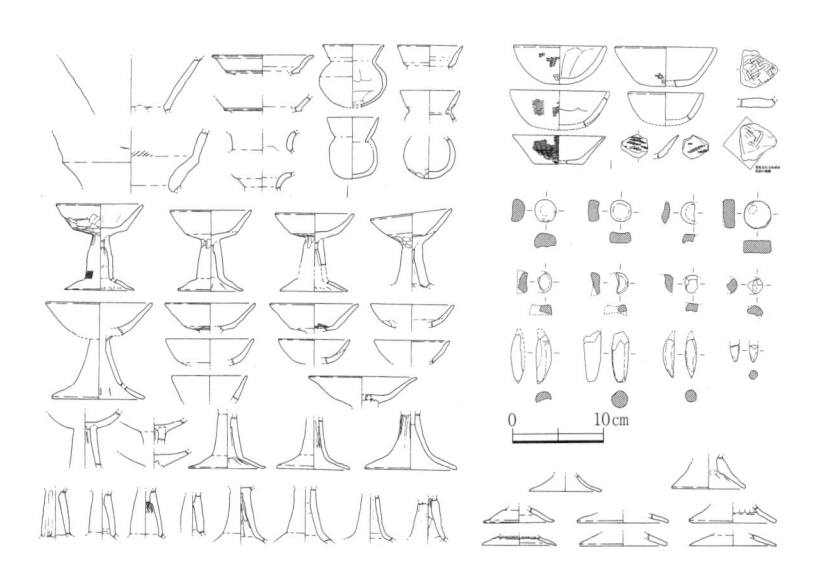

図2　昼飯大塚古墳後円部墳頂出土の土師器・土製品

第7章 古墳時代の葬送儀礼

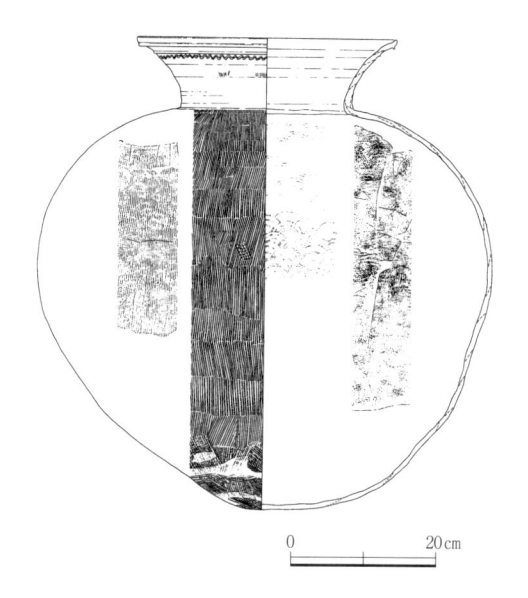

図3 大仙陵（仁徳陵）古墳東側造出し出土の須恵器大甕

図4 舞台1号墳前方部出土の土師器供物付高坏

時代前期のうちになくなっていくと考えられるのである。もちろん、前期のうちに焼成前穿孔された土師器が存在することは前述の通りであるから、地域差も含みつつ変容を遂げていったと評価できると思われる。これらの各種土器・土製品は、「3. 死者の埋葬」の段階でおこなわれた儀礼に使用されたものと考えられる。

古墳時代中期に至り、須恵器が日本列島で製作されるようになると、墳丘から須恵器や土師器が出土するようになる。ただし、弥生時代や古墳時代前期のような器種や数量の多さはなく、極めて限定的な用いられ方をしたようである。内部主体に土器類が副葬されるようになるには、おおむね横穴式石室が導入されて以降である。それは、木棺直葬の場合も時期的に同様である。

墳丘上から出土する代表的な器種としては、須恵器の甕や壺などの液体を入れる容器である。大阪府堺市大仙陵（仁徳陵）古墳の東側造出しで発見された須恵器大甕（図3）は、その代表例といえるだろう。この大甕に内容物があったかどうかは定かではないが、後述のように横穴式石室導入以降は、一部の地域を除いて石室内に土器の副葬が一般的になるので、それらの土器類とは別に

考えたほうがいいだろう。むしろ、古墳時代中期の造出しにおける食物形土製品を用いた儀礼との関わりを想定したほうが理解しやすい。さらに、埴輪配列とともに配置されることが多いので、内容物ははじめから無かった可能性がある。葬送儀礼の場面としては、「3.死者の埋葬」あるいは、「4.死者の慰撫」と考えられるだろう。

最も端的にその状況を示しているのが、群馬県前橋市舞台1号墳である（西田ほか1991）。舞台1号墳は古墳時代中期（5世紀中葉頃）の墳丘長42mを測る帆立貝形古墳であるが、前方部上に鉄製品や石製模造品を納めた埋納遺構があり、その近くに土師器高坏や甑が置かれていた。高坏は土製供物が坏内部に貼りつけられた状態であった（図4）。あらかじめ供物を粘土でつくり、それを高坏に貼りつけて焼成されており、葬送用の土器といえる。当然のことながら内容物は無かったわけであり、甑も同様であったと思われる。時期差はほとんど考えられないので、葬送儀礼の場面としては、「3.死者の埋葬」に伴って用いられたものと考えられる。

奈良県川西町島の山古墳は前期末から中期初頭の前方後円墳であるが、前方部上に設けられた主軸と直交する粘土槨の内外から豊富な副葬品が出土したが、土器は1つも存在しなかった（西藤ほか1997）。もはや、墳丘上あるいは内部主体周辺での飲食儀礼はおこなわれなくなったと考えてよかろう。関東地方の中期古墳である千葉県市原市稲荷台1号墳では、2基の埋葬施設から土器類は出土していない。墳丘および周溝に置かれたと考えられるものとして須恵器坏・高坏・甑・甕、土師器坏・高坏・壺が確認されている（田中ほか1988）。出土土器の数の少なさからすると、代表的な種類の土器を据えたようにも思われ、内容物は無かった可能性がある[6]。葬送儀礼の場面としては、「3.死者の埋葬」あるいは、「4.死者の慰撫」と考えられるだろう。

以上のように、古墳時代中期には実際に内容物が入った土器類を用いた葬送儀礼の場面は想定しづらいのではなかろうか。ただし、「4.死者の慰撫」という追悼儀礼の土器の使用は想定される。例えば、京都府八幡市ヒル塚古墳では、4世紀後半に中心主体部において埋葬がおこなわれた後、第2主体を構築し、さらにそれから数10年後の5世紀後半ころに須恵器高坏を墳頂部端に改めて置いたようである（桝井ほか1990）。竹の根に絡まった状態で発見されたので詳細な配置はわからないが、1ヶ所にまとめて置かれていたことは間違いない。それも、周溝に設けられた陸橋から墳丘へと上がっていき、墳頂部にたどり着いた場所に置かれていた（図5）。これらには食物形土製品などは伴っておらず、土器そのものも打ち欠いたような痕跡も認められないので、亡き被葬者（おそらく墳頂部の中心主体の被葬者であろう）に対して改めて儀礼をおこなった形跡として理解できるだろう。そうなると、内容物があった可能性もある。削平された古墳の周溝から、古墳築造年代よりもやや新しい土器類が発見される例は比

較的多いと思われるので、それらの中にはヒル塚古墳のような追悼儀礼がおこなわれたと考えられる事例も含まれているのではなかろうか。

上述のように、古墳時代前期後半から中期にかけては、「4. 死者の慰撫」としての追悼儀礼の場合を除いて、実際に内容物が入った土器を使用した葬送儀礼は想定しにくいというものであった。も

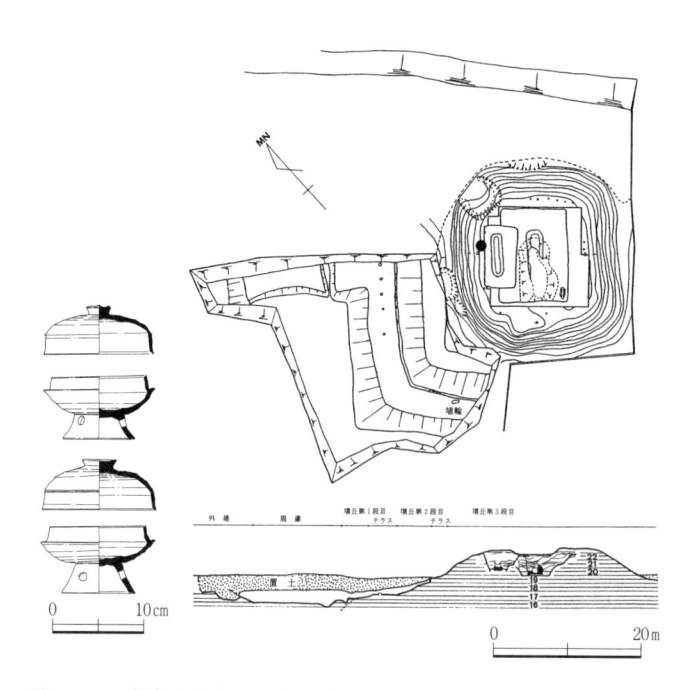

図5　ヒル塚古墳墳丘および墳頂部出土の須恵器高坏（●が出土地点）

ちろん例外もあろうし、実際に内容物が入っていた場合を否定するものではない。しかし、弥生時代から古墳時代への墳墓における葬送儀礼の大きな流れとして、土器の仮器化は深く進行していたと考えられる。それは、埴輪の成立と展開とも深く関わるものである。底部穿孔壺や器台形埴輪が古墳時代の始まりから各地で樹立されるようになったが、初期の段階では遺跡数は少ない。それが増えてくるようになるのは古墳時代前期後半である。上述のような土器の仮器化の時期とおおむね合致してくると思われるのである。弥生時代と古墳時代の大きな違いとして認識できるだろう。

第4節　古墳時代後期の葬送儀礼

　大きな流れが一変するのが、日本列島における横穴式石室の導入と展開である。古墳時代中期に内部主体に土器が副葬される例は極めて少ないが、横穴式石室がつくられるようになると状況が変わってくる。福岡県福岡市鋤崎古墳のような導入期の横穴式石室にはまだ土器類の副葬は見られないが、畿内型横穴式石室の需要とともに石室内に土器類が副葬されるようになる（土生田1998b）。

　横穴式石室から出土する土器類について、最初に歴史的意義を論じたのが小林行雄である。すなわち、横穴式石室の暗がりのなかで火炉を設けた煮炊きをおこなう儀礼があり、そのあと

にいわゆる閉塞石を用いて「石室の入り口を塞ぐ葬送の行事の最後に至る、儀礼の過程の一段階であった」とした（小林 1976：p.266）。そこで煮炊きされた食物が、イザナギ、イザナミの神話に描かれているように、「黄泉戸喫（飧泉之竈）」という死後の食物ではないかとされたのである。横穴式石室内から出土する土器類が単に土器を副葬したということではなく、死者のための食物を入れて石室内に置いたと考えられるのである。

　白石太一郎は横穴式石室を閉塞する埋葬の最終段階において、「コトドワタシ」という儀礼がおこなわれたであろうことを、閉塞石のなかから出土する土器をもって考察した（白石 1975）。木棺直葬の小口部などに石を積み上げて土器を置いている例なども、この「コトドワタシ」儀礼と共通すると考えた。小林、白石のいう土器類を使用した葬送儀礼の場面としては、「3.死者の埋葬」の時であり、実際に内容物を入れたことが多いと思われる。

　さらに、白石は古墳出土の土器類について、特に石室外からのものでは前庭、墳頂、墳裾、造出しなどがあり、須恵器の器台と甕・壺の組み合わせ例が多いことを述べ、これらの土器類のなかには「あらためて墓前祭といもいうべき儀礼」がおこなわれた際に使用されたものもあると考えた（白石前掲：p.366）。つまり、「4.死者の慰撫」である。

　土生田純之は、小林行雄や白石太一郎の横穴式石室における葬送儀礼を認めつつ、黄泉国の成立について喪屋説（斎藤 1988、西郷 1967）や海岸洞窟の墓地説（森 1993）などを含めた世界観であることを論じた（土生田 1998d）。そして、これらの儀礼は横穴式石室への追葬が一般化してくる6世紀中葉頃に整備されたもの、としたのである。また、土生田は横穴式石室への土器の副葬について、東国の群馬県と栃木県で様相を異にし、前者では当初から石室内に須恵器を副葬しており、後者では横穴式石室のみが導入され土器の副葬は見られないことを明らかにした。その違いについて、栃木県の古墳にみられる「基壇」と呼ばれる特徴的な墳丘形式や、土器類が墳丘や周溝、石室前庭部から出土するという在り方は、旧来の社会構造がなお残存している結果であると考えた。畿内型石室など、畿内との関連の有無がその違いを生んだ可能性を指摘したのである（土生田 1998a）。横穴式石室という新来の墓制と土器副葬という儀礼は必ずしも一致して導入されたわけではない。栃木県と同様に、茨城県の後期古墳でも基本的に土器の副葬はない（日高 2000）。

　以上のように、古墳時代後期に新来の横穴式石室が導入されると、「3.死者の埋葬」時に新たに石室内に土器を副葬するという儀礼がはじまったが、地域的に偏りもあったようである。石室内に土器を副葬しない場合、墓に土器をまったく持ち込んでいないわけではなく、白石太一郎が示した前庭、墳頂、墳裾、造出しで土器の出土がみられるものは多い。図6は和歌山県和歌山市井辺八幡山古墳のくびれ部および造出しにおける埴輪と須恵器類の出土状況である。

第7章 古墳時代の葬送儀礼

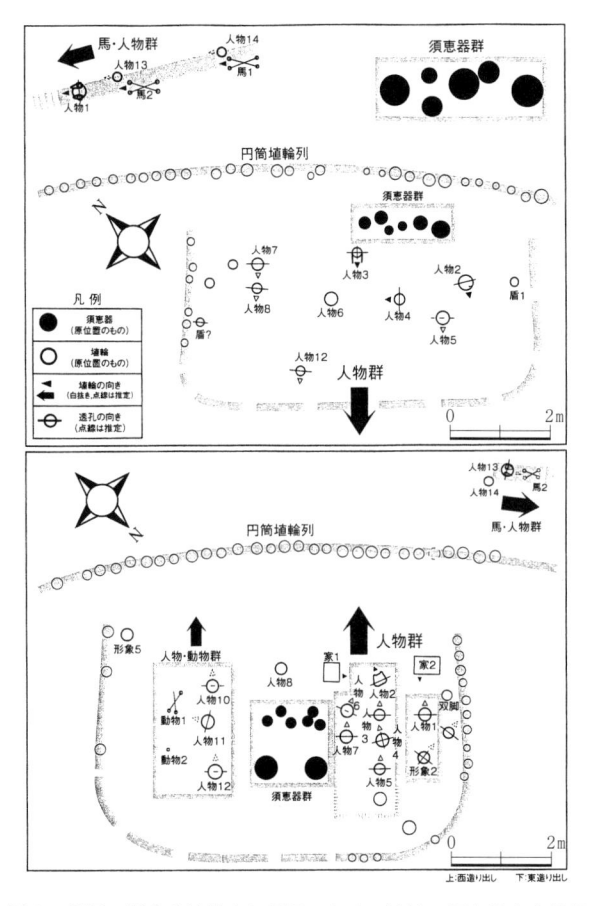

図6 井辺八幡山古墳造出し周辺における埴輪・須恵器出土状況

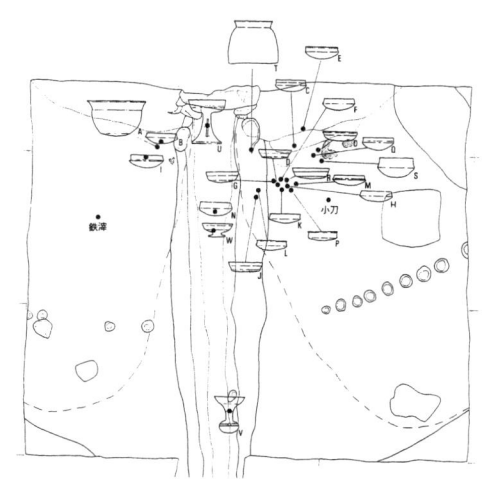

図7 後二子古墳前庭部の土器配置復元

円筒埴輪で区画された中に各種の形象埴輪が配置され、その近くに須恵器大甕や壺、各種の須恵器が据えられていたことがわかっている。このうち、西造出しの内側のくびれ部から出土した大甕、壺は焼成後の穿孔が認められる。据えつけるときには中身が無かったことになる。一方東造出しの埴輪列内に置かれた大甕は破片が少ないものの、穿孔の可能性は低いようである（森ほか1972）。以上の須恵器大甕・壺の穿孔の有無について、森浩一は両くびれ部で機能が違っていた可能性を指摘し、穿孔土器は、1. 日常の容器としての機能を破壊した、2. 弥生時代以来の伝統、3. 甕棺として使うために穿孔したという3つの仮説を提出した（森1972）。配置された場所による用途の違いは、白石太一郎のいう前庭、墳頂、墳裾、造出しと同様に重要な視点であるが、今後の検討課題である。あえて憶測を述べれば、井辺八幡山古墳で出土している須恵器類はすべて内容物が無かったのではないかと考えている。造出しで形象埴輪を配置するとともにその一環として土器類も立て並べた、すなわち土器の埴輪化（仮器化）なのではないか[7]。つまり、井辺八幡山古墳の土器類は「3. 死者

の埋葬」時に埴輪とともに置かれたと考えたいのである。ただし、西くびれ部で出土した8～9世紀の須恵器高付水瓶と、東くびれ部で出土した8～9世紀の鉄鉢形須恵器は、「4.死者の慰撫」として使用された可能性もあるが、あまりに時期差があるので評価は未詳としておきたい。

図7は、群馬県前橋市後二子古墳における前庭部での土器類が置かれた状況である。土師器坏、甕、鉢や須恵器高坏、甑などが焼土とともに出土しているが、時期が異なるものが含まれており、「4.死者の慰撫」として追悼儀礼で使用された土器類と考えられるだろう。また、墳頂部から須恵器大甕が出土している。後二子古墳の横穴式石室は古く開口しており、石室内に土器類が副葬されたのかどうかは未詳であるが、先行する前二子古墳で石室内に土器類の副葬がみられるので、存在していた可能性は高いと思われる。これらの前庭部で出土した土器類は、埋葬後の追悼儀礼で使用されたものと考えられることから、食物供献儀礼を何度もおこなった痕跡と認識できるだろう。

第5節　殯関連遺構（喪屋）について

ここまで、古墳時代の時期ごとに想定される葬送儀礼の一端を、先学の見解に導かれながら紹介してきた。問題となるのは、「1.死の確認」という段階の儀礼である。筆者は死を受け入れずに甦りを図るものとしたが、いわゆる殯を念頭に置いている。殯は葬送儀礼の一環として『魏志倭人伝』に「其死有棺無槨。封土作冢。始死停喪十余日。当時不食肉。喪主哭。他人就歌舞飲酒。已葬挙家詣水中澡浴。以如練沐。」との記載がある。葬るまでの10余日は、遺族は肉食せず、他は歌舞飲酒するとある。この『魏志倭人伝』の記載について、和田萃は殯の萌芽的形態と評価した（和田1995a）。殯史料を渉猟した和田の見解によれば、天皇の殯宮は「崩御あった宮の近傍―南庭が多い―に新しく起こされたようで―中略―殯宮の場所と埋葬地はかなり隔たる」ものであった。ただし、天智天皇の皇子である建王と、天武天皇の草壁皇子の場合は殯宮と埋葬地が近接しており、後の火葬墓の在り方からも、当時かなり普遍的であった可能性を指摘している（和田前掲：p.19）。すなわち、埋葬地に近い場合とかなり遠い場合とがあったようなのである。また、殯の期間は1年以内が普遍的に認められるものであり、斉明天皇や天武天皇のように長期にわたる場合はむしろ例外的であった。

殯に関して土生田純之は、古墳とは別の場所で実施されるのが一般的であり、被葬者が生前暮らしていた住居を使用することもあったであろうが、簡易な構造の喪屋を新たに設置することが多かったとされている。ただし、古墳の内部主体周辺における柱穴の調査例から、墓地で殯が実施されたこともあったと考えた。また、京都府八幡市ヒル塚古墳の内部主体の二段墓坑

第7章　古墳時代の葬送儀礼

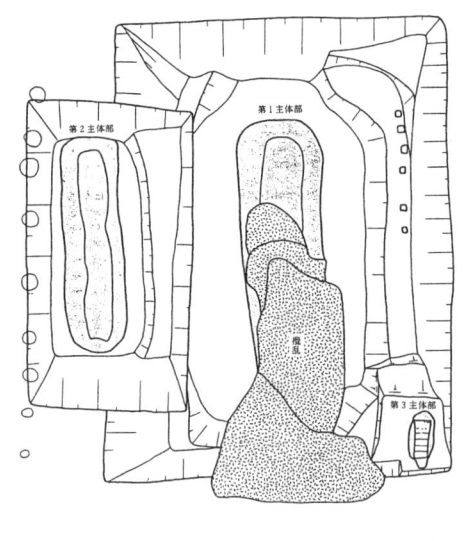

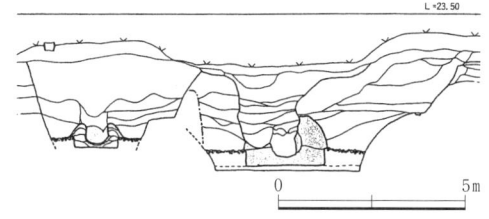

図8　ヒル塚古墳内部主体の柱痕跡

のテラス上に存在したごく浅い柱穴のように（図8）、主体部上に構造物がつくられる例も指摘した（土生田1998c）。ヒル塚古墳の場合、深い穴を掘って柱を立てたり、杭を打ち込んだりしたものではなく、細い柱を置くための簡便な窪みというほどのものであった。おのずと上屋構造は簡易なものを想定するべきであろう。筆者は、ヒル塚古墳の柱穴は時期的な隔たりがあるものの、菅谷文則や村田文夫が考察した横穴式石室内部に稀に見られる鉄鉤によって垂下された天蓋・垂帳、布帛などと同様なものを主体部上に覆うための柱であったのではないかと考えている（菅谷1971、村田1995・2000）。類例は少ないが、竪穴系の埋葬施設での簡便な施設は今後確認されていくと思われる。

泉森皎は、墳丘の周辺に存在する竪穴建物などについて、古墳との同時期性や

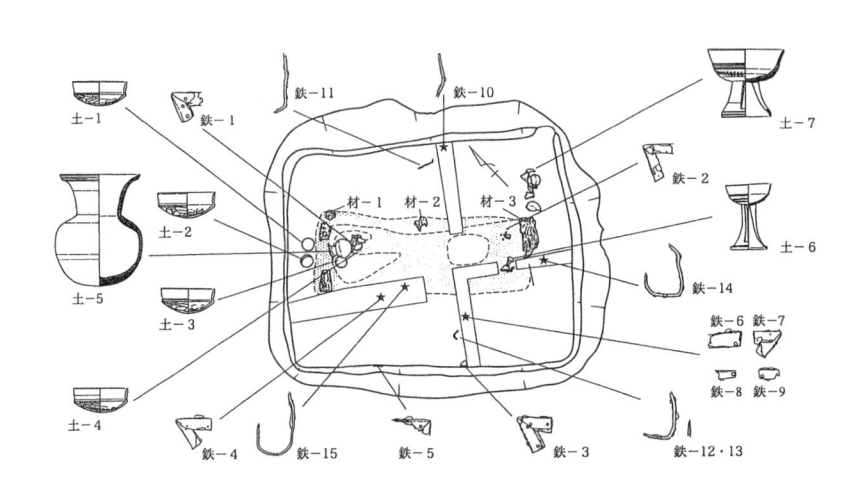

図9　多田山古墳群69号竪穴遺物出土状況

第5節　殯関連遺構（喪屋）について

柱穴のない竪穴建物があることなどから、喪屋の可能性を指摘した（泉森1983）。泉森が論じた古墳と同時期の竪穴建物などの検出例はこれまでのところ極めて少ないが、群馬県伊勢崎市多田山古墳群69号竪穴は興味深い遺構である。当該遺構は方形のプランを有し、床面に柱穴などはないものの遺構外縁辺に柱穴が検出されている。遺構内は、四壁すべての上半のみ火を受けた痕跡があり、床面には0.8m×2.0mの範囲で白色粘土が被熱により酸化していた。さらに、両小口部と中央部の3ヶ所に木材を置いた痕跡が確認され、掘り残された壇部などに土器類が置かれていた。また、鉄製盾隅金具、鈎状鉄製品が覆土などから出土している（図9）。土器の置かれ方をみると通常の木棺直葬の棺外と棺内といったようにも思われるが、遺構そのものが焼失した後に自然埋没したことがわかっている（深澤ほか2004）。深澤敦仁はこの遺構の評価について、発掘調査時の詳細な観察結果から、「非恒久的な葬送施設」ととらえ、「喪屋」であった可能性を指摘した（深澤2007）。さらに、周囲の古墳群はこの遺構よりも後につくられたものばかりであり、約1.0km西に同時期の前橋市前二子古墳が存在することを指摘している。両者が有機的に繋がる可能性はあろう。

　もう1例、類例のない重要な遺構を紹介したい。千葉県印旛郡栄町龍角寺尾上遺跡は短辺22.3・25.3×長辺35.2・37.4m、幅3.1～3.7mを測る溝で囲まれた中に、柱穴をもたない竪穴住居と大型特殊竪穴遺構が検出されている（石戸ほか1991）。大型特殊竪穴遺構には巨大な鉄釘を用いた前例のない木室が存在していたことがわかっている。鉄釘は古代寺院建築に用いられたと思われるほどの大きさがあり、古墳時代には類例がない。出土した土器類から7世紀中葉頃の年代が想定される（図10）。石戸啓夫は龍角寺の真東に遺跡が立地し、台地の先端で単独に構築されていることが特徴であるとし、竪穴住居は厨に、大型特殊竪穴遺構は喪屋であると結論づけた。喪屋は前述の多田山古墳群69号竪穴と同様に焼失している。そして、近隣の龍角寺古墳群中の首長墓であるみそ岩屋古墳（106号墳）の被葬者のための殯施設であった可能性を指摘している（石戸1991）。

　以上のように、喪屋の可能性のある建物については、極めて簡便な上屋構造をもつものと、堅牢なものの2種があることがわかった。龍角寺尾上遺跡の場合も、地下に設けられた木室は極めて堅牢なものであるが、上屋構造をもたせるための柱穴などはないことから、恒久的な建物とは思えない。屋根は一般的な竪穴住居よりも簡便であったと考えられるだろう。

　田中良之は、出土人骨の状態や文献にみられる殯記事、主体部の墓坑や周囲で確認される柱穴などを検討し、殯屋（喪屋）は「集落の中もしくはその付近が最もふさわしい」とした（田中2004：p.670）。また、歌舞などをおこなうだけの開けた場所に簡便な殯屋（喪屋）を建て、通常は1週間以上10数日で埋葬された可能性が高いとされた。集落の近くにのみ喪屋が建て

第7章 古墳時代の葬送儀礼

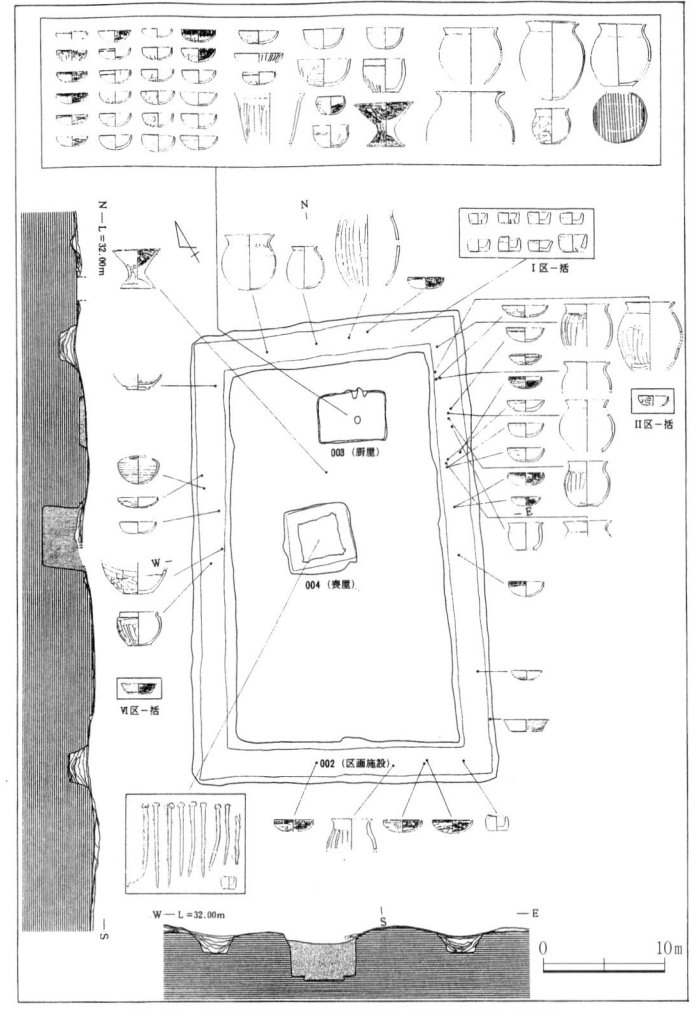

図10 龍角寺尾上遺跡遺構および遺物出土状況

られたかどうかは未詳であるが、墳墓の場所と関わりなく、比較的開けた場所に喪屋が建てられたとする見解は聞くべき意見である。多田山古墳群69号竪穴がつくられた東側には開けた場所（後に多田山3号墳がつくられる場所）があり、龍角寺尾上遺跡では喪屋の南側に無遺構の平坦地が広がっている。

以上、「1.死の確認」に伴う喪屋の事例について紹介してきた[8]。そこでの儀礼としては、いずれも飲食物を伴っていたことが出土土器から想定できるだろう。多田山69号竪穴の場合は盾隅金具をもつ革盾の存在が特筆されるが、それは副葬品というものではなく、喪屋として機能していた時には外部で立てられており、焼失時に落ち込んだことが想定される（深澤前掲：p.384-385）。龍角寺尾上遺跡の場合は、竪穴住居で煮炊きがおこなわれ、おそらく喪屋の南側で飲食儀礼が執りおこなわれたのであろう。

「1.死の確認」の段階の葬送儀礼は、墳墓の近くでない場所で執りおこなわれた可能性が高く、本章で紹介した以外にも検出例があろうかと思う。しかし、葬られた先の古墳を同定するのは極めて難しく、ひるがえって古墳との有機的な関係が想定されないと、竪穴遺構などが喪屋として認定されにくいという嫌いは拭いきれないのである。

第6節　古墳時代葬送儀礼の諸段階

　筆者は本章の最初に、古墳時代人の一生のうち、死に際しておこなわれる儀礼として「0.墳丘築造中」、「1.死の確認」、「2.死の決定」、「3.死者の埋葬」、「4.死者の慰撫」という各段階があると想定した。ここまで1～4の段階で執りおこなわれたと思われる儀礼の痕跡を、不十分ながら時期ごとに紹介してきた。次に「0.墳丘築造中」の儀礼について述べていきたい。

　土生田純之は古墳築造前、盛土下の旧表土上に土器が置かれていた例や焼土の存在した例が散見されることを示し、前者は土地神に対する食物の供献儀礼、後者は造成予定地を清浄にする行為であった可能性を指摘した。また、古墳築造途上にも土器や焼土が伴う儀礼をおこなっていた事例を示した（土生田1998c）。古墳を築造するにあたり、旧表土上で儀礼をおこなっていたことは比較的多く認められるようである（鈴木1998）。図11は6世紀後半の築造と考えられる埼玉県本庄市前の山古墳における旧表土上で検出された土師器の出土状況であるが、いずれも破片となって狭い範囲に散乱していた。残存率の低いものもあることから、儀礼に使用した土師器を遺棄したものと考えられる（太田2001b）。

　土生田が詳細に論じたように、「0.墳丘築造中」には築造開始直前のものと、墳丘盛土や主体部構築途上におこなわれる儀礼とがある。土地神に対する食物の供献や焚火を通じて、土地の占有を宣言したり、古墳構築工事の安全を祈願したりしたのであろうか。

　もう1つ問題になるのが、「2.死の決定」の段階の儀礼である。筆者は死を受け入れ死者から生者への何らかの移行を図るとしたが、端的にいえば首長権の継承である。首長権（霊）継承儀礼というと、まず思い起こされるのは水野正好が提起した埴輪芸能論であろう（水野1971・1990など）。水野の形象埴輪群と首長権（霊）継承儀礼とを結びつけることの問題点は第Ⅰ部第2章で論じたが、岡田精司が断じたように大王就任儀礼としての大嘗祭は比較的新しく成立したものであり、これらを人物埴輪群と結びつけることは困難と考える（岡田1983）。

　律令以前の大王就任儀礼は、「宝器の授受があり、高御座をめぐる儀礼として宣命・拝礼があるなど、群臣参加を前提として挙行され、公的な大王就任儀礼にふさわしく開放的な行事」であったとした（岡田前掲：p.17）。各地の首長たちも、配下の群臣が参列する中、宝器の授受や宣命・拝礼

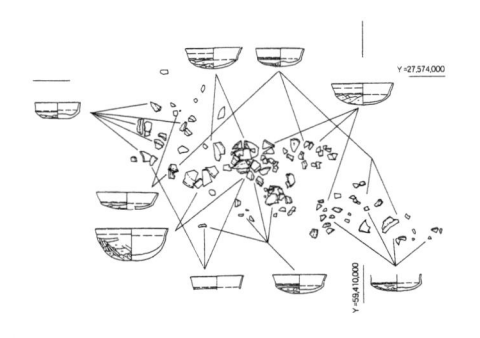

図11　前の山古墳旧表土上の土師器出土状況

の儀式があっただろう。また、岡田が大王就任儀礼における壇（高御座）の存在を詳細に検討したように（岡田前掲：p.10-15）、自らの宮（居宅）あるいはその近傍で特別な小さい壇をつくり執りおこなわれた儀礼であると考える。考古学的にこれらの壇状構築物が確認された例はないが、豪族居館と目される遺跡のなかの無遺構部分などに本来あったのではないかと憶測してみるが、今後の調査進展を待ちたいと思う。

おわりに

　ここまで古墳時代の葬送儀礼について、代表的な先学の卓見をもとに考察を進めてきた。古墳に儀礼の痕跡が残されるものとしては「0.墳丘築造中」、「3.死者の埋葬」、「4.死者の慰撫」である。一方古墳に残されないものとして「1.死の確認」、「2.死の決定」での儀礼がある。今後、古墳と関連施設（喪屋・豪族居館など）とを、有機的に結びつけていく研究が求められるであろう。自らの研究をより深化させていきたい。

註
1) 墳丘築造が被葬者の死後に着手したのであれば、「2.死の決定」と同時か、それ以降につくられ始めたことになる。
2) 埋葬されない墓、すなわち主体部を何らかの理由で構築しなかった古墳などをもとに、広く東アジア的視野から寿墓を考察したものとして、茂木雅博の業績があげられる（茂木1994など）。
3) 例えば、関東地方にみられる古墳時代後期の低墳丘で内部主体が石棺など比較的簡便な施設であるものは、死後つくられた可能性もあると考えている。また、土坑墓などの古墳時代の墓に関しては、死後構築したととらえることもできるだろう。
4) もちろん、墳丘築造途中で被葬者たる人物が死去したこともあっただろう。墳丘内における儀礼の痕跡すべてが生前でない可能性もある。
5) もちろん、墳丘外で土器類を使用した葬送儀礼が執りおこなわれて、その土器類が墳丘上に持ち込まれなかったとすれば、墳丘上で葬送儀礼の痕跡を探すのは無理である。古屋が指摘した弥生後期の使用土器の破砕儀礼のような事例は、古墳時代には基本的に無くなってしまったとみられる。
6) 墳丘裾に土器群を配置する例として、長野県諏訪市一時坂古墳がある（宮坂ほか1988）。周溝底に数ヶ所の土器集中がみられる。時期差はほとんどないと思われ、5世紀後半代に置かれたものとみられる。報告者は食物供献すなわち実際に飲食物を供えていたと考えているが、出土状況をみると、高坏の内部に須恵器坏や甕、土師器坏などが納められていることからすると、中身が無い状態で土器を重ねて据えられた可能性が高いと思われる。
7) とはいうものの、東西くびれ部と造出しにおける底部穿孔須恵器の有無という違いは極めて大きいので、穿孔されていない須恵器類に飲食物が入っていた可能性もあろう。
8) 穂積裕昌は奈良県御所市南郷大東遺跡に代表される導水施設について、殯所との評価をおこなっている（穂積2004）。ただし、この種の施設については異論も多く（坂1996、青柳2003aなど）、にわかに殯所（喪屋）として認識することは難しい。

第Ⅱ部　副葬品・渡来系資料編

第1章　後期古墳における刀類立てかけ副葬について

はじめに

　古墳時代の副葬品にはさまざまなものがある。特に武器類は、弥生時代に引き続いて盛んに副葬品として登場していた。刀や剣などの武器類は、時期や棺の形態にかかわらず遺体の傍らもしくは棺の外に横たえられて副葬された[1]。遺体が確認できなくとも、刀剣類の出土状態で埋葬形態が判明する場合も多く、何体の遺体が埋葬されたのかがわかる場合もある。

　筆者は茨城県かすみがうら市風返稲荷山古墳の報告書を作成した際（日高ほか2000）[2]、飾大刀類は横穴式石室後室に据えられた石棺内（東棺）に副葬されていたのに対して、馬具・武器類をはじめとするその他の副葬品は前室の一番奥の右側壁（入口から見て右側：以下同様）および右袖石付近に置かれていた[3]。また、くびれ部において発見された内部主体についても、石棺内に飾大刀が副葬され、棺外に馬具類が置かれていた。以上のような風返稲荷山古墳における刀類配置の差異に焦点を絞り、その意義を探っていきたい。

第1節　風返稲荷山古墳における刀類の副葬状況

　風返稲荷山古墳における刀類の出土状況を確認しておこう（図1）。まず、横穴式石室前室一番奥の右袖石周辺での出土状況であるが、ここには直刀・馬具・鉄鏃・鉄鉾・銅鋺などが置かれ、少し離れて刀子・弓弭、さらに少し離れて須恵器類が出土した。4本出土している直刀のうち2本は、「×」字のように立てかけられており、切先を下に向けていた。床上で確認された2本の直刀は、切先を奥に向けて一括遺物の最も上で検出されていることがわかり、この2本も当初は立てかけられていたものが倒れたのだと推定された。鉄鉾も先端を袖石に向け、その後ろ（開口方向）に石突があることから、立てかけられていた鉄鉾の木質部分が朽ちたことで下に落ちた状況であると推察された。横穴式石室玄門（後室入口）は、前室側から長方形の

第1章　後期古墳における刀類立てかけ副葬について

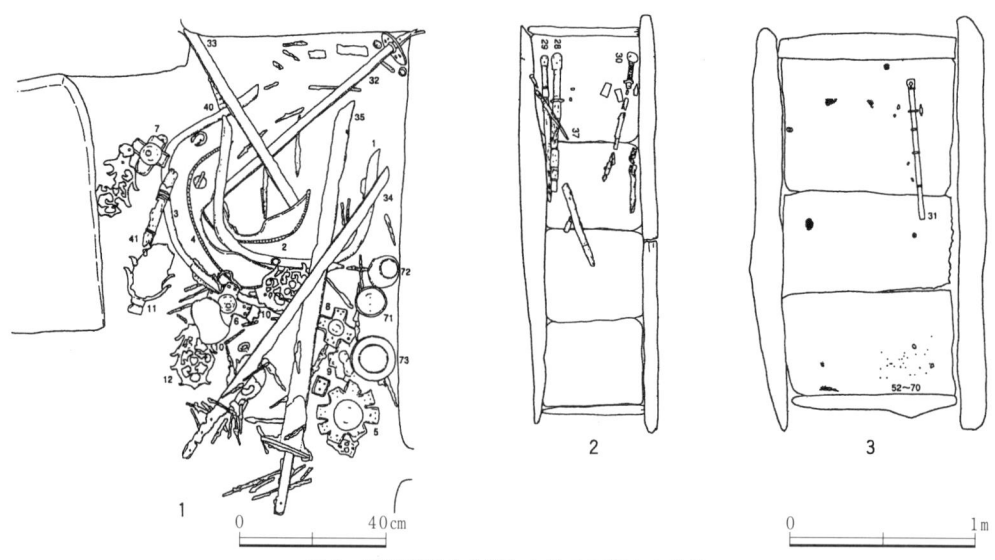

図1　風返稲荷山古墳における刀類出土状況
1.前室　2.後室東石棺　3.くびれ部石棺

板石を閉塞石とし、さらに小さな板石を斜めに立てかけて押さえていた。入念な閉塞であり、特に重要な点は盗掘の禍を受けていないと考えられることである。

　横穴式石室後室の箱形石棺については、奥棺および西棺では刀類は出土しておらず、東棺で円頭大刀2本と頭椎大刀1本、刀子1本が出土している。くびれ部石棺内では円頭大刀1本が副葬されていた。くびれ部石棺の外には、鞍を設置した脇に轡・尻繋という飾馬具が据え置かれていた。

　前室の副葬品出土状況を見たとき、これらが追葬時における片付けによる結果と考えることも可能である。例えば、鉄鏃はかなりの範囲に散在して出土しているし、銅鋺は逆位になっていた。馬具類のうち鞍は比較的まとまっていたが、尻繋の雲珠や杏葉は整然と置かれていたという状況ではなかった。しかし、後室内や前室中央部・左側壁・左袖石の周辺からは破片も含めて副葬品は出土しておらず、前室右袖石・右側壁周辺においてのみ出土していることから、それほどの移動はなかったと考えてよいと思われる。さらに、これらの副葬品の雑然さは直刀2本が袖石から倒れた際に跳ね上がってしまった結果とも考えられる。いずれにせよ、直刀4本と鉄鉾は右袖石に当初は立てかけられていたと考えられるのである。これらの副葬品を、筆者は奥棺すなわち最初の埋葬に伴うものと考えている。その時期は、出土遺物から6世紀末ころと思われ、須恵器は追葬時に追加して副葬されたものと考えた（日高2000）。

第2節　刀類立てかけ副葬の類例と諸特徴

　風返稲荷山古墳の前室における直刀を立てかけて副葬することは、刀剣類の副葬を考えたとき特異なものなのだろうか。上述のように、古墳における刀類の副葬状況を通観してみると、遺体の傍らもしくは棺の外に横たえられていることが多い。しかしながら、風返稲荷山古墳前室と同様な刀類副葬状況を呈する事例も存在する。

　表1は確認された類例をまとめたものである。その結果45例を提示することができた[4]。これらの中には追葬時の片付け、もしくは盗掘時における攪乱のためそのような出土状況になったものも含まれるかもしれない。しかし、被葬者の傍らに刀類が副葬されていて、なおかつ別に立てかけられている例も多く確認できることから、当初から刀類を立てかける行為があったことは認めてよかろう。また、刀類を立てかけて副葬する事例のほとんどが後期古墳であり、なおかつ横穴式の内部主体をもっているものに限られることは注目しておかなくてはならない。古墳時代前期の古墳には類例がない副葬状況なのである[5]。木棺直葬や箱形石棺、土坑墓などにも類例はない。つまり、横穴式石室・横穴式木室・横穴墓という空間（高さ）が存在する埋葬施設だからこそ、刀類を立てかけることができたといえるだろう[6]。さらに、北は宮城から南は福岡・佐賀まで確認できることから、一地域的特徴というわけでもない。時期は確認できたなかでは5世紀中葉から7世紀末と、古墳時代中期から後期・終末期ということになるが、上述のように横穴式の内部主体で確認できることが重要である。

　さて、確認できた45例について、その多くが切先を下に向けて立てかけられている。また、そのほとんどが、いわゆる飾大刀ではなく直刀を立てかけているということがいえる。風返稲荷山古墳の場合も飾大刀は石棺の中に納められ、直刀を立てかけていた。風返稲荷山古墳の直刀は、刀身部分の木質の残存状況から4本のうち2本は抜き身であった可能性もある。これは遺存状況の差かもしれないが、茨城県土浦市武者塚古墳出土の飾大刀を除く直刀が抜き身であった可能性を指摘した岩﨑卓也の見解（岩﨑1986：p.81）も想起される。注目しておくべきだろう。

　副葬位置は複数配置の場合も入れて勘定すると、最も多いのが横穴式石室の奥壁隅周辺という場所で27例である。被葬者との関係でいえば、未詳なものも含めて頭付近という事例が32例、足元付近という事例が16例である。風返稲荷山古墳のように、前室の玄門付近に立てかけるという事例は宮城県の横穴墓などの類例がそれにあたるかもしれない。風返稲荷山古墳の場合、後室は石棺（被葬者）を納める墓室としての意味合いが強く、前室は副葬品を納めるという空間利用の役割の違いがあったようである。このことから後室の前

第1章　後期古墳における刀類立てかけ副葬について

表1　刀類立てかけ副葬の類例

	出土古墳	墳形・規模	時期	立てかけられた位置・被葬者との関係	方位	本数	切先の向き	刀の種類	他の刀類の出土位置等	文献
1	宮城県古川市朽木橋8号横穴	―	7c末	前室左袖部	前室西北	1	下	直刀1	近くに直刀1	佐々木ほか1983
2	宮城県大崎市混内山7号横穴	―	7世紀後葉	前室左袖部・？	前室西北	1	上	直刀1	なし	三宅ほか1975
3	宮城県東松島市矢本77号横穴	―	7世紀後葉	玄門左袖部・？	玄門西南	1	上	短刀1	なし	佐藤ほか2008
4	福島県浪江町加倉目1号墳	円・10	6c後半	横室左袖石・頭付近	東北	1	下	直刀1	玄室より遺体の両側に直刀2	生江ほか1979
5	福島県いわき市鹿島町真野20号墳	方円・31	6c後半	横木室？奥壁右隅、頭付近？、足元？	北東、南東、北東、南東	3、2、1	下？	直刀3、直刀2（円頭1）、直刀1	玄室奥壁に沿って直刀1、右側に沿って直刀1	鹿島町1999
6	茨城県北茨城市神岡上3号墳	円・33	6c後半	横室玄門左袖石・足元？	西南	1	下	直刀1	玄室中央より直刀1	折原1995
7	茨城県日立市ベッシ塚2号墳	方円・33	6c後半	横室奥壁右隅・頭付近	西南	6	下	直刀6	前室と遺体の両側に直刀2	佐藤1978
8	茨城県水戸市ニガザワ2号墳	方円・31	6c後半	横木室奥壁右隅・頭付近	東北	1	下	直刀1	玄室の両側に直刀2	茨城県2003
9	茨城県かすみがうら市風返稲荷山古墳	方円・78	6c末	横室前室左袖石（玄門入口）	前室東北	4	下	直刀4	東右隅より円頭2、頭椎1、くびれ右隅より円頭1	日高ほか2000
10	茨城県筑西市寺山皿3号墳	円・21	6c後半	横室玄門左袖右・足元、横室玄室中央・足元の奥	西北、南	2、1	下	直刀3	なし	瀬谷1986
11	千葉県香取市城山1号墳	方円・70	6c末	横室奥壁右隅・足元の奥	西北、北	8、4	下、下？	直刀8、直刀4	木棺内両側に頭椎1、円頭1、環頭5、直刀6	丸子ほか1978
12	千葉県多古町多古古No.3地点5号墳	方・22.8×20	7c前半	横室裏門左側・足元	東南	1	？	直刀1	なし	黒沢ほか2002
13	千葉県匝瑳市鷲ノ山A2号横穴墓	―	7c後葉	玄門左側壁・？	玄門西北	1	下	直刀1	なし	道澤ほか1991
14	千葉県匝瑳市鷲ノ山A5号横穴墓	―	7c前半	玄門右側壁・？	玄門東北	1	上	直刀1	なし	道澤ほか1991
15	千葉県千葉市椎名崎古墳B東横穴群9号墳	方円・31	7c中葉	横室奥壁右隅・頭付近	西北	6	下	直刀6	なし	白井ほか2006
16	千葉県我孫子市白山2号墳	未詳	7c中葉	横室左袖石・？	西南	1	下	直刀1	なし	田中1969
17	東京都大田区観音塚古墳	方円・48	6世紀後半	横室奥壁右隅・頭付近	東北	2	下？	直刀2	奥壁右隅に沿って直刀1、被葬者に添って左側壁側に直刀1	市原1953
18	神奈川県横浜市市ヶ尾A18号横穴	―	7c前半？	奥壁右隅・足元	東北	2	？	直刀2	奥壁右隅に沿って直刀1	大田区2005
19	神奈川県川崎市平瀬川陸道西横穴墓	―	6c中葉	奥壁中央・未評	南西	8	下？	直刀8	なし	甘粕ほか1982
20	群馬県高崎市綿貫観音山古墳	円・98	6c後半	横室奥壁右隅・頭付近	東北	1	下	直刀1	玄室右側壁に沿って頭椎1、浜り環頭1、左側壁に沿って三累環頭1	村田2007
21	群馬県高崎市少林山台7号墳	円・20.6	6c中葉	横室奥壁右隅・頭付近	東北	2	上	直刀2	なし	梅沢ほか1999
22	静岡県沼津市石川A1号墳	円・10？	6世紀？	横室奥壁右隅・頭付近	東北	1	？	直刀1	なし	飯塚ほか1993
23	静岡県沼津市石川A6号墳	円・10？	6世紀？	横室奥壁右隅・頭付近	東北	1	下	直刀1	なし	小野1959
24	静岡県静岡市丸山古墳	円・21	6c末	横室奥壁左隅・足側、奥壁右隅	西北、東北	3、1	下	直刀3、直刀1	玄室奥壁右隅の直刀1も立てかけであった可能性あり	望月ほか1962
25	静岡県静岡市井庄段古墳	円・20以上	7c前半	横室奥壁左隅・頭付近	西北	5	下	直刀5	なし	望月・中野1979

第2節　刀類立てかけ副葬の類例と諸特徴

26	静岡県浜松市瓦屋西D1号墳	方・10.8	6c末	横穴室奥壁左側・頭付近	西北	1	下	直刀1	なし	鈴木ほか1991
27	静岡県浜松市北岡2号墳	円・6	7c前半	横穴室奥壁中央・頭付近	北	1	上	直刀1	なし	辰巳1980
28	静岡県磐田市大手内2号墳	円・11	6c後半	横穴室奥壁左側・頭付近	北東	1	下	直刀1	玄室中央の被葬者に沿って右側壁側に直刀2	豊岡村2000
29	静岡県磐田市新平山A1号墳	円・10	7c前半	横穴室奥壁左側・頭付近	北東	1	上	直刀1	玄室中央の被葬者に沿って直刀2	豊岡村1993
30	静岡県袋井市団子塚6号墳	円・12	7c初	横穴室奥壁左側・頭付近	北	1	下	直刀1	なし	永井1992
31	静岡県袋井市春岡2号墳	円・13	6c後半	横穴室奥壁・頭付近？	北	8	上	直刀7、環頭大刀1	被葬者の頭付近の直刀1も立てかけられていた可能性もある	松井1998
32	岐阜県大垣市花岡山5号墳	?・?	7c前半	横穴室右側壁・頭付近	北東	1	下	直刀1	なし	中末ほか1992
33	福井県若狭町きよしの2号墳	円・10以上	6c中葉	横穴室奥壁左側・足元、右側壁左袖石・頭付近	南東、南西、北東	1、1、1	下	直刀1、直刀1	玄室南西の被葬者に沿って直刀1	三方町教委1975
34	福井県若狭町向山1号墳	方円・48.6	5c中葉	横穴室左側壁・足元	南西	4	下	直刀4	玄室左側壁に沿って直刀2、右側壁に沿って直刀1	上中町教委1992
35	三重県亀山市井田川茶臼山古墳	円・20	6c前半	横穴室奥壁・頭付近、玄門左側壁・足元	南、西北	5、1	下、上	直刀5（内1本は柄じり環頭）、直刀1	1号右棺に直刀1、2号右棺に直刀1、玄室前奥に直刀1	小玉ほか1988
36	三重県志摩市おじょか古墳	?・?	5c中葉	横穴表道閉塞石右隅・足元	南西	1	下	剣1	玄室奥壁に沿って直刀3、壁に沿って直刀1、玄道中央に直刀2、羨道天井石上に直刀4など	小玉ほか1968、関真大1992
37	滋賀県高島市マキノ町北牧野2号墳	円・14	6c後半	横穴室奥壁右隅・頭付近	西北	1	下	環頭大刀1	なし	大崎2003
38	奈良県葛城市寺口忍海H-32号墳	円・11	6c後半	横穴室左袖石・足元	南西	1	下	直刀1	なし	竹田1988
39	岡山県総社市三輪山6号墳	円・15	6c前半	横穴室奥壁・頭付近	東北	1	?	直刀1	直刀1	西川1986
40	岡山県真庭市定東塚古墳	方・25×18	7c前半	横穴室奥壁右隅・頭付近	東北	2	下	直刀2	3号棺下から直刀1、他に装具の異なる刀3	新納ほか2001
41	香川県善通寺市王墓山古墳	方円・46	6c中葉	横穴室奥壁中央・頭付近	西北	2	下	直刀2（銀装鋼1）	他の直刀3も立てかけてあった可能性あり	笹川ほか1992
42	島根県出雲市中村1号墳	?・30以上	6c後半	横穴室奥壁左隅・頭付近？、前室奥	未詳	1、1	下	金銅板付直刀1、銀線巻き直刀1	支室奥壁上に直刀1、玄室中央に直刀5	出雲市教委2012
43	福岡県うきは市塚堂1号墳	方円・91	5c後半	横穴室奥壁左側、右側・頭付近	北東、南東	1、2	下	直刀3	奥壁突起上に直刀1、玄室中央壁に沿って直刀5	右山ほか1983
44	福岡県田川市セスドノ古墳	方円・37	6c初	横穴室右側壁・頭付近？、奥壁右側、頭付近？	東北、東南	1、1	下	直刀2	倒れた短甲内の直刀1も立てかけ、その他遺体に沿って鉄剣1、直刀2、鹿角装直刀1	佐田ほか1984
45	佐賀県上峰町船石1号墳	?・?	5c中葉	横穴室玄門左袖石・頭付近	東南	1	下	蛇行剣1	なし	七田1983
	茨城県ひたちなか市虎塚古墳（壁画古墳）	方円・56.5	7c初	追葬時に遺体の上に黒漆塗小刀	東北	3	下	壁画（頭椎、鹿角装？1、円頭？1）		大塚ほか1978
	茨城県水戸市吉田古墳（線刻壁画）	八角？・25	7c前半	未詳	西北	1	下	線刻（倭風大刀1）		関口ほか2006
	茨城県桜川市花園古墳（壁画古墳）	方・30	7c前半	横穴室左側壁？・頭付近？	東北	2	下	壁画（環頭1）	櫻乱土中より小刀1	伊東・川崎1985
	福岡県桂川町王塚古墳（壁画古墳）	方円・86	6c後半	横穴室玄門左袖石・頭付近	東北	5	下	壁画（倭風大刀5）	直刀1	梅原・小林1940

凡例　方円…前方後円墳、横室…横穴式石室、横穴式木室

面、すなわち玄門付近に直刀を立てかけたのではなかろうか。あえて比較を試みるならば、朽木橋8号横穴の前室袖部、混内山7号横穴の前室袖部、神岡上3号墳の玄門袖石、寺山Ⅲ号墳の玄門袖石、多古台No.3地点5号墳の羨門隅、井田川茶臼山古墳の玄門隅、おじょか古墳の玄門入口などの例は、風返稲荷山古墳と同様な配置をしていると考えることができるかもしれない。いずれも、被葬者の頭部付近とは異なる位置からの出土であり、他の頭部付近に立てかける事例とは意味合いが異なっていた可能性がある。いわば、墓室そのものに対して何らかの意図をもって配置したと言えるのではなかろうか。

　副葬古墳の墳形・規模をみると、各地の首長墓はもとより、群集墳内の前方後円墳や比較的規模の大きな円墳などという傾向は抽出できる。ただし、群集墳内においてそれほど大きな古墳ではない事例もあることから、上位から下位までまんべんなく認められる副葬方法であろう。上述のように、確認された地域は東北南部〜関東〜東海〜近畿〜中国〜四国〜北部九州と、全国各地に類例があるとしてよかろう。

第3節　刀類立てかけ副葬の意義

　横穴式石室奥壁に刀類を立てかけるということで想起されるのが、茨城県ひたちなか市虎塚古墳の壁画である（大塚ほか1978）。虎塚古墳の奥壁には、上方に連続三角文、その下に上下を合わせた三角文、その下に円文（線刻1、彩色2）、その下に左から鉾もしくは槍の先端を上に向けた図像が15本、靫2つとその上に鞆2つ、その右側に斜めにした大刀3本、これらの下には連続三角文が描かれている（図2）。刀類はその柄頭などの表現から、頭椎、鹿角装、円頭という飾大刀が想定される[7]。大塚初重は大刀3本が斜めに表現されている点は大刀の立てかけの表示であると考え、北東隅という位置は「鬼門」にあたり、魔よけのために双頭渦文などと同様に大刀が描かれたと解釈した（大塚1978：p.135）。実際に立てかけて副葬されていた綿貫観音山古墳、風返稲荷山古墳、城山1号墳などの例を明示しての解釈であり魅力ある説である。試みに類例の方位を表1内に示しておいたが、横穴式の埋葬施設は南方向に開口することが多いので、奥壁隅である東北や西北すなわち北方位を意識した配置であることがわかる。

　辰巳和弘は古墳に副葬される武器類、特に矢について辟邪という呪的意味をもつものと考えた（辰巳2003）。刀を立てて副葬する行為についても言及し、「邪霊を打ち払う呪力をもった武器と考えられていた」（辰巳1994：p.7）と、矢と同様な観念があったとした。また、上林史郎は鉄鉾を立てかけて副葬する事例について論及している。副葬位置から、鉄鉾の多くが立てかけて副葬されていたことを明らかにし、その意義について「寄り来る邪悪から被葬者を護る神

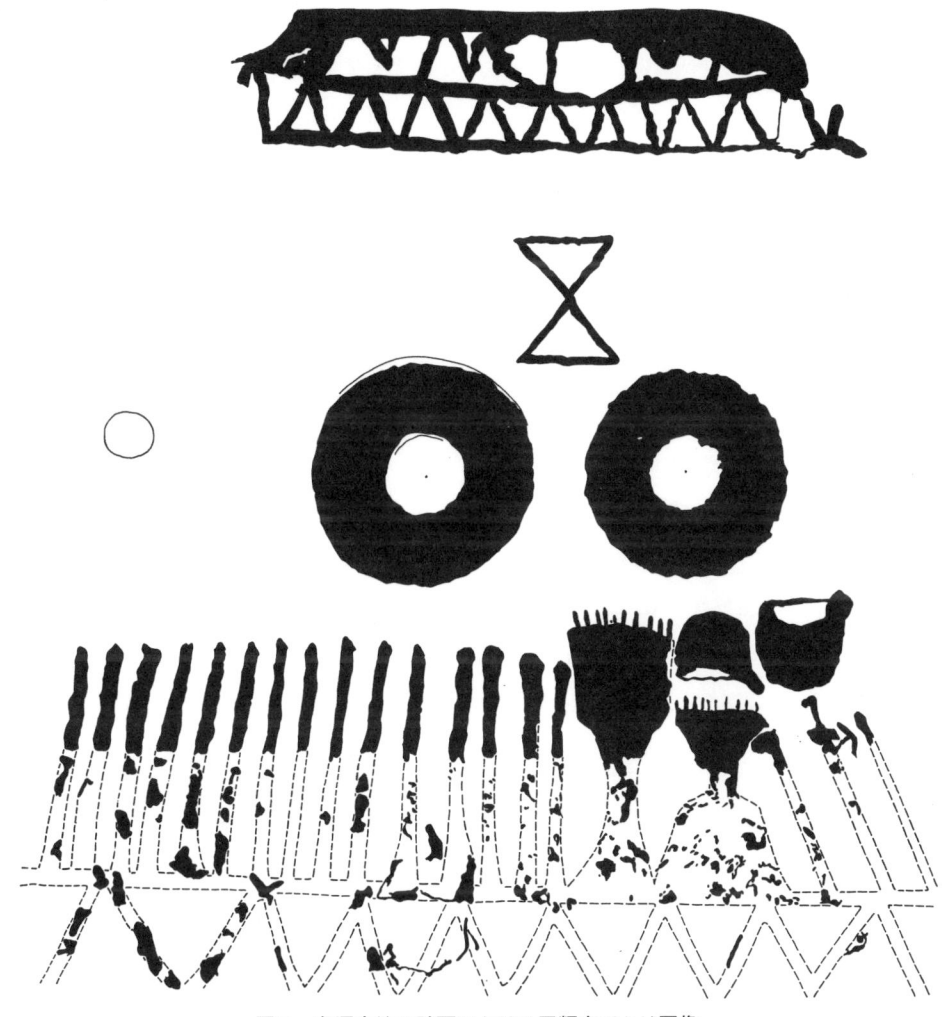

図2　虎塚古墳の壁画における刀類立てかけ図像

聖な葬具」（上林2002：p.80）と理解した。

　特に方位との関係で、東北位を意識している可能性を指摘したのが村田文夫である（村田2007）。刀を立てかけて副葬している類例を示し、それは鉄鏃などの副葬状況とも関わり、「被葬者の霊を妖魔・悪鬼から放逐するための装置」（村田前掲：p.21）であると説いた。

　多くの場合、棺内に副葬されるものとは別に、刀類が立てかけて副葬されることが確認できる。そうであるならば、刀類立てかけ副葬とは、棺内に納められる刀類とは異なる効果をねらった副葬品であるともいえよう。刀の種類としては、直刀（倭風大刀を含む）、飾大刀など多様なものが考えられるが、被葬者が生前に手に入れることができた金属装などの飾大刀は、多くの場合1〜2本であったであろうことは想像に難くない。それゆえ飾大刀は棺内に、直刀類

は立てかけて副葬するということになったのであろう。泉森皎は刀剣の副葬自体がその副葬位置により、性格が異なる可能性を説き、1～6 までの意味を想定した（泉森 1985）。泉森が説く刀剣副葬位置における性格の違いに着目すると、棺内のものは「生前における権力の象徴」であり、立てかけているものは「死者を悪霊から守るため」といえようか。風返稲荷山古墳のように、被葬者が葬られた場所とは異なる位置からの出土については、追葬を前提として墓室全体を護る意味があったと思われる。

　棺内もしくは遺体の傍らに副葬された刀類のなかでも、特に飾大刀は被葬者一人に対して 1～2 本であることが多い[8]。飾大刀については、町田章によれば 6 世紀の環頭大刀が軍事権の象徴として、ある種の格付けによって倭国政権から地方政権に賜与されたものであり、玉纏大刀や円頭大刀は在地における祭祀権なり支配権の象徴として分与されたととらえられている。7 世紀には、国家が地方の末端権力を掌握していく道具として日本製環頭大刀を用いたと考えた（町田 1987）。新納泉は装飾付大刀の分布が 6 世紀末を境に東国に重心を移しており、それは畿内政権の軍事的基盤が変化したためであるととらえた（新納 1983）。菊地芳朗は類例の少ない刀装具の存在や、宮城県多賀城市市川橋遺跡河川跡出土の漆塗木製圭頭柄装具の存在から、地域での再加工あるいは装具のみの製作は認めつつも、大刀そのものの製作は畿内と考えている（菊地 2004）。飾大刀の研究史を端的にまとめた松尾充晶も、転用や再利用、装具の補充などは地域でおこなわれた可能性を指摘しつつも、「大部分の主流のものは畿内周辺で生産された」（松尾 2005：p.7）ととらえている。すなわち飾大刀とは、倭王権から地方首長に下賜されるものと考えることが妥当であろう[9]。

　このように考えられるとするならば、飾大刀とは薗田香融が論じた「護り刀」としての存在に通じるのではないかと思われる。薗田は「護り刀の贈答は天皇が大臣にこれを贈るときには、その大臣に対する信任、もしくは後見依頼の意味」（薗田 1991：pp.9-10）をもっていたとした。つまり、支配者から臣下の者（被葬者）に刀が授与されるとき、そこには上述のような考え方があり、だからこそ被葬者の傍らに添えられたのではなかろうか。立てかけて副葬された刀類については、逆に「大臣が天皇や皇子に奉るときには、臣従の誓いのしるし」（薗田前掲 1991：p.10）とされていたという理解に通じるかもしれない。つまり、臣下の者から支配者（被葬者）に献上された刀類であったのかもしれない。しかし、これはあまりにも屋上屋を架す解釈である。いずれにせよ、そもそも刀剣類に対する古代社会の観念とは、「人を殺傷する武器であると同時に、人間に災いする眼に見えない悪霊や邪気を追い払う呪具であり、聖具でもあっ」（薗田前掲 1991：p.5）たものである。棺内、墓室内と場所は違えても、邪気を追い払う効果を含んでいることは間違いないだろう。

おわりに

　ここまで、風返稲荷山古墳にみられた刀類立てかけ副葬について、現在までの知見に基づく筆者の考えを述べてきた。横穴式石室の場合、追葬や盗掘により副葬品が元の位置から動かされていることが多い。しかし、横穴式石室という新来の埋葬施設が日本列島に導入されてから、刀類を立てかけて副葬することが始まったことは疑いない。横穴式石室という横方向からの出入りが可能で空間を有する埋葬施設に葬られた被葬者を護るために、鉄刀のもつ辟邪の観念をより強固に達成させようとしたと考えられる。複数の刀類をまとめて立てかけている事例は、その効果を増幅させるためと考えられよう[10]。本章では扱わなかったが、遺体の埋葬位置（棺の位置）とは違う場所から、刀類が横たわって出土している例は数多く確認できる。これらの中には、立てかけてあったものが倒れたという事例も案外多いのではないかと考えている。特に遺体の側位というわけでもなく奥壁に接して刀類が検出されている事例は可能性がある。

　最後に視点をかえて、日本列島の北と南の事例について紹介しよう。北海道恵庭市西島松5遺跡（和泉田ほか2002）における擦文時代土坑墓P96から、木製柄頭と考えられる環付足金物をつけた黒漆塗り直刀と身幅の広い小刀が切先を下に向けて立てられていた。さらに土坑墓P98から、木製柄頭をもつ漆塗り直刀とやや短い小刀が切先を下に向けて立てられていた。これらは土坑底の小ピットの数から追葬がおこなわれたようだが、追葬のない土坑墓P127での鉄斧、同じく土坑墓P128での鉄斧と小刀なども立てられていたことを考えると、P96やP98の事例も当初から立てられていた可能性が高いと思われる。時期は8世紀前後と思われる。

　また、独特な墓制が広がる南九州の地下式横穴墓群である宮崎県えびの市島内地下式横穴墓群（中野2001）では、地下式横穴墓ST-62から、1号人骨に伴うと考えられる横矧板鋲留短甲の中に蛇行剣1本が剣先を上に向けて副葬されており、鉄鏃3本も中から出土している。被葬者の足元に短甲とともに立てかけられていたことになる。これはセスドノ古墳の副葬状況と通じるものであろう。同じく地下式横穴墓ST-21では、1号人骨に伴うと考えられる横矧板鋲留短甲の横から蛇行剣が出土している。当初は側壁に剣先を下に向けて立てかけられていたと考えられる。2号人骨に伴う蛇行剣も立てかけられていた可能性がある。時期は5世紀後半と思われる。これらは、日本列島の古墳時代の墓制とは異なる地域のものだが、刀剣類を立てかけて副葬する事例である。おそらく辟邪という観念をもって立てられていたのだと思われる。日本列島の古墳時代社会の観念が伝播したのかどうか定かではないが、古代社会において鉄製の刀剣類に対する同様な観念がそこにはあったということを示していよう。

第 1 章　後期古墳における刀類立てかけ副葬について

註

1) 弥生時代から古墳時代までの刀剣類の出土状況を渉猟し検討した泉森皎の研究（泉森1985）を
みても、武器類は被葬者の傍ら周辺に添えて置かれることが通有であることがわかる。それは横
穴式石室が導入されて以降も基本的に同じである。もちろん、武器埋納坑などはこの限りではな
い。

2) 当時主として実測調査にあたっていたのは、國學院大學片山祐介、筑波大学桃﨑祐輔と私であ
る。時折筑波大学の学生にもお手伝いいただいた。また報告書にあるように、数多くの方々にお
世話になり報告書を刊行することができた。改めて感謝申し上げたい。

3) 発掘当時の写真は『出島村史』にも載せられている（出島村史編さん委員会1971）。

4) 本類例は筆者が報告書などで気付いたものを示したに過ぎない。また、辰巳和弘、山田俊輔、
白澤崇、村田文夫、佐藤渉の各氏より類例のご教示を得た。全国で発行されている報告書類の悉
皆調査をおこなったわけではないので、他にも多数の事例があると予想される。ちなみに福岡県
福岡市鋤崎古墳では、竪穴系横口式石室の玄室壁に突起石と呼んだ壁石の局部突出があり、ここ
に素環頭大刀が架けられていたと推定されている（柳沢ほか2002）。類例のない副葬状況であり、
刀類立てかけ副葬との関連は未詳である。

5) 前期古墳における刀剣の副葬を論じた宇垣匡雅の研究（宇垣1997）をみても刀剣を立てかけて
副葬する事例は皆無である。

6) 竪穴式石室にも空間（高さ）は存在する。ただし、竪穴式石室に木棺を据えつける場合、和田
晴吾の述べるように（和田1995：pp.486-488）、石室下部の構築と木棺の据えつけ、棺外副葬品
の配置の後、石室上部を構築し天井石を設置するという順序が想定されることからすると、立て
かける機会は石室上部を構築した後、上から差し込むしかない。棺外副葬品は、石室上部の構築
前に石室全体へ配置されるのであるから、時間差が生じてしまうことになる。いずれにせよ、竪
穴系の埋葬施設では類例がないことなので、横穴式石室系の埋葬施設が導入されて以降に、新た
に登場した副葬方法と考えられるだろう。

7) 虎塚古墳のほか表1に示したように、吉田古墳では横穴式石室の奥壁左隅（関口ほか2006）、
花園3号墳では横穴式石室右側壁と思われる石材（伊東・川崎1985）、王塚古墳では横穴式石室
玄門左袖石（梅原・小林1940）に壁画や線刻で大刀の表現が見られる。

8) もちろん、一人の被葬者に対して数多くの飾大刀を副葬している例も存在する。例えば千葉県
香取市城山1号墳や、同木更津市金鈴塚古墳などである。ただし前者については、報告書では被
葬者が一人としているが、耳環の数からすれば複数人数の埋葬を考慮することも可能である。い
ずれにせよある地域の首長墓の場合は、複数本の飾大刀が副葬される場合もあるが、多くの古墳
では1～2本ということであろう。

9) 古墳時代後期の直刀について、鍔を中心に在地生産の可能性を指摘した豊島直博も、象嵌鍔や
定型透鍔は畿内において生産され、配布されたと考えている（豊島2001）。本章で扱った直刀に
ついても在地生産の可能性はあるが、今後の課題としたい。

10) 坂本豊治は中村1号墳の大刀出土状況を検討し、刀の立てかけ行為が再配置であり、立てかけ
られた時点で、大刀はすでに錆化あるいは破損していたと考えている。大刀の立てかけが再生阻
止儀礼の一環で再配置されたと述べている（坂本2012）。錆化や破損については、副葬後の変化
がどれほどであったかという問題もあるので、にわかに首肯できるわけではない。ただし、本論
でも述べたように、刀類立てかけ副葬される刀は鉄製直刀であることが多いことや飾大刀は基本
的に棺内で被葬者に添わせる場合が多いことを考えると、中村1号墳などにみられる飾大刀の立
てかけ副葬には特別な意義があった可能性もある。

第2章　稲荷山遺跡出土七星剣考

はじめに

　古代の鉄製刀剣類には、古くから象嵌技法を用いて銘文や図像などが描かれた。日本列島の古墳時代の象嵌大刀は、各種の文様を柄頭や鍔などに施しているものや、刀身に銘文や図像を施しているものがある（西山1986）。古くから知られていた熊本県江田船山古墳の大刀についてはもとより、奈良県東大寺山古墳の中平年銘大刀、さらには昭和53年（1978）の埼玉稲荷山古墳の115文字の金象嵌銘鉄剣の発見は、一気に論議を活発化させた。雑誌『歴史と人物』や『歴史公論』などでも特集が組まれたり、盛んにシンポジウムが催され関連する単行本が次々と出版されたりしたのである。それらの喧騒とは別に、埼玉稲荷山古墳の金象嵌発見に関わった西山要一は、象嵌の素材や技術の変化について丹念に資料を渉猟した極めて重要な研究成果を提出している（西山1995・1999、西山ほか1996・1997）。

　本章で考察の対象とする七星剣は北斗七星を始めとする星宿そのものを刀身に象嵌しているものであり、日本列島の古代に限定すれば法隆寺、四天王寺、正倉院、長野県小海町三寅剣などが知られるのみである（西山1999）。これらはすべて伝世品であり、遺跡から出土したものは皆無であった[1]。以上の伝世品をみれば、七星剣とは古代の政治的、宗教的中心に伝世し存在することがわかるだろう。そのような資料が、千葉県成田市稲荷山遺跡（以下稲荷山）から出土したことは[2]、いかなる意味をもつのか、図像そのものをいかに解釈すればよいのか、発見に携わった者として改めて問い直してみたい。それが本章の目的である[3]。

第1節　七星剣と出土遺構

　筆者はこれまでに、稲荷山から出土した七星剣の報告と若干の考察をおこなってきた[4]（日高2004・2005、日高ほか2004）。刀身部分は、発掘当初から欠失している部分が多いので全体像

第2章　稲荷山遺跡出土七星剣考

は不明だが、北斗七星の「斗〈ます〉（魁〈かい〉）」部分と、「杓〈しゃく〉」の一部が残存している図像と思われる。さらに、斗の内部に三星をV字に配するものが確認でき、これで一つの星座を示していると思わるので、その形からは、織姫三星であった可能性もあるが、この星座は別の解釈もできるので後述したい。もう一つの刀身の破片には逆V字になる星座と、直線と直線を組み合した「卜」のような図像がある。前者は織姫三星と考えられる。後者は星座と違って丸がなく、図像の横棒に続く箇所に象嵌の抜け落ちたような細い曲線がX線写真では見える。これらがつながって、文字あるいは記号などになる可能性もある。稲荷山の七星剣が以上のような星座を配していたのであれば、織姫三星があることから、三連星として表現される河鼓三星すなわち、牽牛も存在していたかもしれない。なお、保存処理前に部分的に表出している箇所および剥落した象嵌についてエネルギー分散型蛍光X線分析装置により分析し[5]、銀象眼であることが判明している（日高2004）。

　図1は土坑での出土状態と、出土した七星剣および刀子である。南北0.7m、東西0.63m、

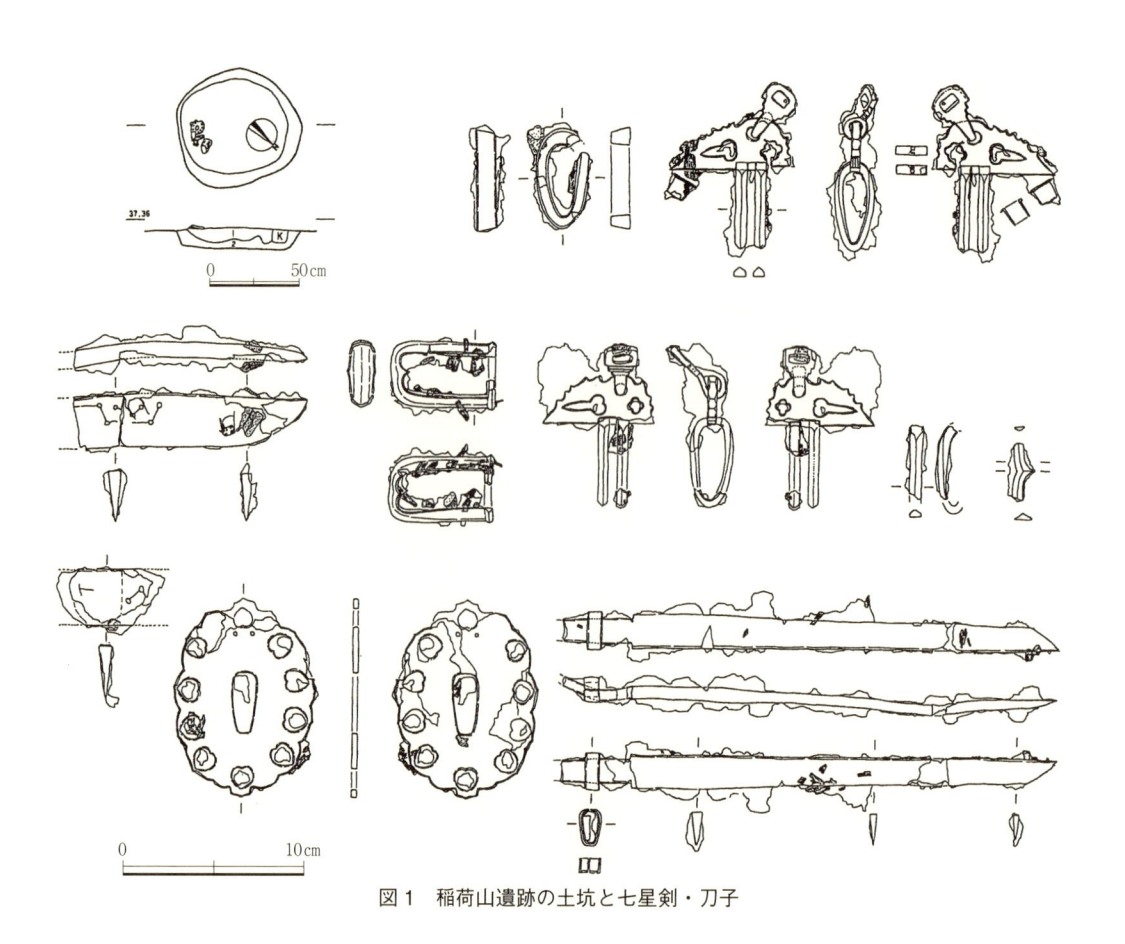

図1　稲荷山遺跡の土坑と七星剣・刀子

深さ0.11mの土坑であり、2層に分かれ1層は茶褐色土でロームブロックを含み、2層は黒褐色土で細かいロームブロックおよび炭化物を含む。遺物は刀および刀装具一式、刀子1点であり、すべて確認面直下の1層より出土している。土坑南端でかたまって出土した。刀身には骨片と思われる付着物が確認できた。出土状態からは、副葬品として横たえられたような痕跡は認められない。刀身は切先付近と破片のみの出土であり、鍔は出土しているのに、鉄刀の茎部分は破片すら出土しておらず、鍔と柄頭が錆着している状況であった。刀子は完形に近いものであるが、茎を欠失していた。そしてなによりも重要な点は、いずれの部品にも細い炭化木片が多量に付着しており、それは枝などが炭化したものと考えられることである。

　この状況は火葬墓である可能性を示す。しかし、本土坑からは骨蔵器の破片すら出土していないことは、火葬墓そのものという考え方に疑問も残る。それでは火葬墓でないとするならば、どのような遺構であるのか。筆者は、本来の火葬墓は調査区の外にあり、本遺構は火葬墓に納められなかったものを納めた（廃棄した）土坑であると考えている。つまり、下記のような時間的系列となる。

　　1）副葬品を供えた遺体を火葬
　　2）骨蔵器に火葬骨を納め、土坑（火葬墓）に埋める
　　3）火葬墓に入れなかったものを別の土坑に埋める

　つまり、七星剣が出土した土坑とは3）とした遺構であり、調査区外に火葬した場所と骨蔵器を納めた火葬墓があると考えたいのである。それならば、北約30mの地点で確認された火葬墓がそのものではないかという疑問も生まれる。しかし、筆者はそのようには考えていない。次には調査区外に火葬墓が存在する可能性について、七星剣の類例との比較から考究していきたい。

第2節　稲荷山七星剣の類例

　北斗七星を象嵌した刀は古来より七星剣と呼ばれてきた。図2は日本列島の古代のもので現存するものを示した。1が長野県小海町三寅剣（鉄刀）、2が奈良県斑鳩町法隆寺（銅刀）、3が大阪市四天王寺（鉄刀）、4が奈良市正倉院呉竹鞘杖刀（鉄刀）で5が稲荷山である。

　正倉院のものは、杖刀として長い柄がついたものであり、小海町三寅剣は小刀とすべきもので、多聞天や持国天を象嵌するという他とは若干異なる図像である。法隆寺、四天王寺、正倉院のものを見ると、すべて直刀であり稲荷山のものと同じつくりである。ただし、稲荷山以外のものは鎬があり先端がカマス切先と呼ばれる形態を呈している。このことは、相対的に、稲

第2章　稲荷山遺跡出土七星剣考

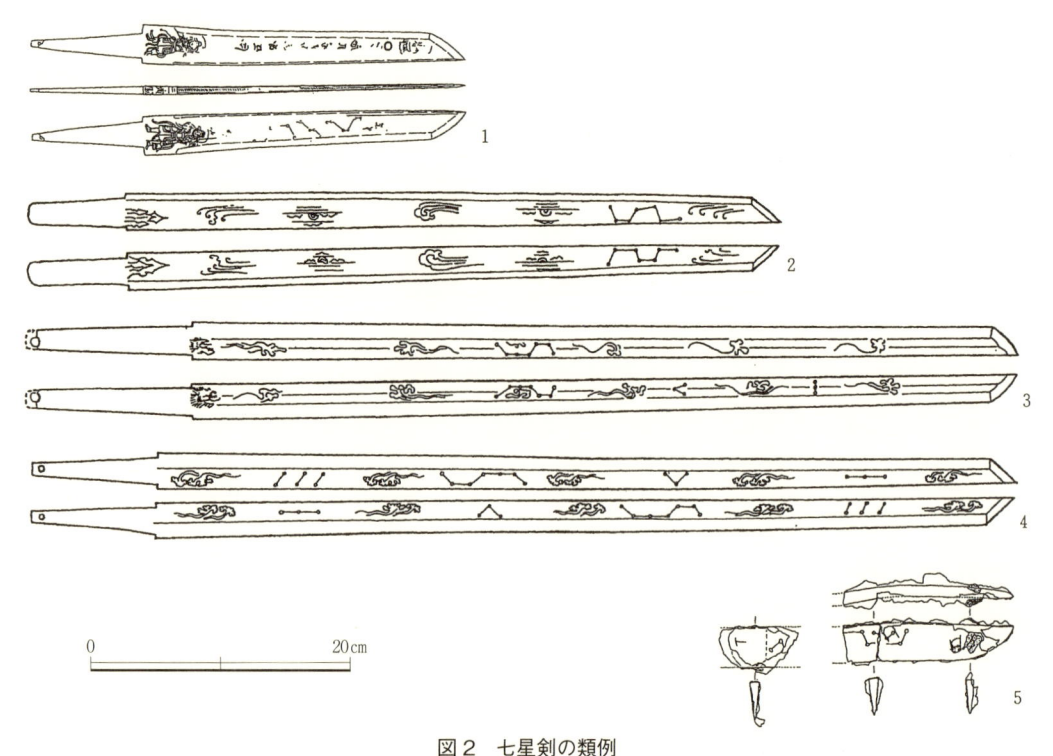

図2　七星剣の類例
1. 小海町三寅剣　2. 法隆寺　3. 四天王寺　4. 正倉院杖刀　5. 稲荷山

荷山の刀のほうが古い形態を残していることになるが、他のものが当初からの形態であったのかどうか未詳であるから、このことをもって、年代を比較することは控えねばならない。さらに、四天王寺のものは二筋樋と呼ばれるくぼみ（溝）を表・裏につくり出しており、古代のものではほとんど類例がないことも忘れてはならない。

　東大寺大仏の蓮座において出土した金銀壮大刀を修理のためにX線撮影したところ、金銀壮大刀1号から「陽剱」の象嵌が、金銀壮大刀2号から「陰剱」の象嵌が発見され、さらに銀壮大刀に北斗七星が象嵌されていたことが判明した（橋本2012、東大寺2015）。銀壮大刀の佩裏側の鍔近くに象嵌が施されているようである。これ以外の象嵌は認められない。刀身は鎬造のようである。

　さて、古代の刀剣に北斗七星などを象嵌しているものが、現存している以外にもあったのかどうかであるが、『東大寺献物帳』、『塵袋』などに宮中等にあった刀剣を記した記述が残されている。それらをまとめたのが表1である。これらをみると、記録には宮中等にこれだけの数があったことがわかるのだが、それでも数は少ないといえる。ただし、なくなってしまったものが多いわけだから、潜在的に象嵌刀剣があったことは間違いないだろう。その一つが今回発

表1　七星剣等の文様要素一覧（切先側から表記）

資料名	象嵌種類	表裏	文様要素	備考
稲荷山	銀象嵌	佩表	不明文様？－北斗七星・織姫三星？（天理？）……織姫三星－文字？	常木ほか2004
法隆寺	線刻	佩表	雲－北斗七星－日－雲－月－雲－剣先様文様	末永1981
		佩裏	雲－北斗七星－日－雲－月－雲－剣先様文様	
四天王寺	金象嵌	佩表	雲－河鼓三星－雲－織姫三星－雲－北斗七星・雲－雲－雲－竜乃至虎	末永1981
		佩裏	雲－－－－－－雲－－－－－雲－北斗七星・雲－雲－雲－竜乃至虎	
正倉院杖刀	金象嵌	佩表	雲－六星－雲－北斗七星－雲－織姫三星－雲－河鼓三星－雲	末永1981
		佩裏	雲－河鼓三星－雲－織姫三星－雲－北斗七星－雲－六星－雲	
三寅剣	金・銀象嵌	佩表	不明文様－織姫三星（二星連結）－河鼓三星（二星連結）－北斗七星－多聞天	小海町1994
		佩裏	不明文字？－不明文様－梵字（九字）－－－－－－－－－－－－－－持国天	
東大寺大仏殿七星剣	未詳	佩裏	－－－－－－－－－－－－－－－－－－－－－北斗七星	東大寺2015 橋本2012
献物帳唐様大刀	銀象嵌	不明	星・雲・竜	岸1979
献物帳唐様大刀	銀象嵌	不明	星・竜	
献物帳唐大刀	銀象嵌	不明	星・竜	
献物帳大刀	金象嵌	不明	日・月・星・雲・竜	
献物帳大刀	金・銀象嵌	不明	日・月・星・雲・符形	
献物帳懸佩刀	金象嵌	不明	星・雲・竜	
献物帳懸佩刀	金象嵌	不明	星・雲・竜	
献物帳懸佩刀	金象嵌	不明	星・竜	
塵袋護身剣	不明	右	月－青竜－北斗七星－白虎	たなか1965
		左	日－南斗六星－朱雀	
塵袋破敵剣	不明	右	北極五星－北斗七星－白虎－孝子破敵符	
		左	三皇五帝－南斗六星－青竜－西王母兵刃符	
別の護身剣	不明	不明	南斗六星－北斗七星－青竜（左）－白虎（右）－朱雀（前）－玄武（後）	
住吉大社草薙剣	不明	不明	日－月－五星－青竜（左）－白虎（右）－朱雀（前）－玄武（後）	

掘調査で確認されたということになるのだろう。

　東野治之は破敵剣・護身剣が、『塵袋』や『中右記』にみられるように天皇の代替わりに伴って授受されるものであると述べ、これらが百済からもたらされたとする記述の信憑性を指摘するとともに、中国の史料にみられる七星剣の記述から、同種の刀剣が唐代になってもなお製作されていた可能性を指摘した（東野1980）。いずれにしても上位階級の人がもちえた刀剣といえる。

岸俊男は『万葉集』巻16に収められた境部王の歌に「虎に乗り古屋を超えて青淵に鮫竜取り来む剣刀もが」とあることに関連して、『延喜式』に「凡そ刻鏤の太刀は、新しく作るにあらざれば、五位已上の着用を聴せ」という規定から、一部の人のみに許されたものであり、みだりに着用できたものではなかったと考証した（岸 1979）。そうすると、稲荷山の七星剣を所持していた人も五位以上の人であったということになる。はたしてそのように考えてよいのだろうか。五位以上の人であれば、刀装具は金銅装あるいは少なくとも銀装の大刀であってしかるべきなのではないかとも思われるからである。

 そこで、まずは出土した刀装具の年代を類例から考えてみよう。方頭柄頭は古墳出土例から考えると、7世紀後葉以降のものと考えられる。図3は稲荷山の鍔と近似するものを集めたものである。正倉院の武王大刀（8世紀）、福島県須賀川市稲古舘古墳（8世紀中頃）、秋田市小阿地古墓（8世紀後半）、秋田市秋田城SI1227竪穴住居出土鍔（8世紀後半〜9世紀前半）などと近似することがわかるだろう。双脚山形足金物は、穴沢咊光・馬目順一両氏の研究により、7世紀第4四半期に出現し、時期が新しくなると高く短くなり、背の切り込みの数が増えるということである（穴沢・馬目 1979）。稲荷山は9個と10個であるから、相対的に新しいと考えられる。吊手金具の装着方法は他に類例を見ないもので、津野仁の研究によっても（津野 2003）、位置づけが困難である。数で近似する千葉県成田市野毛平植出遺跡第1地点004号住居出土のものが8個以上と考えられ、9世紀中葉ころと思われるので、それ以前といえる。

 つまり、柄頭では7世紀後葉以降、鍔では8世紀後半ころから9世紀前葉ころ、双脚山形足金物では9世紀中葉以前といえる。総合すると、7世紀後葉から9世紀中葉ころまでのものといえる。さらに限定すれば、9世紀初頭を前後する時期といえるだろう。鍔は正倉院武王大刀や秋田城など政治の中枢との関わりを強く意識させる特徴を有している。しかし、山形足金物は類例のないもので、むしろ政治の中枢そのものではないように思われる。さらに、刀装具が一部（銅製柄頭）を除いて鉄製であったことは、相対的に金銅製や銅製のものよりもランクが下のものといえるだろう。

 『令義解』巻六衣服令の武官朝服條には朝服の規定として衛府督・佐は「金銀装横刀」を佩用し、志以上は「烏装横刀」を佩用するとある。督・佐はすなわち正五位上から従五位下までの官位である。五位以上が金銀装の刀であったならば、稲荷山七星剣の装具はそれにはあたらない。むしろ烏装すなわち黒作の刀に相当すると考えられよう。そうなると、刀装具は鉄製であってもよいことになる。つまり、刀身は五位以上の持ち物、刀装具は六位以下の持ち物ということになる。稲荷山七星剣を所有していた人物が中央官制に則っていたかどうかは定かでないが、少なくとも律令国家の中枢と何らかの関係があった人物であることは、鍔における武王

第 2 節　稲荷山七星剣の類例

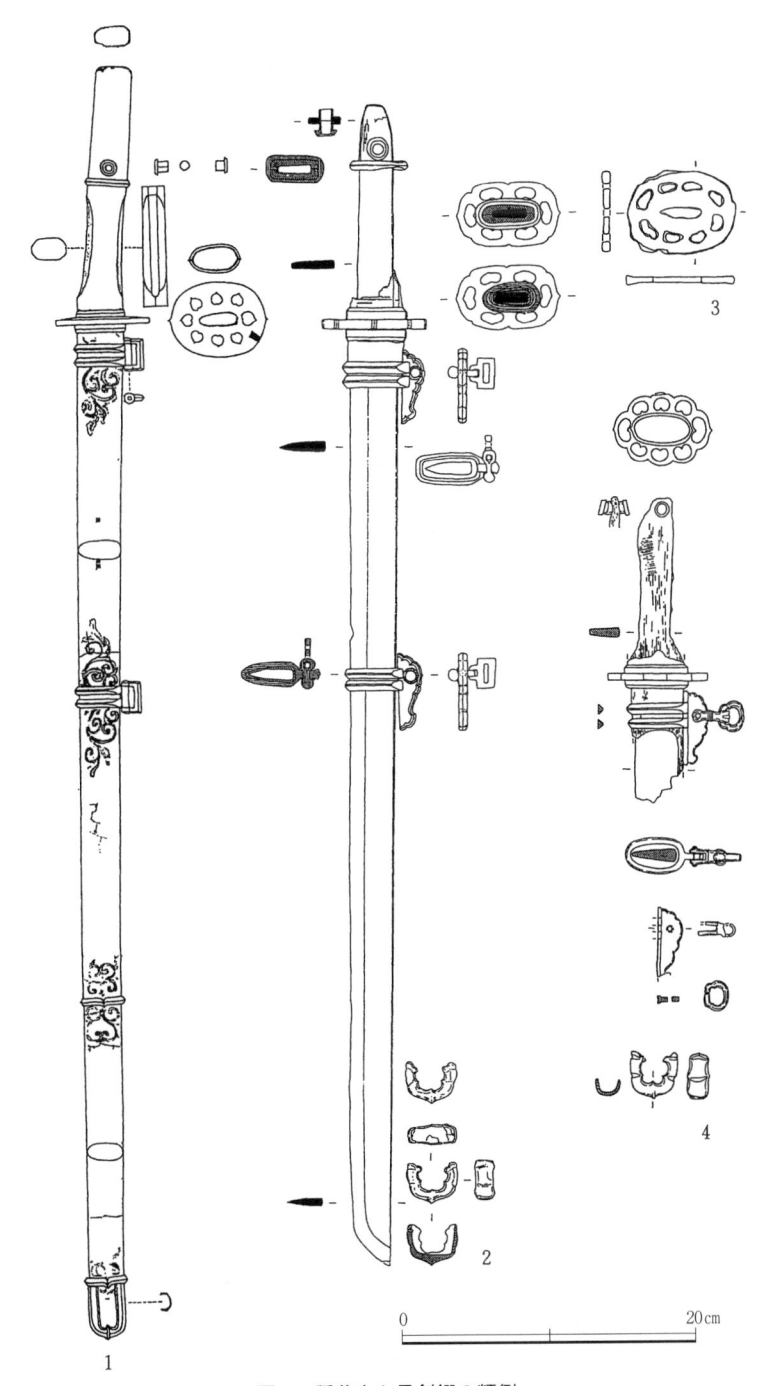

図 3　稲荷山七星剣鍔の類例
1. 正倉院武王大刀　2. 稲古舘古墳　3. 秋田城　4. 小阿地古墓

大刀や小阿地古墓、秋田城 SI1227 竪穴住居出土品との類似性から間違いなかろう。

さて、本土坑から約 30m 北側で火葬墓が検出されていることは前述した。骨蔵器に使用された土器は在地産の須恵器・土師器であった。吉澤悟によれば、おおむね 8 世紀後葉から 9 世紀前葉ころと考えられる（吉澤 2004）。年代的には稲荷山七星剣と重なってくる時期である。しかし、上記の官位に相当するような七星剣を所有していた人物が、在地産の須恵器を使用した火葬墓に葬られていたとは思えない。骨蔵器は在地産の土器ではなく施釉陶器などであったのではなかろうか。調査区外に火葬した場所と骨蔵器を納めた火葬墓があると考えたい所以である。

第 3 節　七星剣の思想的背景

『塵袋』などに見られるように、宮中等にあった七星剣が護身剣や破敵剣として位置づけられていたことは、七星剣そのものに守護の思想が込められていたことは間違いない（たなか 1965）。ここまで日本列島における七星剣の類例について紹介してきたが、七星剣出土の意義、あるいは七星剣そのものの意義について考える上で、その淵源たる中国の状況をみてみたい。

北斗七星そのものについて、少し説明しておこう。北斗七星は、帝王の車のことであり、図 4 にあげたように、後漢（1〜2 世紀ころ）の山東省嘉祥武梁祠出土の画像石にはまさにそのものという図がある。このことからしても、最も重要な星座といえるだろう。このほかにも中国歴代の墓室に星宿図を描いたものは枚挙に暇がない。時代をもう少し下げて、図 5-1 の北魏（4〜6 世紀ころ）河南省洛陽元乂墓の墓室星図にも北斗七星をはじめとする星座が描かれている。唐代（7〜9 世紀ころ）の新疆アスターナ墳墓から出土した天文図（図 5-2）や敦煌文書（図 5-3）に描かれた星宿図などにも北斗七星が登場している。

図 4　後漢山東省嘉祥武梁祠の画像石にみる北斗帝車の図像

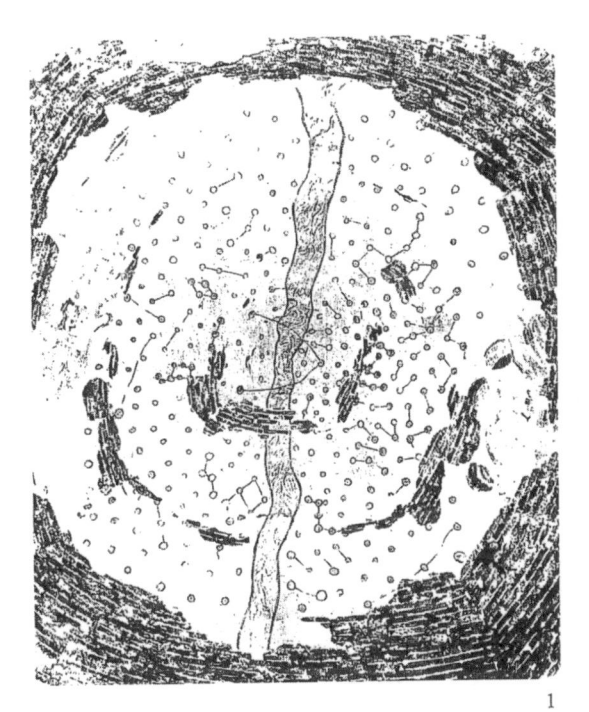

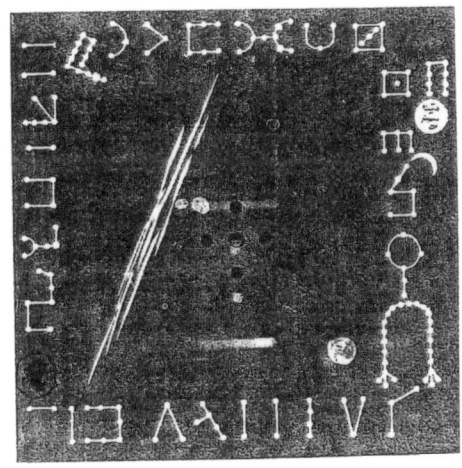

第3節　七星剣の思想的背景

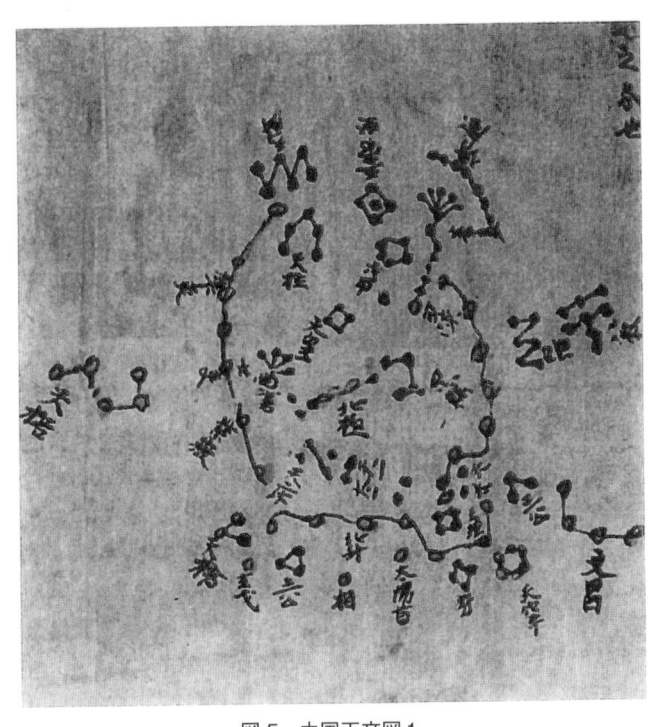

図5　中国天文図1
1.北魏河南省洛陽元乂墓　2.唐新疆アスターナ墳墓　3.唐敦煌文書

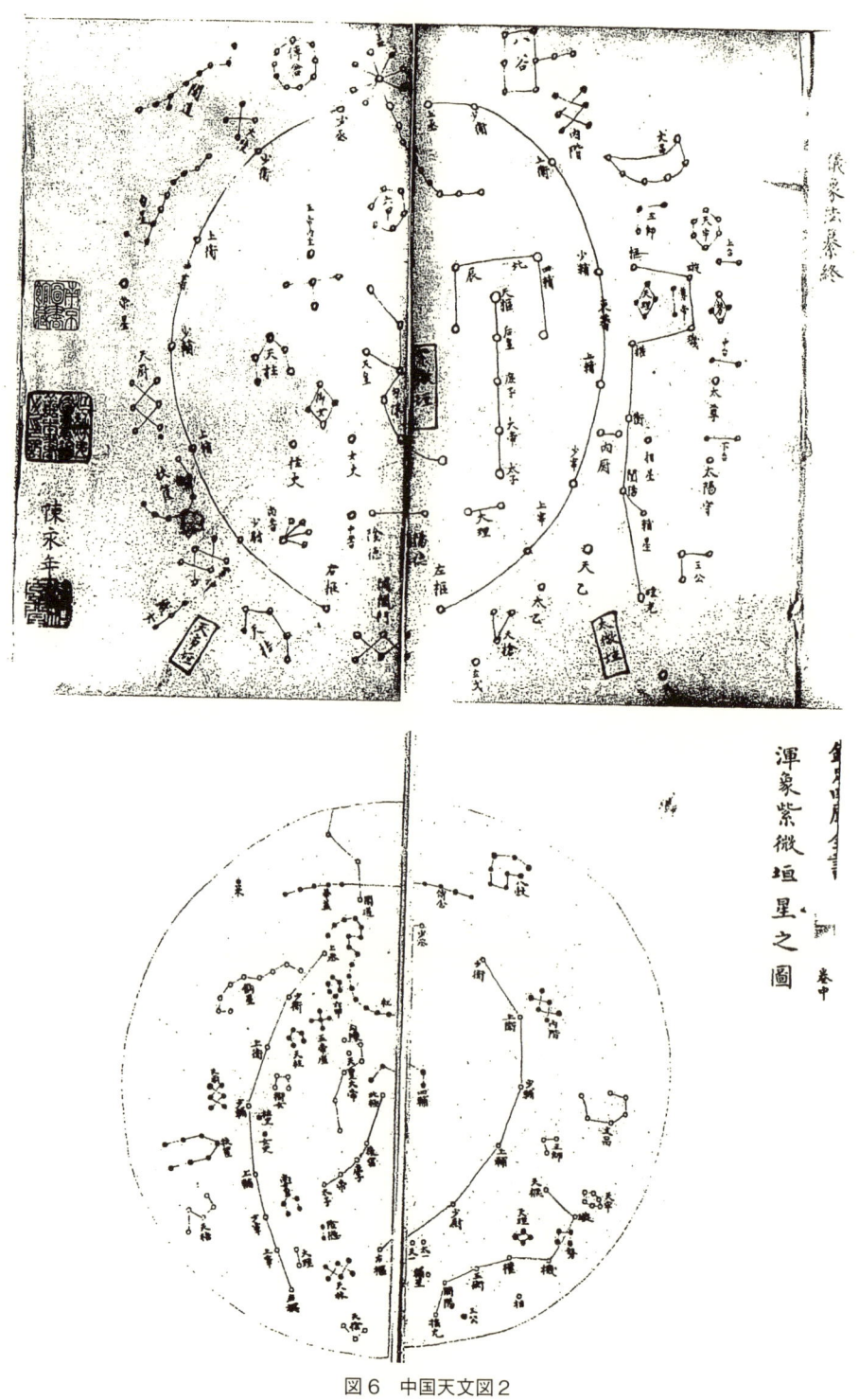

図6　中国天文図2
1.北宋『儀象法纂』　2.北宋『新儀象法要』

このなかで敦煌文書のものに着目すると、下のほうに北斗七星が描かれ、その「斗」のなかに四つの星があり、「天理」と書かれている。北宋（10〜12世紀ころ）の天体を写したといわれる図『儀象法纂』（図6-1）あるいは『新儀象法要』（図6-2）にも、北斗七星の「斗」のなかに天理とされた四つの星が描かれている（中国社会科学院1980、杉原1984）。ここで思い出されるのが、稲荷山の七星剣の「斗」の中にも別の星座があったことである。筆者は織姫三星の可能性を指摘したが、ほぼ同時代と考えられる唐や宋代の天文図を忠実に再現していたならば、稲荷山の七星剣についても「天理」であった可能性がある。

それでは「天理」とはいかなる星座なのだろうか。ひとまず『大漢和辞典』で調べてみると、『史記天官書』に「斗魁の中に、貴人の牢に在り」とあり、「集解曰、孟康曰、伝えて言う、天理四星、斗魁中、貴人牢に在り、名づけて天理と曰う」とある。また、『隋書天文志』にも同様の記述がある。『春秋緯合誠図』には「天理斗中に在り、三公を司る也、人喉は咽に在り、もって舌語の理の如し」とでてくる（諸橋1956）。「牢」というのは、堅固な囲みあるいは囲いという意味であり、貴人の住まいの堅牢なことを意味するとともに（諸橋1958）、三公を司るのであるから三公にまで出世することを司っているということになろう。しばしば鏡の銘文に「位至三公」という文言が出てくるが、それとも共通するといえるだろう。立身出世を願う図像といえるかもしれない。

織姫三星は天文図の場所では異なる位置に表されているし、稲荷山七星剣では別の破片に織姫三星と考えられるものがあるので、天理の可能性が高いと考えたほうがよい。また、杉原たく哉が正倉院の七星剣について、天文図の星宿配置と対応させて明快に述べたように、実際の配置にならって「三台→北斗→織女→牽牛」という順番で並べて刻んでいたと考えられるならば（杉原1984：pp.12-15）、織姫三星でない可能性のほうが高い。

さらに、図7は昨今壁画古墳の劣化という問題で改めて注目されている奈良県明日香村キトラ古墳の天井に描かれた天文図である。1999年に刊行された報告書では、中央付近の北斗と書かれたところをみると、「斗」の中に一つの星がある（宮島1999）。ここにも「天理」という星座が描かれていたのかもしれない。しかし、2008年に刊行された報告書では「斗」の中の星は確認できない。写真を見る限り「斗」の中には何もなかった様である。（奈良文化財研究所編2008）。奈良県明日香村高松塚古墳では剥落してしまったためか、北斗七星は未確認であるが、石室解体が終わった現在、詳細な調査により確認されるかもしれない。

中国の五代（10世紀）や遼代（12世紀）の壁画古墳にも北斗七星が描かれているが、ここには「天理」は未確認である。北斗七星に天理を描くことが唐〜宋代に限定されることなのか、それとも時代に限らず描かれたり、そうでなかったりしたものなのか、今後検討していく必要

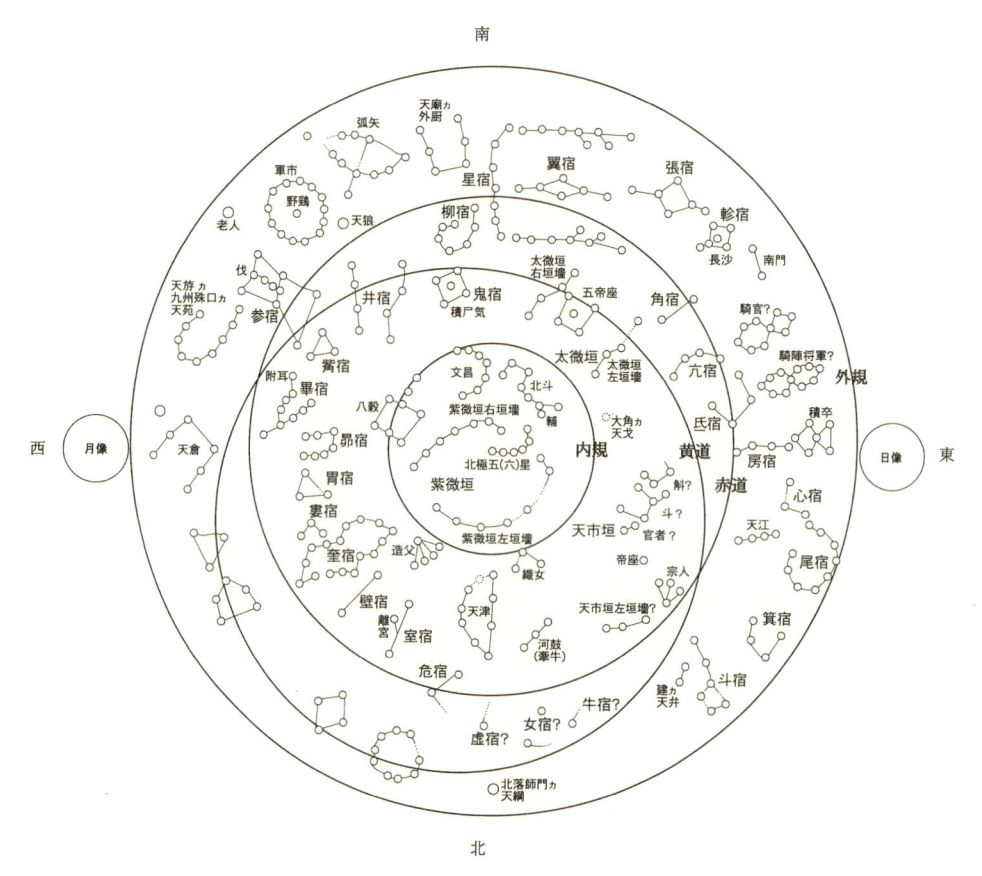

図7 キトラ古墳の天文図

がある[6]。

　さて、元来刀剣に星宿を施すことは、福永光司によれば、中国道教において帝王の威霊の象徴としての機能を表していた（福永1987：pp.7-14）。唐代道教の鏡と剣の宗教哲学を記した『含象剣鑑図』の「景震剣序」にも、北斗七星の図像のある剣がある。中国道教の独特な世界観である星宿が日本列島においてどのように受容されたのか、という視点は極めて重要な問題である。

　日本列島における北斗七星を象嵌した七星剣の伝世品を考えると、法隆寺のものは多聞天持物、小海町三寅剣には多聞天・持国天が象嵌されており、四天王寺、正倉院など、いずれも仏教とのつながりが極めて強いものといえるだろう。さらに、水野正好によれば京都市東寺の不動尊がかつてもっていた剣に象嵌で星宿の文様をもつものがあった。つまり、仏教と中国道教に深く関わる北斗七星をはじめとする星宿が融合した形で日本列島には受容されたのであろう。そして、七星剣に守護の思想が込められていたことは前述したとおりである[7]。

鎌倉時代の彫刻が施された刀剣について考察した酒井元樹によれば、梵字や神仏などの意匠は当時の信仰構造を反映したものと考えられ、「刀身に神仏をあらわす動機は、相手を降伏させる調伏の意味と身を護る息災の意味があった」（酒井 2014：p.84）とされ、古代における象嵌大刀と同様の意義が付与されていたことが知られる。

　改めて七星剣が出土した稲荷山遺跡という場所について考えてみよう。注目すべきは、同じ稲荷山出土とされる、浮彫状の銅製十一面観音立像の存在である。加島勝は奈良時代のものとしている（加島 1991）。千葉県成田市名木廃寺で銅製の如来坐像や菩薩立像が出土しており、これは平安時代のものである。さらに、千葉県香取市関峯崎3号横穴出土の金銅製押出三尊像は白鳳期すなわち7世紀後半ころのもののようである。稲荷山遺跡の西方には、千葉県栄町竜角寺も控えている。また北東方向には、香取神宮、鹿島神宮が存在する。以上のように、稲荷山遺跡周辺は、古代宗教の稀有な資料が濃密に分布する地域といえる。そのような地域だからこそ、七星剣という稀有な文物がもたらされたといえるだろう。

おわりに

　ここまで稲荷山七星剣をめぐって、発見から今日に至るまでに筆者が考えてきたさまざまな問題を提示した。七星剣の保存処理が終了し、「斗」のなかに別の星座のあることが確定し、それを「天理」として認識できる可能性を指摘した。

　ところで、『緯書』という書物のなかには、北斗七星を流星や彗星などが横切ると、災いが起こる前兆であるという記事が多数見られる[8]。安居香山・中村璋八編『重修緯書集成』を参照すると、流星や彗星などが北斗七星を犯すと臣下の者が謀を企てるとしたり、人びとが飢え苦しむとしたり、霧がかかり人民は病になるなど、大変な凶事であることがわかる。しかし、ことさら刀身に凶事を刻むということは不可解であり、別の解釈をすべきと考えるに至った。そこで新たな視点として提示したのが「天理」なのである。

　稲荷山遺跡は古代の下総国のなかで、その中心地である国府や国分寺が所在していた千葉県市川市から遠く離れた場所である。そのような場所から七星剣が出土したことについては、古代仏教との関わりで理解しようとした。ただし、古代の交通網や下総の歴史的意義についても考究を重ね、その上で改めて七星剣を位置づける必要があろう。今後の課題として提示しておきたい。

第 2 章　稲荷山遺跡出土七星剣考

註

1) 東大寺大仏の下から出土していた 2 本の金銀装大刀に、「陽劔」と「陰劔」と象嵌されていたことが判明した（20101026 付新聞各紙）。もう 1 本の刀からは、刃部の柄寄りの部分におそらく北斗七星と考えられる象嵌が発見された（橋本 2012）。なお、吉澤悟により東大寺金堂鎮壇具の飾り大刀の実測図や出土の経緯が詳細にまとめられている（吉澤 2011）。さらに 2015 年に至り東大寺より保存修理報告書が刊行され X 線写真が示された（東大寺 2015）。

2) 稲荷山遺跡の七星剣（象嵌）の発見は、平成 15 年（2003）10 月 3 日（金）の朝 10 時 30 分であった。前日に岩手県立博物館に遺物を持参して X 線撮影を終え、現像室で乾かしてあった X 線写真を翌日に作業室へ持ち込み、ライトボックスの上に置いた瞬間である。確認できた刀身の外形の内側に一際白い線が見えたのだが、私は一瞬訳がわからず自分の眼を疑った。しかし、次の瞬間には線と小さな丸が確認でき、それが繋がって複雑な図形を示していることがわかり、思わず大声を出してしまった。共同研究者であった赤沼英男氏をすぐに呼び、共にその写真を確認したのである。その時までの私の知識としては、七星剣という北斗七星の図がある刀が法隆寺にあったような気がするという程度であった。その後の約半年間で報告書の原稿をまとめたが（日高 2004）、時間的制約もあり、納得できる見解を示すことはできなかった。また、平成 17 年（2005）に途中経過的な若干の考察をおこなったが（日高 2005）、それから現在までさまざまな文献を読むことで、当初の見解とは若干異なる部分も出てきた。本章にてその試案を明らかにし諸賢のご叱正を仰ぎたいと思う。

3) 本章の内容は、平成 19 年（2007）5 月 12 日に成田市歴史講演会において「七星剣をめぐって」と題して口頭発表した内容を含んでいる。その際、保存処理した七星剣を実見することができた。従前の報告などでは北斗七星の「斗（魁）」部分と、「杓」の一部が残存しており、前者の中に三星を V 字に配するものが X 線写真で確認できるが、それらが佩表にのみ象嵌されているのか表と裏にあるものが、X 線写真としては両方が写っているのか未詳であると述べてきた。しかし、保存処理した七星剣を確認すると、いずれも佩表に象嵌されていることが判明した。

4) 稲荷山遺跡の位置と環境および遺構配置の詳細については、報告書を参照していただきたい（常木ほか 2004）。

5) 平成 16 年（2004）3 月 23 日に産業技術総合研究所の伊藤順一氏に分析していただいた。分析機器は JEOL 社製 ELEMENT ANALYZER JSX-3201 である。

6) このほか、蘇州南宋天文図（1247 年）に北斗七星の「斗」の中に天理が表現されている。（中国社会科学院 1980）。また、朝鮮時代の天象列次分野之図（1395 年）にも天理が表現されている（宮島 2014）。

7) 末永雅雄がかつて紹介した近現代の資料のなかにも七星剣がある（末永 1979）。特に台湾のものは護符としてつくられたものであり、まさに守護の思想のもとにつくられたのであろう。さらに、朝鮮時代にも長い剣に波線と丸で象嵌された七星剣があり、その多くは 16〜17 世紀前後のものだと思われる（末永 1930、宇田川 1987、小笠原 1991、西山 1999 など）。

8) 日本考古学協会第 70 回総会で稲荷山遺跡の報告をおこなったが（日高ほか 2004）、その後は筆者の予想に反して学界からは無反応といってよい状態であった。そのような中で、西田守夫先生から北斗七星に別の星が重なることについて注意すべきであると指摘していただいた。『緯書』および参考とすべき本について（安居 1969・1988 など）、ご教示いただいた。

第3章　北海道大川遺跡出土資料の再検討

はじめに

　筆者は以前、東北北部・北海道地域において出土するいわゆる古墳時代文化の所産と考えられる資料の基礎的集成をおこなったことがある（日高2001）。そこでは、主として現状で把握できる東北北部や北海道地域にもたらされた須恵器と鉄製品などを、類例とともに提示した。そして、列島におけるそれらの出土場所が主として海岸沿いであることや、一見すると内陸であっても日本海や太平洋に注ぎ込む河川の流域であることを重視し、海伝いにそれらの資料がもたらされたことを示した。その後、太平洋海岸沿いの遺跡から出土する特筆すべき資料を提示して、茨城県域の古墳時代を考える上で海の役割、さらには海にちなんだ生業が極めて重要であったことを指摘した（日高2002）。

　平成14年（2002）夏、筆者は予てから詳細に観察したいと考えていた、北海道余市郡余市町大川遺跡のGP96およびGP34と呼ばれる土坑墓から出土した一括資料の実測調査を、それぞれおこなう機会を得た。改めて実測をした過程で若干の新知見も得られたので、本章でまず資料を紹介し、そののち大川遺跡における特徴的な資料の再検討をおこなってみたい。

第1節　GP96出土鉄製品について（図1）

　GP96は1.2×1.32mの楕円形の土坑墓である。残存する土坑の深さは0.14mとかなり浅い。遺体はベンガラで覆われており、東頭位、屈葬と考えられる。遺体の北西側に各種の鉄製品および千点以上の蛇紋岩製小玉、数10点のガラス小玉が出土している。頭部付近に鉄斧が置かれていた。土器は出土していない（乾2000）。通常、続縄文期あるいは擦文期の墓には壺や深鉢などの土器が副葬される場合が多いことから、本土坑墓は異質な印象を受ける。ガラス小玉の出土も、大川遺跡では中・近世のそれを除けばGP226があげられるにすぎない。極めて特

第 3 章　北海道大川遺跡出土資料の再検討

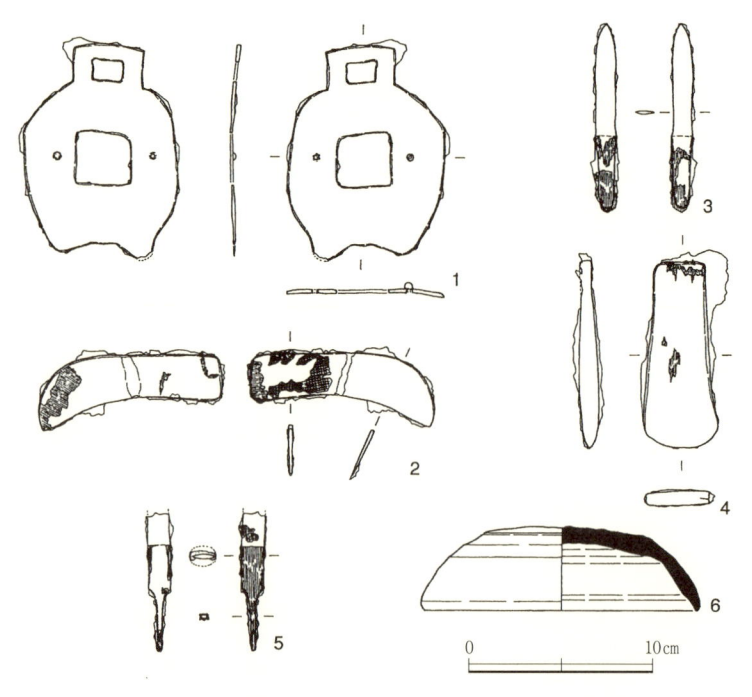

図 1　大川遺跡 GP96 出土鉄製品（1〜5）と GP34 出土須恵器（6）

異な遺物といえるだろう。

　1 は鉄製楕円形鏡板である。縦最大長 11.2cm、横長 8.3cm、方形立聞縦長 2cm、横長 3.6cm、内法縦長 1.1cm、横長 1.6cm、方形銜通孔縦長 2.8cm、横長 2.8cm、銜留鋲間長 5.2cm を測る。鏡板の下方は 2 ヶ所の突出部をもっている。銜留は横方向であり、径 0.35cm の鋲頭が片方のみ残存する。覆輪などはなく、すべて鉄製である。また、現状では刻み文様などがあったとは思われない。石製・ガラス小玉が集中している場所で出土しており、銜およびもうひとつの鏡板が欠落していることから、玉類とセットにしたペンダントとして再利用された、あるいは単独で宝器的な扱いを受けたものであろう。本例と最も近似する資料は宮城県角田市吉ノ内 1 号墳出土の鉄製鏡板である（藤沢 1992）。同古墳は 5 世紀中葉頃の築造と考えられる。

　2 は鉄製曲刃鎌である。全長 9.9cm、刃長 5cm、柄長 4.9cm、刃幅 2.6cm、柄幅 2.4cm を測る。柄端部に折り返しはない。刃部には木目が斜交する木質、柄部には片面に木目が柄部と平行する木質、もう一方には直交する木質が付着する。また、柄部には布片が付着しているが、木質の上に被さっていることが看取できる。

　3 は両刃の鉄製刀子である。全長 9.7cm、刃長 5.9cm、茎長 3.8cm、刃幅 1〜1.1cm、茎幅 0.9cm を測る。撫角両関であり、茎は栗尻である。関端から茎には長辺に対して木目が平行する

木質が付着する。刃部の関付近がやや窪んでいることは、使用あるいは研磨によるものと思われる。

4は短冊形鉄斧である。全長9.9cm、基部幅2.8cm、刃部幅3.8cmを測る。基部および中位には長辺に対して木目が並行する木質が付着する。左右不均等な刃部は、使用による磨り減りと考えられる。鍛造品特有の層状の剥離が認められる。古瀬清秀の分類では「小形」(古瀬1974)、小林高範の分類では「小形Ⅱ」である(小林1989)。短冊形鉄斧は一部の例外を除いて、ほとんどが古墳時代前期までに使用されたものである。一部に古墳時代中期前半まで残存する例はあるが、その後はほとんど姿を消す。

5は両刃の鉄鏃と思われる製品である。鏃身部はレンズ状の両刃であり鎬などはなく、茎部は断面方形を呈する。残存長7.3cm、茎長3.3cm、鏃身残存長4cmを測る。撫角両関であるが、木質は鏃身部にまで及んでいる。木質の残りから、もともとは断面楕円形の木質に覆われていたと思われる。長辺に対して木目が並行する木質の上に、それに直交する木質が認められる。木質は鏃身部で直截されていたようで、表裏ともに鏃に対して直交して端部がある。鏃身には布片が付着している。

第2節　GP34出土須恵器について (図1)

GP34は1.1×0.71m、深さ0.33mの楕円形の土坑墓である。遺体の残存状況は悪いが、土坑のほぼ中央にベンガラが確認できる。土坑の南東小口で、須恵器坏蓋が口を上に向けた状態で出土している。そのほかの出土品はない (乾ほか2001)。

6は須恵器坏蓋である。径15.1cm、高さ4.5cm、天井部厚0.85cmを測る。胎土は密であり、石英、長石、パミス、角閃石を含む。色調は明灰色から暗灰色であり、焼成は極めて良好である。外面の2分の1は回転ケズリ、天井部の径8.2cmは回転ヘラ切り未調整である。内面は回転ナデであり、天井部は不整方向のナデを施す。外面の全体に緑褐色の自然釉がかかる。天井部の回転ヘラ切り未調整は7世紀にくだる特徴ではあるが、比較的大型の口径をもつことから6世紀後半から末ころを想定しておきたい。

第3節　その他の特異な副葬品について

GP50は1.83×0.84m、深さ0.25mの楕円形の土坑墓である。2体の人骨が確認されているが、その出土状態から再葬の可能性も指摘されている。土坑北側で無紋の深鉢が置かれてお

第3章　北海道大川遺跡出土資料の再検討

り、覆土からは後北期の深鉢破片が出土している。人骨集中場所から青銅製多孔鈴2個、折り曲げられた刀子、骨器、石鏃などが出土している（乾2000）。大沼忠春は副葬された土器を北大Ⅱ式直後頃としており、おおむね6世紀後半頃ということになろう（大沼1996）。

　1・2はほぼ同形・同大の青銅製多孔鈴である（図2-1・2）[1]。出土位置から、耳飾として使用していた可能性が指摘されている。横断面は方形を呈しており、4面に縦方向の透孔が存在する。このような鈴は列島では岡山県岡山市伝榊山古墳出土品（図2-3）の中に類例があるものの（和田1919）、そのほかにはほとんど皆無といっていい[2]。広く東アジア世界に目を向ければ、時期は遡るが匈奴あるいは戦国時代に属する墓から類品が出土している。さらに高句麗や鮮卑系の墳墓に吊手部分に笠部を接合した多孔鈴の存在が知られており、その広がりは黒竜江から吉林・遼寧・河南省の広い範囲で確認される[3]。ただし、横断面が方形のものは管見に触れたものではほとんど確認できておらず、円形（円柱状）のものばかりである（図2）[4]。また、

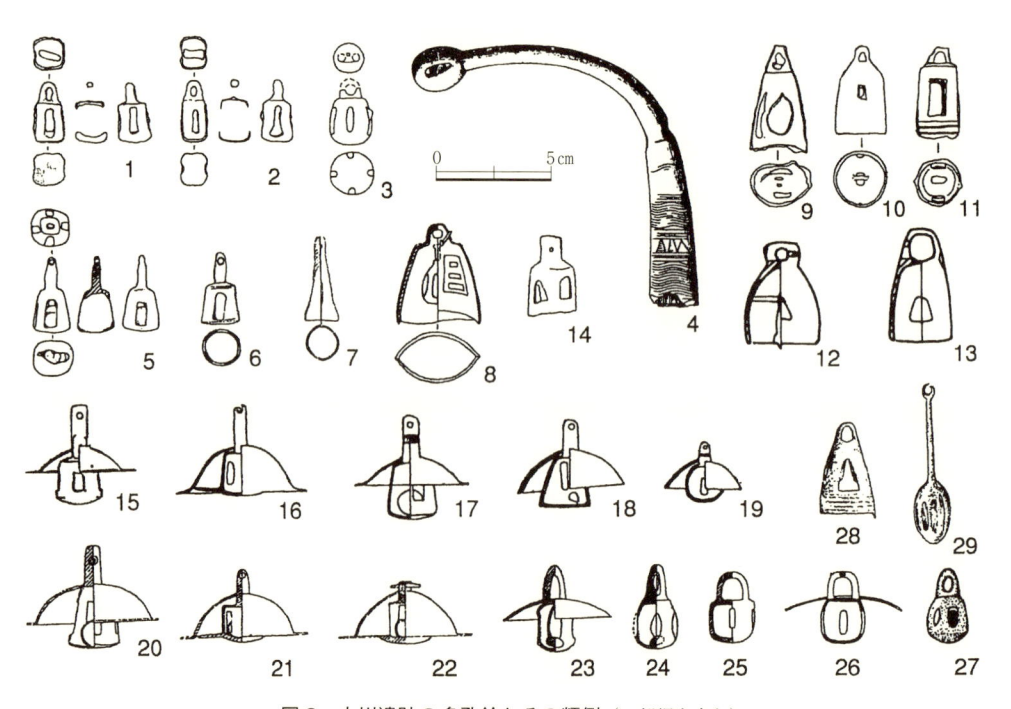

図2　大川遺跡の多孔鈴とその類例（一部鐸を含む）

1・2.大川遺跡　3.伝榊山古墳　4.白石稲荷山古墳　5・6.内蒙古包頭県　7.内蒙古包頭市西園M6号墓
8.内蒙古拉布達林M24号墓　9・12.内蒙古涼城県毛慶溝M62号墓　10・11.毛慶溝M39号墓
13.内蒙古嶂県窯子M3号墓　14.青海省西寧市上孫家寨M20号墓　15.河南省安陽市孝民屯M154号墓
16～19.遼寧省朝陽市袁台子墓　20～22.遼寧省朝陽市　23.吉林省集安県万宝汀M242号墓
24.吉林省集安M195号墓　25.吉林省吉林市東団山城址　26.吉林省楡樹県老河深M67号墓
27.黒龍江省友誼県鳳林城址　28.黒龍江省泰来県平洋M140号墓　29.平洋M126号墓

渤海や靺鞨・女真の時期ではしばしば帯飾板に伴って鈴や鐸が垂飾として用いられるが、大川遺跡のような縦長の多孔鈴は確認されず、おおむね通有な球形の鈴である[5]。オホーツク文化期に出土する同様のものは天野哲也の詳細な検討により、おおむね7世紀代の所産と考えてよいようである（天野1994）。ただし、高句麗や北方地域においても6世紀代まで多孔鈴が残存するのか未詳であり、伝榊山古墳や白石稲荷山古墳（図2-4）が5世紀前半のものとすると、極めて時期的な隔たりが大きいことも指摘しておかなければならないが、今は鮮卑系の文化からもたらされた可能性が高いと考えておきたい[6]。

　GP226からガラス小玉が出土していることは前述したが、そのほかに石質が碧玉もしくは鉄石英の管玉の存在がある。GP48のものは碧玉製であり続縄文期（7世紀？）と考えられ、GP123（乾2000）とGP620（乾ほか2000）はともに碧玉製と鉄石英製を含み続縄文期（恵山期）と考えられている。これらの管玉の産地分析をおこなった藁科哲男・東村武信によれば、GP48のものの一部が島根県松江市花仙山原産地、GP123のものの一部が新潟県佐渡市猿八原産地、GP620のものの一部が新潟県佐渡市猿八原産地と兵庫県豊岡市女代南（B）遺跡出土のものと合致する（藁科・東村2001）。はるか日本海を介し、出雲や近畿、佐渡の碧玉製管玉が大川遺跡までもたらされているわけである。

第4節　大川遺跡の再評価

　ここまで、大川遺跡から出土した他地域からの搬入品を中心に、その故地や時期的な検討、類例の探索などをおこなってきた。余市湾すなわち石狩湾に面した大川遺跡でこれらの列島西部あるいは渡来の資料が出土する意義は、すなわち環日本海の交流ルートの存在ということであろう。石狩平野への玄関口である余市湾は、北方あるいは南方（西方）の文化の日本海側での結節点（中継地点）と考えられるのではなかろうか。北・南の物質資料が余市湾周辺で集中的に出土するという現象は、他の地域では海岸線沿いで点々としか出土しないこととは対照的である。それが時期限定のことではなく、さまざまな時期において確認されることから、余市湾周辺が通時的な役割を担っていたと思われてくるのである（鈴木1996）。列島内において類例の少ない多孔鈴がなぜ大川遺跡で出土するのかという意義は保留せざるを得ないが、在地の墓と特に違いのないことを重視するならば、日本海を介した直接的な人の移動というよりは「交易」などによりもたらされたと思われる[7]。菊池俊彦は大川遺跡の多孔鈴について、「鮮卑の領域から松花江～アムール河流域を経由して」大川の地へもたらされたと考えている（菊池1995）。しかし列島において、わずか2点ではあるが、類例が存在することを重視するならば

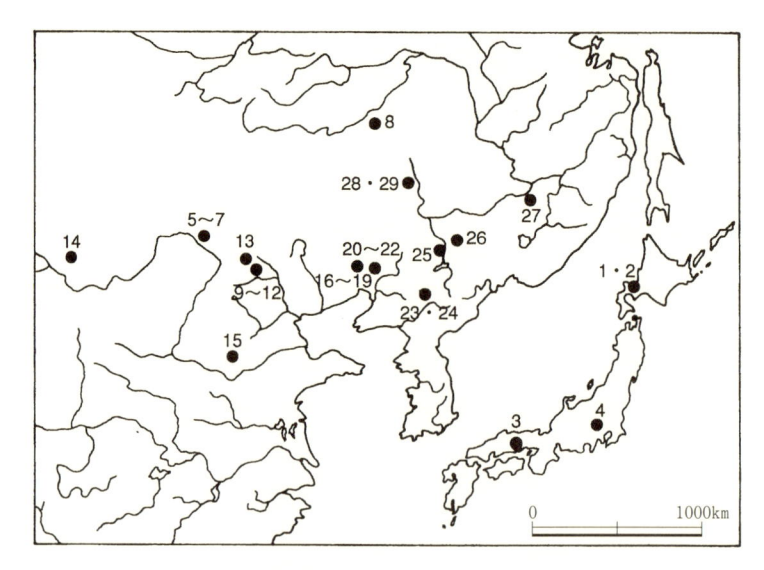

図3 多孔鈴の分布（番号は図2に同じ）

（図3）、GP96から出土した列島西部に由来すると考えられる一括品や、須恵器、ガラス小玉、管玉などのように、継続的に存在していた日本海沿いの「交易」ルートにのって古墳時代社会から運ばれてきたものと考えることもできよう。

註
1) 「多孔鈴」という名称は、田中裕が他の通有の鈴とは区別するためにつけた名称である（田中1992）。中国では鑾鈴と呼んでいるが、形態的特徴をとらえた田中の名称に従っておく。
2) このほかに群馬県藤岡市白石稲荷山古墳西槨から、銅製刀子柄とされた先端が多孔鈴になった資料がある（後藤・相川1936）。5世紀前半の群馬県地域有数の首長墳であり、このような特異な遺物が出土する意義は極めて大きい。
3) 列島内でも笠部を伴う鈴はいくつか確認されている。例えば熊本県和水町江田船山古墳や佐賀県白石町龍王崎3号墳などである（本村1991）
4) 図2・3を作成するにあたって、菊池1995ほかを参照した。
5) 張報文（張1991）を参照。
6) 宮宏明が京都大学総合博物館所蔵の内蒙古包頭県として紹介しているものが（図2-5）、大川遺跡から出土している多孔鈴に最も類似する事例である（宮1992）。江上波夫・水野清一が紹介したもの（図2-6）と同一個体の可能性もあるが、両者の図面を提示しておく。包頭県周辺で購入したもののようである（江上・水野1935）。
7) 大川遺跡の多孔鈴に関して、小嶋芳孝はこの種の多孔鈴が6～7世紀代の高句麗古墳に見ることができるとしている（小嶋1996）。しかし、筆者の知りうる範囲ではおおむね3～5世紀の所産と思われ、そのほかの内陸の事例を含めても紀元前3～紀元後4世紀のものばかりである。小嶋の言うとおりの年代のものがあるとすると、直接的な関係も考慮されてよい。

第4章　松戸市行人台遺跡の鋳造鉄斧と多孔式甑
― 東京湾沿岸地域と渡来系文物 ―

はじめに

　遺跡からはさまざまな遺物が出土する。墳墓では副葬品のほか、古墳なら墳丘に立てられた埴輪や土器、墳丘をつくっていくさまざまな段階におこなわれた祭祀の痕跡としての遺物などである。一方集落からは、当時の人びとが生活のために使っていた各種の日常用品としての遺物、集落内でおこなわれた祭祀行為に使用された遺物などが出土する。我々はこれらの痕跡から、当時の人びとの具体的な姿を推定していくわけである。中には、従来あまり知られていないものが出土したり、従来考えられていたよりも古く遡る資料が出土したりする。それゆえ発掘調査によって、日進月歩で考古学の成果が塗り替えられてきたのである。

　本章で考究する行人台遺跡出土の鋳造鉄斧もそのような資料であり、関東地域では類例の極めて少ない遺物である。本章では、この類例の少ない鋳造鉄斧と特徴的な甑を手がかりに、これらの物質資料が行人台遺跡の地にもたらされた背景を探っていきたい。

第1節　行人台遺跡の鋳造鉄斧と多孔式甑の出土状況

　行人台遺跡は千葉県松戸市久保平賀字行人台に所在する（図1）。松戸市埋蔵文化財地図によれば、集落跡であり縄文・古墳および行人台城跡（中世）と登録されている（松戸市教育委員会1997）。古墳時代の集落跡は平成元年（1989）に発掘調査され、概報が刊行され（大塚ほか1990）、その後報告書が刊行された（峰村ほか2005）。

　まず、古墳時代集落の概要を述べておきたい。古墳時代の竪穴住居7軒、古墳時代と思われる土坑6基が確認されている。出土した土師器の諸特徴から、(3号住居)[1] →6号住居→9号住居・8号住居→1号住居→2号住居・5号住居という変遷が辿れると思われ、その期間は

第4章　松戸市行人台遺跡の鋳造鉄斧と多孔式甑―東京湾沿岸地域と渡来系文物―

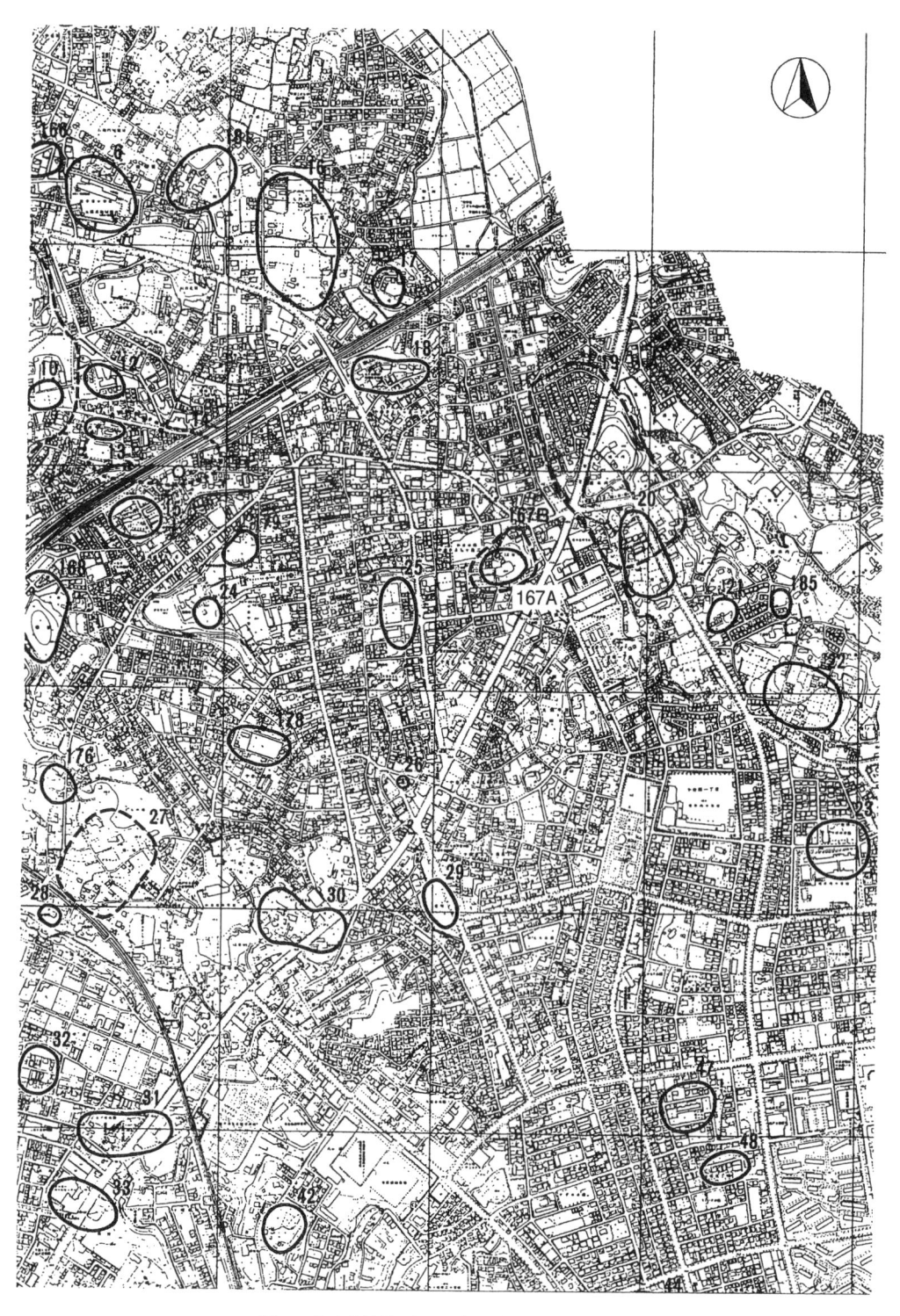

図1　行人台遺跡（167A）の位置（15,000分の1）

第1節　行人台遺跡の鋳造鉄斧と多孔式甑の出土状況

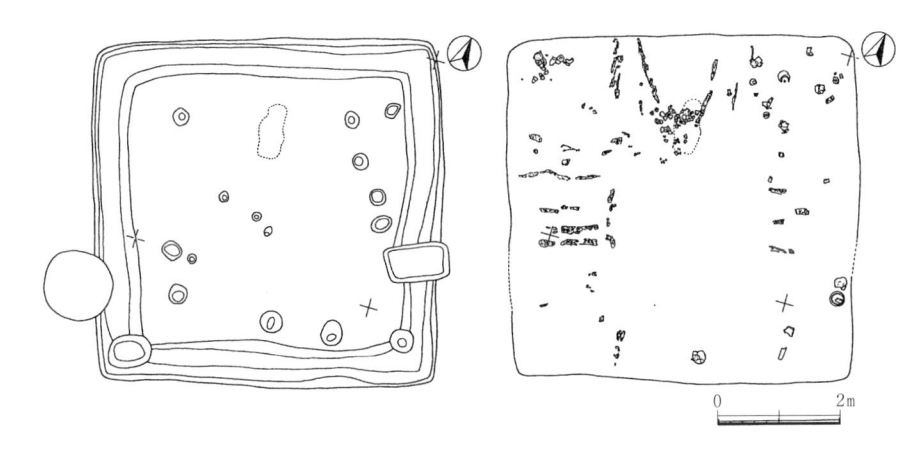

図2　行人台遺跡6号住居と遺物出土状況

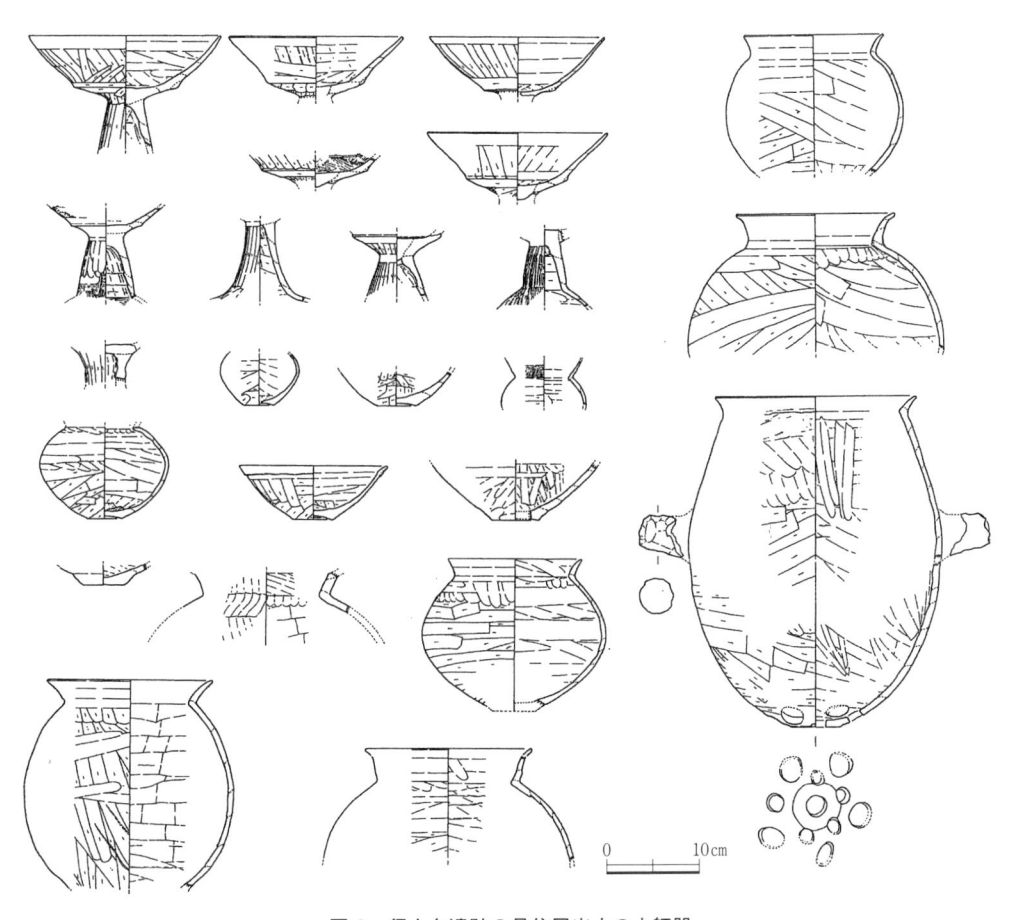

図3　行人台遺跡6号住居出土の土師器

第4章　松戸市行人台遺跡の鋳造鉄斧と多孔式甑─東京湾沿岸地域と渡来系文物─

おおむね5世紀中葉〜後半の50年ほどと考えられる。6・8・9号住居は西側に位置しており、1・2・5号住居は東側に位置する。

　鋳造鉄斧[2]と特徴的な甑は、6号住居から出土した。住居は南北長5.5m、東西長5.8m、深さ0.3mを測りほぼ正方形を呈する（図2）。住居の北側の中央部に炉床があり、炭化した木材が放射状に残存していることから、いわゆる焼失住居と考えられる。土師器と鉄斧・管玉は、主に住居の北側および東側から出土している。出土した土器は高坏、坩、鉢、壺、甕、甑であり、いずれも破片となっていたが、全体に和泉期前半の土師器類と考えられ、坏類を一切含まない点からも和泉期前半でも比較的古相といえる（図3）。二次焼成を受けた個体が多く、甕や甑などを除けばおおむね本住居が焼失したときに被災したものといえよう。出土状況をみると、甕・甑などはかなり広範囲で接合関係が認められる。このうち甑は、主に炉の周辺から潰れた状態で出土している。

第2節　鋳造鉄斧の諸特徴と類例について

　行人台遺跡6号住居で出土した鋳造鉄斧は刃部から袋部の一部までが残存するもので、袋部の大部分は欠失していた。残存長9.5cm、刃部幅5.5cm、袋部幅5.0cm、厚さ1.2cmを測り、突線などはなく上面の左右の端部が突出する（図4）。

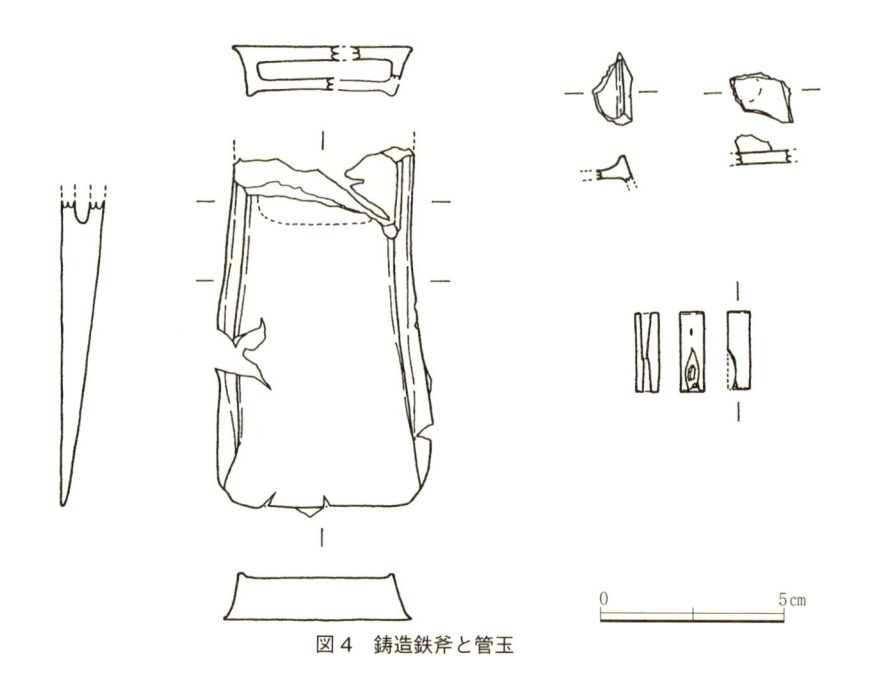

図4　鋳造鉄斧と管玉

第2節　鋳造鉄斧の諸特徴と類例について

鋳造鉄斧は日本列島においては、それほど類例の多くない資料である。現在までに管見に触れた古墳時代の鋳造鉄斧を集成したのが表1であるが[3]、現在までのところ関東地域から南九州まで広範囲にわたって出土しており、合計83遺跡（遺構）

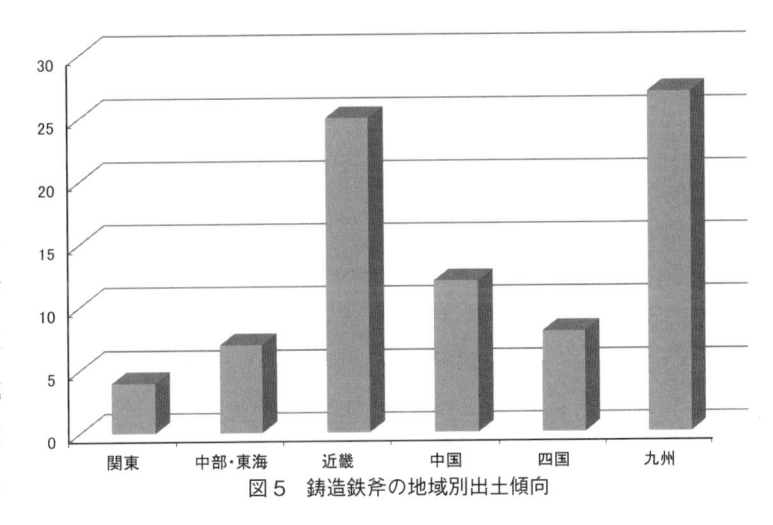

図5　鋳造鉄斧の地域別出土傾向

確認できる。ひとまず、関東、中部・東海、近畿、中国、四国、九州の6つの地域にわけて、その出土遺跡数を比較したのが図5である。近畿地域と九州地域に集中して出土していることがわかる。近畿地域では、奈良県葛城市周辺、大阪府河内地域南部、兵庫県播磨地域南部および但馬地域北部などに分布の集中がみられる。九州地域では、福岡県福岡平野周辺および沖ノ島で集中して発見されている。また、岡山県域、愛媛県松山平野周辺でも狭い地域で複数遺跡からの出土が確認できる。関東地域はその出土が最も少ない地域である。行人台遺跡を含め、わずか4遺跡にとどまる。中部・東海地域と並んで、希薄地域と呼べるだろう。

図6は、出土個体数を比較したものである。1〜2本が圧倒的に多く74遺跡を数え、3〜6本は4遺跡でいずれも古墳からの出土品であり、7本以上は3遺跡ですべて沖ノ島の祭祀遺構出土のものである。3〜6本出土した古墳は、静岡県磐田市磐田67号墳（3本）を除けば、兵庫県加古川市行者塚古墳（3本）、岡山県岡山市金蔵山古墳（5本）、福岡県穂波町山ノ神古墳（6本）と、その地域の中で築造された古墳のなかで最も大きな古墳から出土していることが知られる。

図7は、出土した遺構別に比較したものである。圧倒的に古墳からの出土が多くその数50遺跡、集落出土は24遺跡、祭祀遺構出土は6遺跡、不明3遺跡である。鋳造鉄斧が古墳に関わる物品として確認されることが多いとわかる。行人台遺跡のように、集落遺跡からの出土は古墳出土の約半数ということになる。そこで、地域ごとに出土遺構別傾向を示したものが図8である。近畿、中国、九州では古墳出土が多く、四国でも半数が古墳出土のものである。それに対して関東地域では、古墳出土がないばかりかほとんどが集落遺跡出土であることが特筆される。ただし関東地域の場合、遺跡数が極めて少ない上での傾向なので、あくまでも現状での状況である。

第 4 章　松戸市行人台遺跡の鋳造鉄斧と多孔式甑―東京湾沿岸地域と渡来系文物―

表 1　古墳時代の鋳造鉄斧一覧

	遺跡名	所在地	遺跡の性格・墳形	数量	出土位置	残存状況	鍛冶関係資料	時期	文献
1	行人台遺跡 6 号住居	千葉県松戸市行人台	集落	1	住居床面直上	なし	なし	中期前半	峰村ほか 2005
2	送り神遺跡	千葉県市原市江子田	?	1	?	袋端一部欠	?	中期	田中 1995
3	草刈遺跡 J 区 107 号住居	千葉県市原市草刈	集落	1	住居床面直上	なし	草刈 1 号墳から鉄鋌	後期初頭	鳥立 1992
4	後張遺跡 162 号住居	埼玉県本庄市児玉町下浅見	集落	1	包含層	刃端・袋端部欠	なし	中期中葉	増田ほか 1982
5	天王中野遺跡	静岡県浜松市天王	集落	1	溝覆土	袋部・一部のみ	8c の製鉄遺構	中期?	鈴木 1997
6	須部II遺跡 SD07	静岡県浜松市都田町	集落	1	木棺内	ほぼ完形	なし	中期後半	佐藤ほか 2000
7	磐田 67 号墳	静岡県磐田市寺田	円, 径 17.5m	3	竪穴内	完形 2, 刃部のみ 1	なし	中期中葉	松浦 1977
8	鍛冶久保古墳	長野県上水内郡飯綱町	古墳	1	包含層	袋部一部欠, 刃部のみ	なし	中期中葉	小柳 1994
9	雲出嶋抜遺跡	三重県津市雲出島貫	集落	1	木棺土	ほぼ完形	なし	中期後半	伊藤・川崎 2001
10	わき塚古墳	三重県上野市古郡深狭間	方, 23.5×22m	2	岩盤土	ほぼ完形	なし	前期後半	森ほか 1973
11	青蓮寺山 C-11 地区祭祀遺構	三重県名張市青蓮寺	祭祀遺構	1	包含層	袋端部欠	なし	中期中葉	水口・門田 1978
12	堀切古墳群周辺	京都府京田辺市新	古墳群	1	溝覆土	刃端部欠	なし	中期前半	吉村ほか 1989
13	東功坊遺跡	奈良県橿原市東功坊城町	大溝ほか	1	竪穴内	完形	鉄滓・羽口	中期中葉?	斎藤 1993
14	兵家 6 号墳	奈良県北葛城市兵家	方, 13×13m	1	横室内	完形	なし	中期後半	伊藤ほか 1978
15	寺口千塚 15 号墳	奈良県北葛城市寺口	円, 径 13m	1	横室内	完形	なし	後期前半	坂佐ほか 1991
16	寺口忍海 H5 号墳	奈良県北葛城市寺口	円, 径 13m	1	横室内	袋部一部のみ	なし	後期前半	千賀ほか 1988
17	寺口忍海 H19 号墳	奈良県北葛城市寺口	円, 径 13m	1	竪穴住居下層	完形	なし	後期前半	千賀ほか 1988
18	佐伯ノ木遺跡	奈良県御所市井戸	河川ほか	1	河川流路下層	完形	隣接地より鉄斧・羽口	中期中葉	青柳 1996
19	長原遺跡	大阪府大阪市平野区長吉	集落	1	竪穴住居内	完形 (融着)	なし	中期	市川 2004
20	鈴の宮遺跡 3 号墳	大阪府堺市八田北町	方, 6×6m	2	局溝	袋端部欠, 袋部一部欠	なし	中期中葉~後半	堺市 1989
21	大庭寺遺跡II区	大阪府堺市大庭寺	集落	1	包含層	ほぼ完形	なし	後期前半	冨加見 1990
22	森遺跡 2	大阪府交野市森南	集落	1	溝覆土	袋部欠失	鍛冶遺跡	中期中葉	奥野ほか 1990
23	鬼塚古墳溝	大阪府大阪市箱殿町・新町	集落	1	溝覆土	刃端・袋端部一部欠	なし	後期初頭	中西ほか 1997
24	西ノ辻遺跡	大阪府東大阪市西石切町	合 (水利遺構上)	1	堆積土中	完形 2, 破片 1	鍛冶遺跡	後期初頭	中西 1994
25	新池古墳	大阪府高槻市上土室	円, 径 11m	1	横室内	完形 2	西服表飾箱より鉄床	中期中葉	森田ほか 1993
26	鳴滝 6 号墳	和歌山県和歌山市明寺	円	1	木棺内	ほぼ完形	後期古墳より鉄斧	後期中葉	和歌山県 1973
27	音浦遺跡	和歌山県和歌山市須香	集落	2	溝覆土	完形, 袋部一部のみ	なし	中期末	和歌山県 1984, 前田 2001
28	若王山古墳	兵庫県尼崎市	古墳	1	竪穴内	完形	なし	中期?	東 1998
29	萬代 3 号墳	兵庫県三田市	円	2	局溝	袋端部欠, 袋部一部欠	なし	前期後半	朝日新聞但馬 02.05.30 版
30	年ノ神 9 号墳	兵庫県三木市鳥町	円, 径 10m	2	局溝, 墳拡	?	なし	前期後半	朝日新聞但馬 02.05.30 版
31	行者塚古墳	兵庫県加古川市神野町	方円, 100m	3	中央副葬品箱内	完形 2, 破片 1	西服表飾箱より鉄床	中期前半	中原ほか 1985
32	隷田 L 号墳	兵庫県たつの市誉保川神野田素田	方, 7×7m	2	木棺内束小口	完形 2	後期古墳より鉄斧	中期後半	長濱ほか 1997
33	筒江 8 号墳	兵庫県朝来市筒江	円	1	木棺内	ほぼ完形	なし	中期中葉	損保川町 2000
34	小丸山古墳	兵庫県姫路市	古墳	2	竪室内	完形, 袋部一部のみ	なし	前期?	小川 1992
35	出持 3 号墳	和歌山県豊岡市須谷	円	2	溝覆土	完形 2	なし	前期後半	野鳥永氏ご教示
36	大平遺跡	兵庫県美方郡香美町	?	1	?	?	?	中期	長濱ほか 2002
37	里仁 33 号墳	鳥取県鳥取市里仁字ヤ谷	方, 14×12m	2	局溝, 埋土	袋部端部欠, 袋部欠	なし	中期前半	中原ほか 1985
38	南谷大山遺跡 C-V 区 SI-17-4	鳥取県東伯郡羽梨浜町浜谷	集落	1	住居埋土	袋部欠	別地区より鉄鋌	中期後半	鳥取県 1994
39	長瀬高浜遺跡 SI-192	鳥取県東伯郡羽梨浜町長瀬	集落	1	住居土坑肩部	ほぼ完形	別地区より鉄斧	中期前半	鳥取県 1997
40	栗利郷はなえな古墳	岡山県瀬戸内市邑久町	古墳?	1	箱石内?	ほぼ完形	なし	前期?	西川 1975

第2節　鋳造鉄斧の諸特徴と類例について

41	金蔵山古墳	岡山県岡山市沢田	方円、165m	5		袋部欠5	なし	前期末	西谷・鎌木1959
42	甫崎天神5号墳	岡山県岡山市津寺字甫崎	方、9×9m	1	周溝	袋部欠	なし	前期後半	岡山県1994
43	殿山8号墳	岡山県総社市三輪	方、13×12m	2	周溝	刃部端欠・袋部端欠	鉄滓	前期末～中期前半	平井1982
44	河辺上原3号墳	岡山県津山市河辺	円?、径10m	1	木槨内小口	袋部欠・半裁(?)	なし	後期初頭	小郷1994
45	長畝山北6号墳	岡山県津山市国分寺	円、径11m	1	木槨内	完形(鍛造?)	なし	後期初頭	行田・木村1992
46	地蔵堂山1号墳	広島県広島市安佐南区高陽町	方、17×14m	2	墓坑上	完形(二条突帯斧)	なし	中期後半	松村1997
47	西願寺遺跡D地点1号石室	広島県広島市安佐北区口田	?、玫瑰礫群	1	竪坑東小口	完形	なし	前期?	広島県1974
48	木ノ井山古墳北粘土槨	山口県熊毛郡田布施町大字川西	円、径27m	1	木槨内東小口	完形	なし	中期中葉	岩崎1994
49	岡田村所在古墳	香川県丸亀市岡田村	古墳	1		袋部一部欠	なし		岡崎ほか1979
50	岩崎山1号墳東棺	香川県さぬき市津田町	方円、26m	1	石槨内	刃部断面	なし	中期前半	岡口ほか2002
52	弁天山周辺古墳	愛媛県松山市別府町	円	1	墳丘断面	完形4、刃部端欠2	なし	中期末～中期初	朝日新聞愛媛版1985.8.23
53	福音小学校内遺跡65号住居	愛媛県松山市福音寺町	集落	1	壁盾溝内	完形	周辺よ鋳鉄斧	中期中葉	武正2003
54	筋違B遺跡3号住居	愛媛県伊予郡松前町出作	集落	1	住居内	袋部のみ	?	中期末以降	東1998
55	出作遺跡	愛媛県	祭祀遺構	1	SX01	袋部のみ	鉄鋏、鍛造残片	中期中葉	東1998
56	今治市	愛媛県	?	1	?	袋部一部欠	?	?	
57	越智藪谷大塚		古墳?	1		袋部欠	?	前期後半	柳田ほか1968
58	炭焼3号墳		方、6.8×6m	1		刃部断欠	?	後期前半	児島1973
59	山ノ神古墳	福岡県筑紫郡那阿川町	方円、80m	6	局溝	完形4、刃部端欠2	?	中期中葉	岡崎ほか1979、東1998
60	釜墓遺跡	福岡県大野城市成原本町	円?	1	箱室内	完形	なし	後期前半	田中1978
61	大田町遺跡	福岡県古賀市	集落	2	包含層	ほぼ完形1、袋部欠1	鉄滓	中期後半?	石山1935、花田1993
62	釣川川床遺跡	福岡県宗像市	集落?	9	包含層	断片	なし、8号墳より鉄斧	中期～後期	岡崎ほか1979
63	沖ノ島4号遺跡	福岡県宗像市	祭祀遺構	11	岩陰祭祀	断片	なし、8号墳より鉄斧	後期中葉	鏡山ほか1958
64	沖ノ島7号遺跡	福岡県宗像市	祭祀遺構	27	岩陰祭祀	刃部端欠	象嵌環頭	後期中葉	鏡山ほか1958
65	沖ノ島8号遺跡	福岡県宗像市	祭祀遺構	1	岩上祭祀	ほぼ完形3、断片	なし、8号墳より鉄斧	後期後半	岡崎ほか2003
66	金武21号墳	福岡県宗像市	祭祀遺構	2	竪穴祭祀	完形	鉄鋏	中期中葉	岡崎ほか2003
67	クエゾノ5号墳	福岡県福岡市早良区梅林	円、径8m	2	竪穴墓室内	刃部欠、袋部端欠	鉄鉗、鉄鋌	前期～中期	常松ほか1995
68	金武古墳群吉武L群4号墳	福岡県福岡市西区古武	円、径22.5m	2	竪穴墓室のみ	刃部欠、袋部端欠	隣接古墳より羽口	後期初頭	二宮ほか1980
69	金武古墳群吉武S群4号墳	福岡県福岡市西区古武	円、径14m	1	箱室内	完形	なし	後期前半	横山・加藤2003
70	金武古墳群吉武S群6号墳	福岡県福岡市西区古武	円、径16m	1	横室内	完形	なし、8号墳より鉄斧	後期前半	横山・加藤2003
71	金武古墳群吉武S群9号墳	福岡県福岡市西区古武	円、径12m	2	竪室内	完形のみ	なし、8号墳より鉄斧	後期前半	横山・加藤2003
72	金武古墳群吉武S群10号墳	福岡県福岡市西区古武	円、径10m	1	竪室内	刃部端欠、袋部のみ	なし、8号墳より鉄斧	後期中葉	横山・加藤2003
73	金武古墳群吉武S群11号墳	福岡県福岡市西区古武	円、径14m	2	横室内	刃部端欠	なし、8号墳より鉄斧	後期中葉	横山・加藤2003
74	金武古墳群吉武S群15号墳	福岡県福岡市西区古武	円、径14m	1	横室内	袋部端欠	なし、8号墳より鉄斧	後期後半	横山・加藤2003
75	金武古墳群吉武S群27号墳	福岡県福岡市西区古武	円、径10m	2	竪横室内	ほぼ完形3	鉄斧	中期中葉	横山・加藤2003
76	元岡遺跡20次	福岡県福岡市西区	集落	1	溝	完形	?	後期初頭	比佐氏ご教示
77	釘ヶ裏遺跡SO-007	長崎県福津市大字家	小石堂	1	竪穴墓	刃部欠、袋部端部欠	?	後期～後期初頭	津屋崎町1998
78	古里古墳	長崎県平戸市大字上比田勝	古墳	1	箱墓内	袋部端欠	なし	中期中葉～後期初頭	水野ほか1953
79	コフノエ遺跡A-11遺構	長崎県対馬市大字横井志	墳墓	1	石室系古墳墓内	袋部一部欠	なし	後期初頭	藤田・安楽1984
80	コフノエ遺跡A-7・10遺構間	長崎県対馬市大字横井志	遺構周出土	1	遺構周出土	完形	なし	後期初頭	藤田・安楽1984
81	長目塚古墳	熊本県阿蘇市一の宮町東川北	方円、111m	1	前方竪室内	刃部端欠	?	前期末	坂本1962
82	妙見遺跡SA2	宮崎県えびの市大字東川北	集落	1	二次床面直上	完形2	羽口	後期前半	吉本・戸高1994
83	双子塚古墳	鹿児島県曽於郡大崎町	円?	2	?	完形?	なし	?	上村1978・1980
	成川遺跡	鹿児島県指宿市山川町	土坑墓群	1		袋部欠	なし	?	橋本・藤井2007

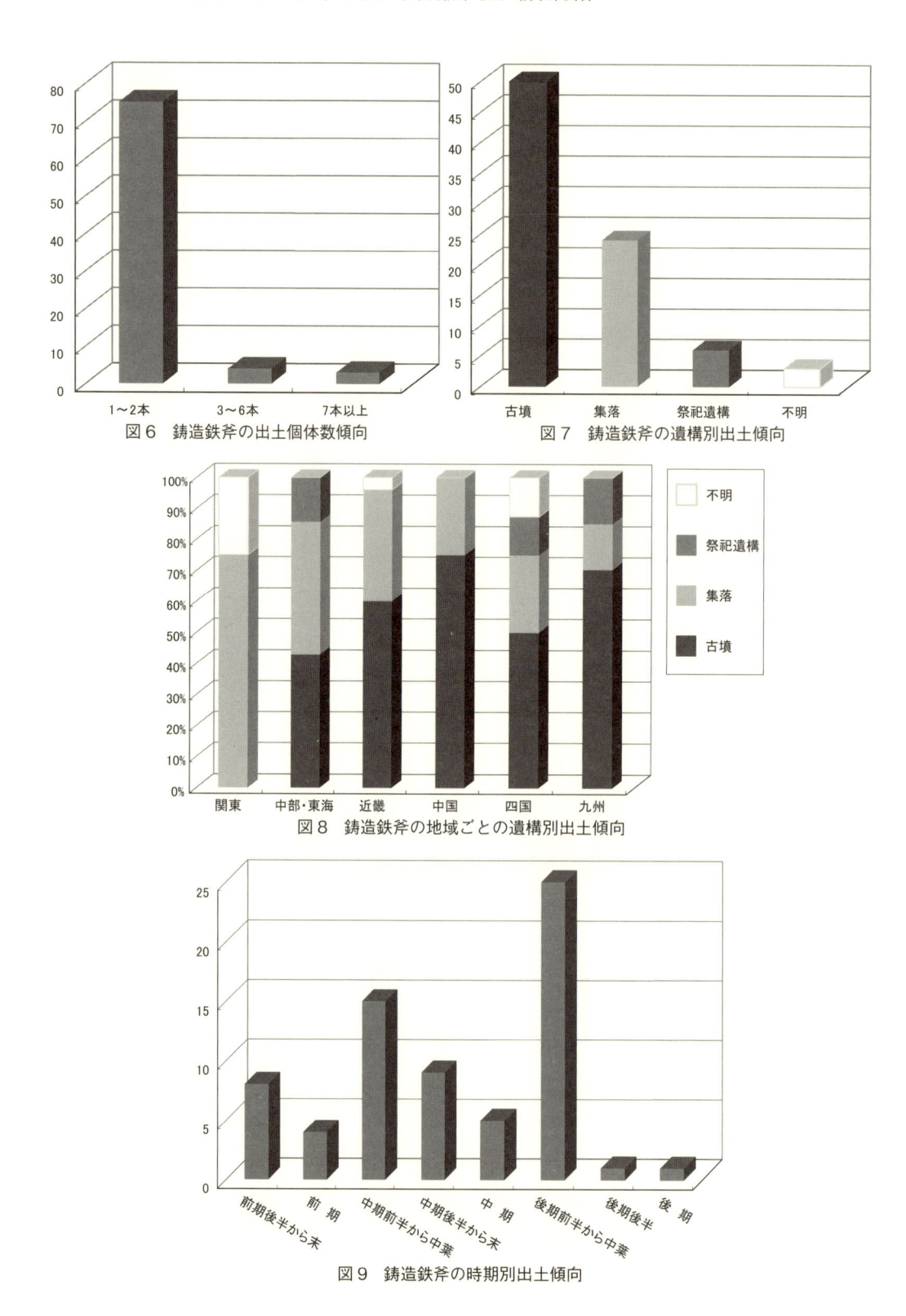

第4章　松戸市行人台遺跡の鋳造鉄斧と多孔式甑―東京湾沿岸地域と渡来系文物―

図6　鋳造鉄斧の出土個体数傾向

図7　鋳造鉄斧の遺構別出土傾向

図8　鋳造鉄斧の地域ごとの遺構別出土傾向

図9　鋳造鉄斧の時期別出土傾向

126

図10　古墳時代中期の鋳造鉄斧遺構別出土傾向　　図11　古墳時代後期の鋳造鉄斧遺構別出土傾向

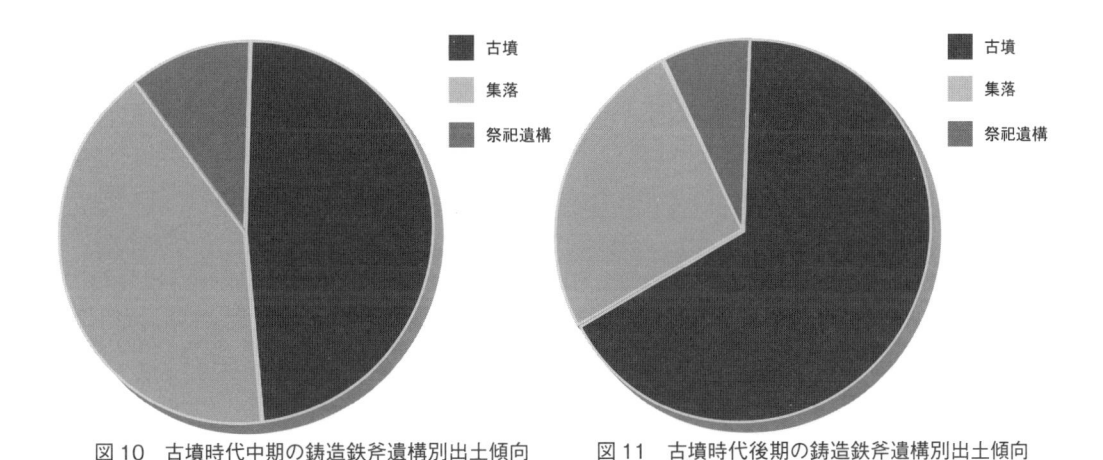

　図9は時期ごとにその出土数を示したものである。中期前半から中葉にかけてと後期前半から中葉にかけての2つのピークが存在する。古墳時代中期の場合、48％が古墳出土のものであり、41％が集落遺跡出土のものである（図10）。古墳時代後期の場合、67％が古墳出土のものであり、26％が集落出土のものである（図11）。中期に比べて後期のほうが古墳出土例の増加がみられ、それに比例して集落遺跡出土例が減っている。
　いずれにせよ、日本列島において出土する鋳造鉄斧は、古墳出土や祭祀遺跡出土のものでほぼ完形を呈するものもあるが、多くは破砕し破片となって出土する場合が多い。また、刃部の両端が丸くなっており、使用による磨り減りを思わせるようでもある。しかしながら全国での類例が82遺跡と、当時一般的な農工具であったとも思われない。上述したように、列島各地で比較的集中して発見されている奈良県葛城市周辺、大阪府河内地域南部、兵庫県播磨地域南部、福岡県福岡平野周辺、沖ノ島、愛媛県松山平野周辺など、渡来系の人びとが多く住んでいた場所と符合する。さらに、古墳時代の鍛冶遺構などの製鉄遺跡が集中して見られる地域とも重なってくる場合が多い（村上2004など）。この点に、鋳造鉄斧を読み解く鍵があると言えるだろう。

第3節　多孔式甑の諸特徴と類例について

　行人台遺跡6号住居で出土した多孔式甑は、炉の周辺と北西隅のものが接合しているが、やや縦長の甕形を呈し、接合はしないが棒状の把手がつくと思われる。口縁部は土師器甕と同様なつくりである。底部は径5cmほどの平底であるが、全体のプロポーションからみるとむしろ砲弾形といったほうがよいかもしれない。底部周辺には中央に1個、その周りに5個、さらにその周りに千鳥状に5個の計11孔を穿つ。いわゆる多孔式（多重）の甑である。調整はケズ

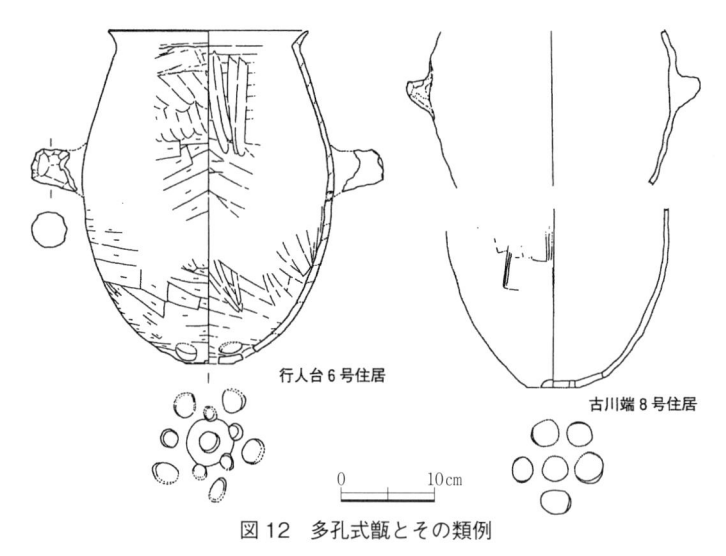

第4章　松戸市行人台遺跡の鋳造鉄斧と多孔式甑―東京湾沿岸地域と渡来系文物―

図12　多孔式甑とその類例

リおよびナデであり、土師器である。

　甑については類例に乏しく、系譜などを語るほど資料に恵まれていない。列島各地での甑の類例を探索したが、行人台遺跡の事例と同様の甑を確認することができなかった。ただし強いて類例を求めるならば、埼玉県本庄市古川端遺跡8号住居出土例（小久保ほか1978）があげられる（図12）。出土土器からは、行人台遺跡8号住居とほぼ同時期と思われるので、6号住居ともそれほどの時期差はない。古川端遺跡例は多孔式の砲弾形の甑であり、中心に1個の孔とその周りに5個の孔をめぐらしたものである。残念ながら口縁部は未詳だが、把手付の胴部があり、行人台遺跡例と同様な棒状である。胴部はナデおよび粗いハケを施しており、土師器の甑である点も共通する。以上の点は行人台遺跡例と極めて共通した特徴を有している。

　関東地域では火処に竈が導入された当初から、甑は独自の形態をもっていたことが知られており、その多くが把手をもたず底は筒抜けである（杉井1993・1999）。そのことからすれば、両遺跡の甑は特異な存在であり、偶然の一致とも思えない。今後の類例の増加を待ちたい。

　ちなみに、朝鮮半島における甑の地域性を論じた酒井清治によれば、砲弾形で多孔式の甑は伽耶東部地域（金海あるいは昌寧地域）で見られる（酒井1998）。行人台や古川端との直接の関係を論じるには相違点が多いものの、日本列島内における地域性の淵源を探る上でも注目すべきであろう。いずれにせよ、日本列島における古墳時代中期ころの甑は、そもそも朝鮮半島から導入されたものであり、極めて渡来系の色彩が濃いものといえるだろう。

第4節　行人台遺跡にもたらされた渡来系文物の流入背景

　ここまで、行人台遺跡6号住居で出土した鋳造鉄斧と甑を手がかりに、その位置づけをおこなってきた。その結果、両者ともに渡来系の色彩が強いものであると考えられた。ここでは、行人台遺跡が所在する千葉県松戸市に渡来系文物がもたらされた背景を探っていきたい。

第4節　行人台遺跡にもたらされた渡来系文物の流入背景

　筆者は以前、東北北部・北海道地域における古墳時代文化の受容を日本海側、あるいは太平洋側の海上ルートによると考えたことがある（日高2001および第Ⅱ部第3章参照）。また、関東地域においても、太平洋沿岸には内陸部とは異なる特徴的な資料が確認できることから、海上交通や水上交通を担っていた人びととそれを統括する首長が存在していたと考えた（日高2002）。

　鋳造鉄斧が出土した送り神遺跡や草刈遺跡の周辺では、草刈1号墳で鉄鋌が出土している。また、旧国では下総となるが、隣接する千葉市大森第2遺跡では住居から百済土器が出土している（酒井2002）。同じく鋳造鉄斧が出土した後張遺跡のほど近くでは、上述の本庄市古川端遺跡出土の多孔式甑が確認される。行人台遺跡では鋳造鉄斧と多孔式甑がセットで出土した。つまり、それぞれの地域において一見単独で孤立しているかのように見える鋳造鉄斧が、半島系の土器とともにもたらされていると思われるのである。

　鋳造鉄斧は朝鮮半島において一般的に出土する鉄製品である。今日までの発掘調査の進展により、古墳の副葬品だけでなく、集落や製鉄遺跡からも出土しており、地域も新羅だけでなく百済地域でも類例が数多く報告されている。ここで、行人台遺跡出土の鋳造鉄斧がどこで生産されたものであるかを明言することはできないが、朝鮮半島産とすることに異議はなかろう[4]。

　行人台遺跡は下総丘陵に位置し、西には現在の江戸川・中川が流れ、中川低地および東京東部低地から段丘を上がった場所である（図13）。低地に流れる何本もの川は、東京湾に流れ込んでおり、今日まで重要な流通の根幹をなしていた（松戸市立博物館2003）。また、東京東部低地には、百済土器や韓式系土器を出土した足立区伊興遺跡が所在し、近接する足立区舎人遺跡では古墳時代と考えられる鉄鋌が出土している（足立区立博物館2000）。東京湾周辺地域とは、低地部および段丘を上がった場所を

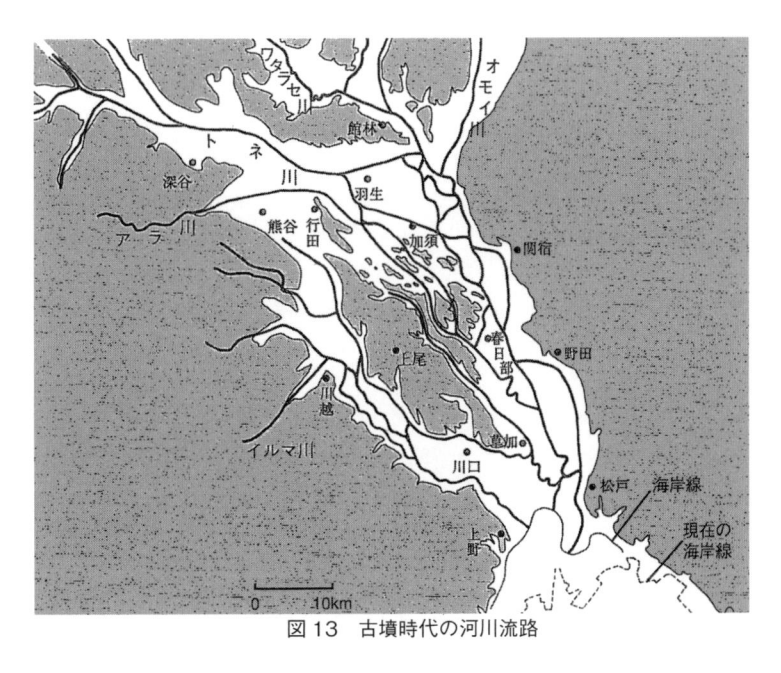

図13　古墳時代の河川流路

も含め物流の基点となる場所であったと考えられる。行人台遺跡の位置も、まさにその物流の基点となる地域に含まれると思われるのである。それは、松尾昌彦が明らかにした産地の異なるさまざまな古墳使用石材の分布からも首肯される（松尾 2002・2004 など）。

太平洋沿岸地域の海上交通によってもたらされた渡来系文物や甑に見られる新来の情報が、東京湾沿岸地域から河川交通によって内陸部へと運ばれたと考えられないだろうか。つまり、関東地域における鋳造鉄斧の流入ルートは東京湾に入り、さらに河川で北上していったと思われるのである。そのルート上には、陶質土器や初期須恵器などももたらされた。そして、そのような水上交通を統括する首長が存在したのであろう。もちろん陸上交通を否定するものではないが、古墳時代における海上交通あるいは水上交通の役割は極めて大きかったといえるだろう。

おわりに

本章は、松戸市行人台遺跡出土の2点の資料をもとに、渡来系文物が東京湾沿岸地域にもたらされたことをあとづけたものである。少なくとも、その位置づけをすることはできたと思う。ただ、当初の目論見とはうらはらに、甚だ拙いものとなってしまったことをお詫びしたい。

註
1) 3号住居は出土遺物が極めて少ない。断片的な資料から想定される時期は、最も遡る可能性があるものの、住居群の分布からすると東側に位置することから、新しい一群となるかもしれない。
2) 「鋳造鉄斧」については、鋳造品でありかつ脆いことなどから実用品ではなく、鉄素材（伊藤1973）あるいは実物貨幣（村上1981）であるとの見解もある。また、用途については農具である可能性が指摘されている（東1979）。そうなると伐採具としての斧という名称は不適切ということになるが、ひとまず一般的になっている「鋳造鉄斧」という名称を使用したい。これまでの諸研究については東潮によって詳細にまとめられている（東1998）。
3) 一覧表の作成にあたっては、東潮の研究（東1998）、田中新史の研究（田中1995）、長岡拓也・坂靖の研究（長岡・坂1991）などのほか、管見に触れたものを合わせて作成した。一部に確認ができなかったものも含まれるので、若干の変動はあろうかと思う。また、形態的には有肩鉄斧であるが鋳造として報告されているものがある。例えば、静岡県磐田市安久路2号墳（1点）、大阪府堺市カトンボ山古墳（1点）、福岡県糟屋郡須恵町乙植木2号墳（1点）、同北九州市白萩2号横穴（1点）などである。有肩鉄斧の多くは鍛造品であり、筆者はこれらも鍛造の可能性があると思っているので、ひとまず一覧表からは除外した。
4) 大阪府東大阪市西ノ辻遺跡出土の鋳造鉄斧を検討した中西克宏によれば、Ⅳ形態（小型品）は「朝鮮半島から渡来した工人によって列島内において製作された可能性も考えることができる」としている（中西1994：16頁）。その場所は後の河内・大和周辺地域が有力とされている。

第5章　行人台遺跡出土の金海系土器について

はじめに

　行人台遺跡は、千葉県松戸市久保平賀に所在する縄文時代から近世までの複合遺跡である。筆者はその報告書作成に携わり古墳時代の遺構・遺物を担当した。6号住居跡出土の鉄製品を観察していたところ、関東地方では極めて稀な鋳造鉄斧であることを確認し、同住居跡出土の甑についても特異なものであることが判明した（峰村ほか2005）。そこで、前章ではこの2つの特徴的な資料をもとに、日本列島における古墳時代の鋳造鉄斧の集成と関東地方における甑の類例について考察をおこなった。行人台遺跡の所在する松戸市域は水上交通を中心とした物流の基点となる場所であり、それゆえ鋳造鉄斧や多孔式甑という渡来系の資料がもたらされたと考えた。

　整理作業で土器類を分類していたとき、多くの土師器に混じって硬質なものと軟質なもので独特な破片があることに気がついた。しかし、ひとつは住居跡出土であるが細片であったこと、その他の資料は遺構検出中の表土出土の破片資料であり、必ずしも遺構に伴っているわけではないことなどから、ひとまず保留とし報告書には掲載しなかった。しかし、報告書刊行後に類例を調べていくなかから、これらの土器の特徴は朝鮮半島系の可能性が高く、極めて重要な資料であると思われた。本来ならば報告書に掲載しなければならないものであったが、報告書作成時の筆者の認識不足により抜け落ちた結果となってしまった。本稿で、行人台遺跡の報告書の補遺として遺構検出時出土の土器について資料報告をおこない、その責を果たしたい。

第1節　出土土器類について

　図示した資料は4点である（図1）。いずれも口縁部が受け口状になる坏もしくは高坏と考えられ、細部の表現が異なるのでいずれも別個体と思われるが、図1-2と3は同一個体の可能性

第5章　行人台遺跡出土の金海系土器について

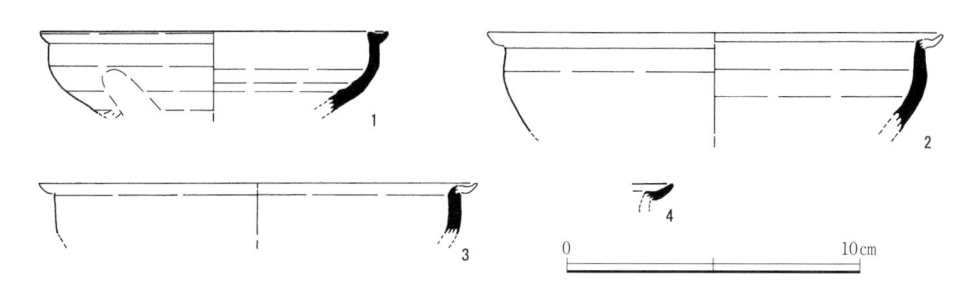

図1　行人台遺跡出土坏実測図

もある。図1-4は9号住居跡の床面直上から出土した口縁部の破片である。図1-1は表面が瓦質のような焼成であるが還元炎焼成のものであり、土師器とは異なる。図1-2・3・4は硬質な還元炎焼成のものであり、陶質土器もしくは須恵器と思われる。

図1-1は、遺構検出時のF-20区出土のものである。口径12.0cm、体部径10.4cm、残存高2.7cmである。胎土はやや粗であり、石英や長石などを含むが、特に長石が目立つ。残存部で約1/5の破片である。色調は内外面が淡灰色を呈し、断面は淡橙灰色であるが、詳細に見ると断面は真ん中が淡灰色、その内側と外側が淡橙灰色、さらに内側と外側の表面が淡灰色というサンドイッチ状をなしている。焼成はあまい。外面が下半をケズリ後ナデ調整、口唇部周辺が回転ナデ調整である。内面は回転ナデ調整である。焼成があまいことから、全体的に表面が荒れている。

図1-2は、遺構検出時のH-22区出土のものである。推定口径15.4cm、体部径14.4cm、残存高3.0cmである。胎土はやや粗であり、石英や長石などを含む。残存部で約1/8の破片である。色調は外面が自然釉のために黒褐色を呈し光沢がある。内面は暗灰色である。焼成は極めて良好である。調整は内外面ともに回転ナデ調整である。口唇部の形状は、9号住居跡床面直上出土の破片（図1-4）をもとに復元した。体部の外面中位より上は灰が被った状態で色調も灰色を呈しているが、下半は光沢のある黒褐色である。

図1-3は、遺構検出時のE-23出土のものである。推定口径15.0cm、体部径14.0cm、残存高1.1cmである。胎土その他の特徴は図1-2と同じである。残存部で約1/10の破片である。図1-2と同様の破片であり、同一個体の可能性もあるが、口縁直下に明瞭な稜線があることから別個体となるかもしれない。口縁部は9号住居跡床面直上出土の破片をもとに復元した。

図1-4は9号住居跡床面直上出土のものである。他の資料と同様の坏もしくは高坏の口縁部の破片である。1×1cmほどの小破片なので、口径などを推定するには困難であるが、厚さなどから図1-2・3などと同様な大きさのものと考えて大過ない。胎土その他の特徴は図

第1節 出土土器類について

1-2・3と同じである。内面に灰が被っている。他の資料と同様に口縁部が受け口状になるものである。

　これらの土器類が出土した場所について確認しておきたい（図2）。図1-1が出土したF-20区は、鋳造鉄斧や多孔式甑が出土した6号住居跡の南東隅部が検出された場所にあたる。遺構検出途中の表土掘削時に出土したものであり、6号住居跡の覆土から出土したわけではないが、その出土位置からは相互の関連性を指摘することはできるだろう。図1-2が出土したH-22区と図1-3が出土したE-23区は、いずれも古墳時代の遺構は検出されていない表土中から出土している。関連づけられる遺構の候補は未詳であるが、3・5・6号住居跡に近接する位置であ

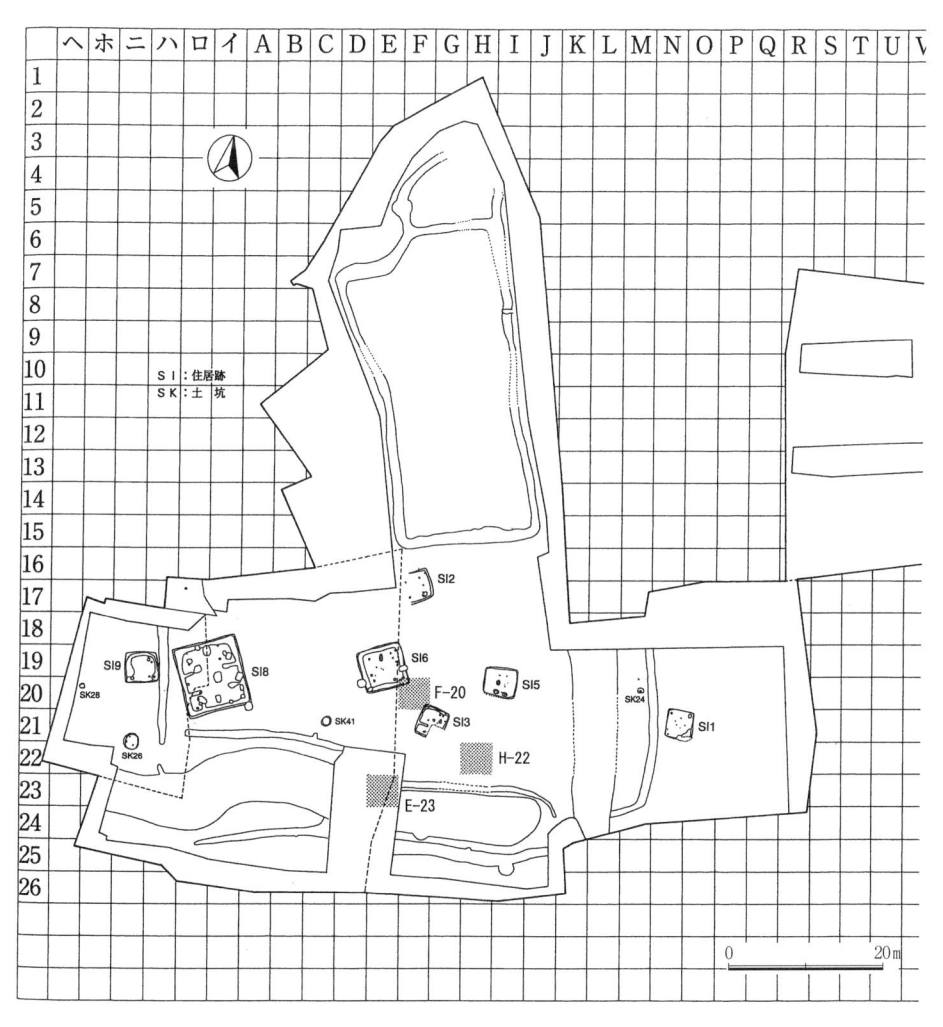

図2　行人台遺跡の古墳時代遺構と坏出土位置

第5章　行人台遺跡出土の金海系土器について

ることは注目しておいてよい。図1-4は9号住居跡床面直上出土のものである。しかし、このほかに同様な破片は出土しておらず、あまりにも細片なので9号住居跡使用時に伴うものとはいえない。このほか、6号住居跡の覆土発掘中に出土したと思われる須恵器片があるが、小片であり器種は不明である。

　確認された古墳時代の住居跡は7軒であり、住居跡より出土した土器類から、(3号住居跡)→6号住居跡→9号住居跡・8号住居跡→1号住居跡→2号住居跡・5号住居跡という変遷が考えられた。3号住居跡は残存していた遺物が極めて少なく、東側に位置することから、他の住居跡の位置関係で考えると新しい一群となる可能性もある。これらの住居跡は、出土した土師器を考慮すると、5世紀中葉から5世紀後半の50年ほどの存続期間と考えられた。もちろん、西側に集落が広がっていた可能性もあるので、集落全体の存続期間はもう少し長くなる可能性もある。しかしながら、5世紀中葉ころと考えられる6号住居跡から鋳造鉄斧や多孔式甑が出土し、さらに本章で示した資料（図1-1）はその6号住居跡との関連性が指摘できることから、おおむね5世紀中葉ころのものとすることができよう。図1-2・3は関連する遺構は指摘できないものの、図1-1と同様の特徴を有する資料であることから、時期的な隔たりを考慮する必要はなかろう。図1-4は9号住居跡出土であるが、9号住居跡に伴うものとは言えないことは前述の通りである。年代を限定する根拠に欠けるが、その形態的特徴から、他の資料と時期的な隔たりを考慮する必要はなかろう。

第2節　日本列島における類例と系譜について

　本章で示した土器類は坏もしくは高坏の破片と思われるが、残念ながら中心部は欠失しているのでいずれとも決しがたい。いずれにせよ、日本列島における類例は極めて少ない。同様の資料は大阪府堺市四ツ池遺跡100地区第Ⅳ層出土資料（図3-1）、同SD-04上層出土資料（図3-2・3）があげられる（樋口ほか1991）。丸底あるいは平底の坏であるが、SD-04上層では最古型式の須恵器が伴っており、四足土器も出土している。極めて濃密に渡来系の資料が流入した遺跡といえる。この種の食器を検討した坂野和信によれば、Cタイプ平底のものは極めて類例の少ない資料であり、河内における朝鮮半島南部の伽耶地域や馬韓地域にみる平底鉢とは形態的に異なるものである。この種の坏（高坏）は、伽耶のなかでも洛東江下流の金海地域とのつながりを示す資料と言われている（坂野2005)[1]。坂野の論文で第3図として示されたなかには（坂野前掲：p.36）、大阪府堺市大庭寺遺跡TG231号窯出土の高坏（図3-4：岡戸1996）、奈良県御所市南郷大東遺跡6トレンチ出土の高坏（図3-5：青柳2003b）などに類例が

134

第 2 節　日本列島における類例と系譜について

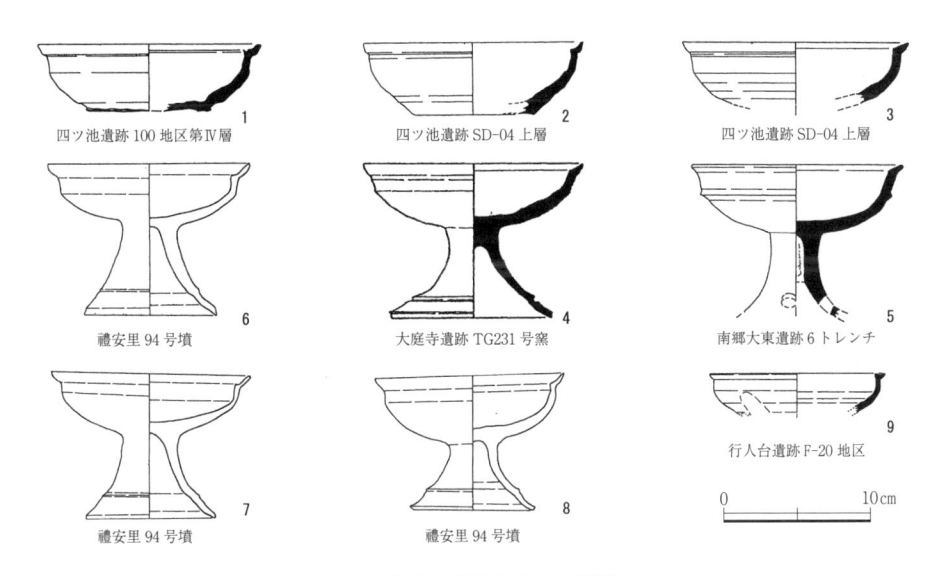

図 3　行人台遺跡出土坏の類例

1. 四ツ池遺跡 100 地区第Ⅳ層
2. 四ツ池遺跡 SD-04 上層
3. 四ツ池遺跡 SD-04 上層
4. 大庭寺遺跡 TG231 号窯
5. 南郷大東遺跡 6 トレンチ
6. 禮安里 94 号墳
7. 禮安里 94 号墳
8. 禮安里 94 号墳
9. 行人台遺跡 F-20 地区

あるが、いずれも行人台遺跡例よりも口縁部がやや丸みをもっており、口唇部の窪みも顕著でない形状である。

　この種の坏（高坏）は、朝鮮半島南部の洛東江下流域の共通土器様式を検討した申敬澈の高坏の編年にみるように、瓦質土器の時期から共通して見られるものであり、5 世紀に至り短脚のものが無くなり、長脚高坏のみで構成されるようになる（申 2001)[2]。5 世紀前半の洛東江下流域に所在する良洞里 90・107 号墳、大成洞 1 号墳などで出土している高坏の形状が、TG231 号窯や南郷大東遺跡の高坏（陶質土器か？）へと影響を及ぼしたのであろう。比較資料として、金海禮安里 94 号墳出土の高坏（図 3-6〜8：安ほか 1993）を示しておく。行人台遺跡出土資料（図 3-9）が四ツ池遺跡例や金海禮安里 94 号墳例と近似することがわかるだろう。

　坂野が詳細に検討したように、関東地方や東北地方の古墳時代中期の食器のなかに、行人台遺跡で出土した坂野のＣタイプのものは土師器以外では確認されていない。栃木県南部や、茨城県の久慈川下流域、また現在の霞ヶ浦西側、さらにはいわき市周辺において土師器の中で確認される。行人台遺跡出土のものは、陶質土器もしくは須恵器と考えられる資料であるから、土師器に変質しているものと比較すると、より直接的に朝鮮半島との繋がりを想定することができるかもしれない。

第3節　行人台遺跡における渡来系資料の評価と渡来人

　ここまで、土器4点の位置づけをおこなってきたが、その淵源が朝鮮半島の洛東江下流域すなわち金海地域に求められる可能性が指摘できた。そこで注目されるのが、行人台遺跡出土の多孔式甑と鋳造鉄斧である（図4）。朝鮮半島と日本列島の甑の特徴から地域性を明らかにした酒井清治の研究（酒井1998）によれば、口縁部が「く」の字状を呈し、丸底で多孔式のものは新羅の影響を受けた伽耶土器と考えることができる。日本列島においては、酒井の9類がこれにあたり、タタキを用いたり把手にキザミがあったりと、行人台遺跡のものとは差異も存在するが、大きく見たときに行人台遺跡出土の甑は洛東江下流域（伽耶東部）との関連性を指摘できると思われる。さらに限定するならば金海地域ということもできるだろう。

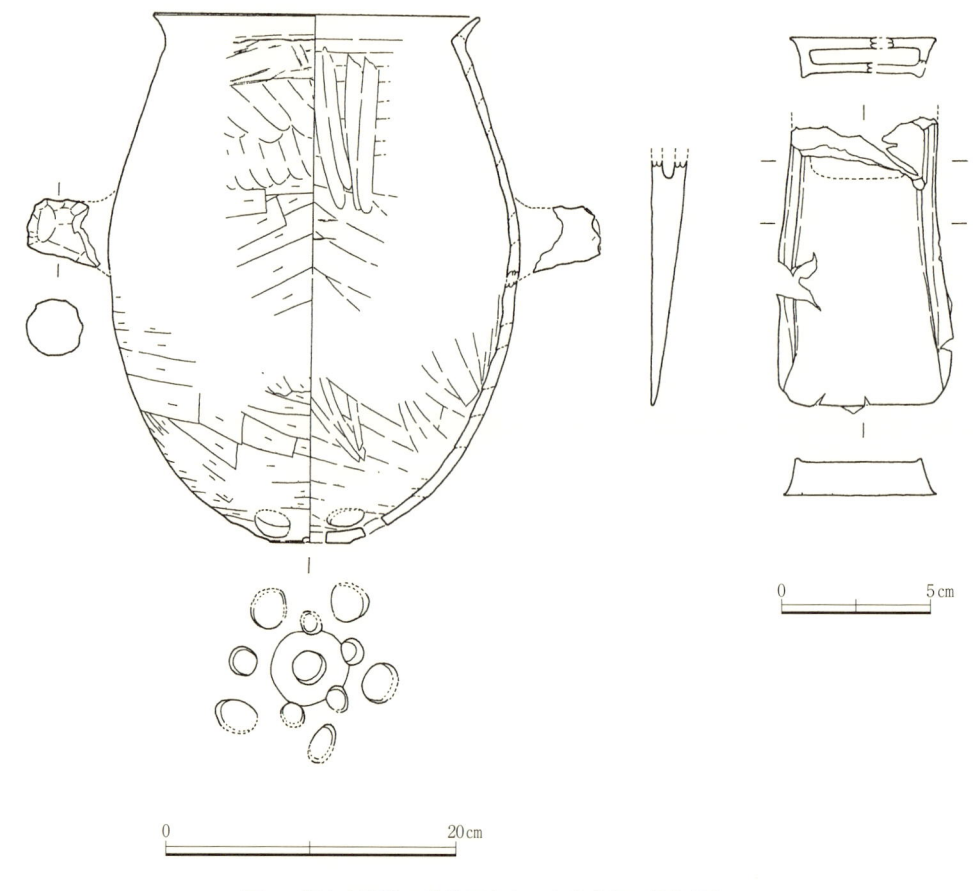

図4　行人台遺跡6号住居出土の多孔式甑と鋳造鉄斧

鋳造鉄斧は朝鮮半島においてさまざまな地域で出土するものである。地域性を論ずるには形態的特徴に乏しいこともあり、なお検討を要する。しかし、上述のような土器類に見る金海地域との関連性を重視するならば、行人台遺跡出土の鋳造鉄斧は同じく金海地域に淵源が求められるとしても、あながち否定できないと思われる。

　しかし、これらの資料がすべて直接的に金海地域よりもたらされたとまでは言えない。なにより、甑は製作技法や焼成方法が土師器であり、同時に出土したそのほかの土師器類と違いはないことから、行人台遺跡の周辺で製作された可能性が極めて高い。また、行人台遺跡における今回とりあげた資料以外のものは下総の他の地域と比較してもほとんど違いはない。さらに、住居跡の火処は炉であり竈導入以前の一般的な集落の様相とも何ら違いはない。ここでは、行人台遺跡出土の渡来系資料の淵源を金海地域に求めることができると指摘するまでに留めるべきだろう。

　それでは、行人台遺跡における渡来系資料とは、渡来人によってもたらされた物なのか、それとも別の理解ができるのか、如何にとらえるべきなのだろうか。日本列島における渡来人の存在に対して、亀田修一はさまざまな類型を提示している（亀田1993）。仮に行人台遺跡出土の渡来系資料が渡来人によってもたらされたと考えるならば、行人台遺跡での生活は亀田のいう「C．大部分日本型生活」を送っていたと考えることができよう。つまり、住居としては当時の日本列島の人びとと何ら変わることのない生活をおこなっているが、金海系の土器を使用して[3]、舶載品の鋳造鉄斧を使用し、甑は金海地域と共通する土器を製作・使用していた、ということになる。亀田は、「C．大部分日本型生活」が、「渡来後かなり年月が過ぎた1世や2世、そして3世以降の渡来人の子孫たちの生活（亀田1993：p.753）」であったと指摘している。行人台遺跡において、複数の渡来系の要素が組み合わさる事実は、渡来人の存在を積極的に認めてよいのではないかと考える。渡来後、2世や3世の世代の人が松戸の地に存在していたといえるのではないか。

おわりに

　ここまで、行人台遺跡出土の土器資料4点をめぐって論述してきた。推測を連ねた部分も多く、なお多くの検討課題が残ってしまった。特に、これら4点の土器が陶質土器なのか、それとも須恵器であるのかについては、保留せざるを得なかった。今後、胎土分析などにより詳細が判明することを期待したい。今回の報告を通じて、例え小破片であったとしても、その地域を語る上で欠くべからざる資料となることを痛感した。他の遺跡でも、同様の資料があるの

第5章　行人台遺跡出土の金海系土器について

ではないかと思われるが、本資料紹介がそのような断片資料の掘り起こしに繋がることがあれば、ひとまず本章も意味なしとはいえないだろう。

註
1)　四ツ池遺跡の報告書においても、この種の坏が金海地域のものと類似していることが指摘されている。
2)　武末純一も伽耶と九州との土器の比較の中で同様の視点を示されている（武末1997）。
3)　今回資料紹介した坏（高坏）が仮に6号住居跡で生活していた人びとと関連するととらえた場合、さらにこれらが金海でつくられたものであった場合である。

第6章　横坐り乗馬考

はじめに

　筆者は以前、杉山晋作・井上裕一とともに千葉県山武郡横芝光町姫塚古墳出土の特徴的な馬形埴輪を読み解くために、古墳時代の横坐り乗馬について論じたことがある（杉山・井上・日高1997）。そこで筆者は、主に東アジア歴史世界における乗馬姿を論じた。ユーラシアに目を広げると、中央アジアの地において、横坐りの図像を確認することができた。それは、ウズベキスタン共和国サマルカンドの都市遺跡である7世紀後半のアフラシヤブ丘で発見された壁画である（アリバウム1980）。その後日本列島において、横坐り乗馬を示すと考えられる馬形埴輪の類例も増えてきており、可能性のあるものも含めて17例となった。分布も関東地域のみならず、近畿地域においても確認されている。そこで、本章では改めて日本列島における横坐り乗馬の事例について概観したのち、中央アジアの事例や、中国で新たに確認した事例について紹介し、若干の考察をおこなってみたい。

第1節　馬形埴輪にみる横坐り乗馬

　日本列島に乗馬の風習が導入されたのは、おおむね4世紀末ころのことであったようである。そのあと、急速に乗馬は広まっていったようであり、5世紀中葉ころには東北南部地域にまで及んでいたことが知られている。それは、古墳に副葬された馬具の様相から判明することである。馬形埴輪についても、5世紀中葉ころには九州地域から東北南部地域にまで樹立されるようになる。ただし、今回とりあげる横坐り乗馬を示すような馬形埴輪が確認されるようになるのは、現在までに知られている資料では5世紀後半であり、ほとんどが6世紀代のものである。横坐り乗馬を示す馬形埴輪とは、障泥部分に鐙とは異なる板状の突出をもった馬形埴輪であり、その板を私どもは短冊形水平板と呼んだ（杉山・井上・日高前掲）。表1は同板を装着

第6章 横坐り乗馬考

表1 短冊形水平板装着馬形埴輪一覧

	遺跡名	短冊形水平板の位置	鐙の有無	墳形・規模	年代	文献
1	群馬県藤岡市猿田Ⅱ遺跡 C北2トレF層群	右	?	埴輪窯灰原	6世紀前半	杉山ほか2004
2	群馬県太田市世良田諏訪下23号墳	右	無	円・15.5	6世紀前半	三浦ほか1998
3	群馬県伊勢崎市雷電神社跡古墳	右	有	方円・60	6世紀後半	松村1969, 群馬県立歴史博物館1979・2009
4	群馬県伊勢崎市田向2号墳	右	有	円・24.8	6世紀後半	松村1981, 群馬県立歴史博物館2009
5	埼玉県美里町久保2号墳	右	無	円・23	6世紀後半	中沢・長滝2003
6	埼玉県美里町広木大町28号墳	右	無	円・12	6世紀前半	小渕ほか1980
7	埼玉県行田市酒巻6号墳	右	無	円・15	6世紀後半	杉山・井上・日高1997
8	栃木県下野市甲塚古墳	右	有	方円・80	6世紀後半	下野市HP
9	茨城県茨城町小幡北山2号窯	右	無	埴輪窯	6世紀後半	大塚ほか1989
10	茨城県小美玉市玉里舟塚古墳	右	無	方円・88	6世紀前半	忽那2010
11	千葉県横芝光町姫塚古墳	右	有	方円・58	6世紀後半	杉山・井上・日高1997
12	山内清男資料動物埴輪39（群馬西部？）	右？	無	?	5世紀後葉	井上2004
13	三重県明和町神前山1号墳	右	有	方円・38	5世紀後半	下村1973
14	京都府木津川市音乗谷古墳	右	無	方円・22	6世紀前半	高橋ほか2005
15	奈良県天理市岩室池古墳	?	無？	方円・45？	6世紀前半	天理市教育委員会1985
16	奈良県橿原市四条1号墳	右	有	方（造出し）・38	6世紀前半	2002年6月8日奈良県立橿原考古学研究所付属博物館企画展にて実見
17	和歌山県和歌山市大日山35号墳	?	?	方円・83	6世紀前半	和歌山県立紀伊風土記の丘2013

する馬形埴輪をまとめたものであるが、同板が取りつくのは、判明しているものではすべて右側であり、その下に鐙がつくものとそうでないものとがある。12例が関東地域の事例であり、5例が近畿地域の事例である。これらの資料の中には、同板を表現している可能性があるとい

第1節　馬形埴輪にみる横坐り乗馬

う資料も含まれるが、広く日本列島に存在した乗馬用の馬具ということは間違いなかろう。
　短冊形水平板を装着する馬形埴輪は、それぞれに表現が異なっている（図1）。大きな相違点は、同板を装着している胴側に輪鐙もしくは壺鐙を表現しているかどうかである。破片となっているものは未詳だが、鐙のある例として、群馬県伊勢崎市雷電神社跡古墳、同田向2号墳、栃木県下野市甲塚古墳、千葉県姫塚古墳、三重県多気郡明和町神前山1号墳、奈良県橿原市四条1号墳などがあげられる。鐙を表現していない同板について長滝歳康は、鈴木健夫の見解を紹介しつつ、大きさや形状から「足掛け」の可能性も指摘している（長滝2003）。ただし、鐙

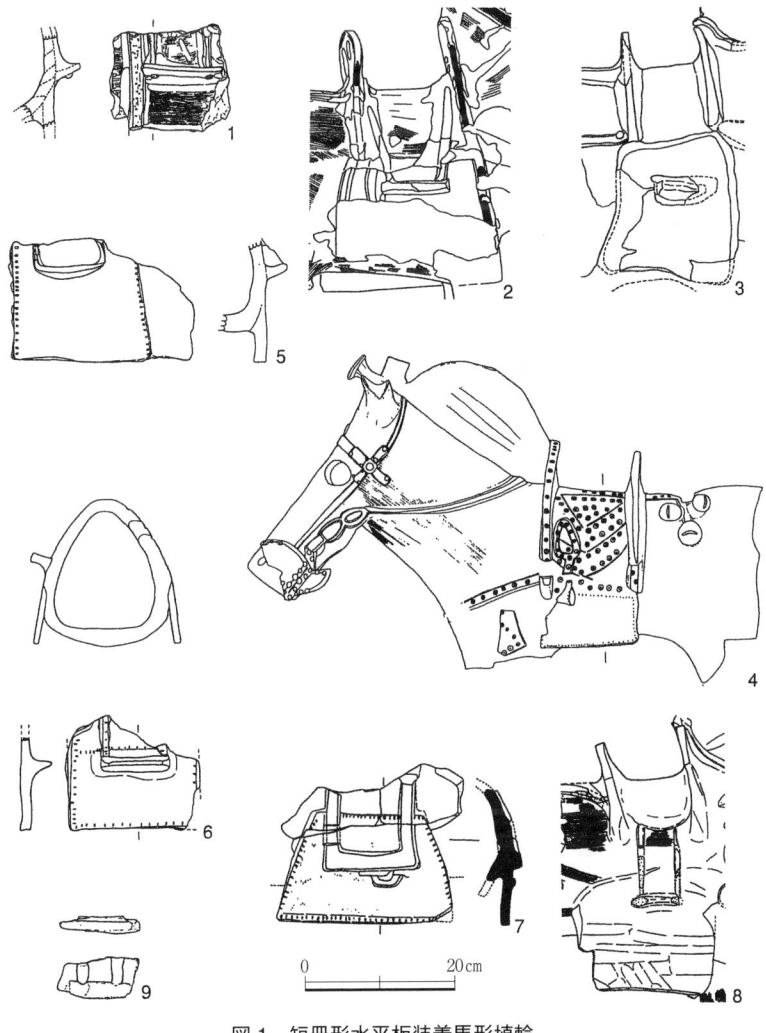

図1　短冊形水平板装着馬形埴輪
1. 猿田Ⅱ遺跡　2. 諏訪下23号墳　3. 久保2号墳　4. 広木大町28号墳　5. 小幡北山2号窯
6. 山内資料動物39　7. 神前山1号墳　8. 音乗谷古墳　9. 岩室池古墳

第6章　横坐り乗馬考

を表現していない同板の特徴をみると、埼玉県行田市酒巻6号墳や同児玉郡美里町久保2号墳、同広木大町28号墳など居木から垂下させる構造を表現していないものもあり、省略化が進んだものととらえることもできよう。もちろん右側の鐙表現が有る無しにかかわらず、左側には鐙は表現されるものがほとんどである。一方、右側にも鐙表現があるものをみると、垂下させる構造はもとより、細部までしっかりと表現している例が多い。飾馬や鞍馬、裸馬などと異なる馬装として短冊形水平板を装着した馬形埴輪をつくり、同板で横坐り用の馬であることを表現したため、右側の鐙を省略したのではなかろうか。

つまり鐙を表現していないものも、実際には両側に鐙を垂下させており、短冊形水平板を装着した馬形埴輪を表現していればそれでよいという発想から、鐙を省略したと考えたい。このことは、同板が通常の馬装に付け足されて装着されるものであることを示しており、横坐りした時の足乗せと考えたほうがいい。付言すると、馬形埴輪が複数出土している場合、異なる馬装であることはしばしば認められる。京都府木津川市音乗谷古墳の場合、同板を装着した馬のほかに、面繋・鞍・紐だけの尻繋という馬、片手綱の馬、杏葉などを完備した飾馬、詳細未詳の馬が出土しており、それぞれに異なる馬装であったことが知られる[1]。

第2節　右乗り・左乗りと横坐り乗馬

短冊形水平板装着の馬は、基本的に右側にも鐙が装着されていたと考えてよければ、その鐙とはいかなる用途があったのだろうか。鐙とは基本的に馬に乗り込む時の足掛けであり、馬に跨る場合は両足を鐙に入れて固定し馬を走らせることになる[2]。横坐り乗馬の埴輪を最も写実的に表現したと考えられる千葉県姫塚古墳では、居木から4本の革帯で同板に繋いでいることがわかる。詳細に観察すると、4本中の内側の2本が同板の胴側寄りに繋がれており、前後の2本が同板の外よりに穿たれた小孔へと繋がれていることがわかる。内側の2本が同板の位置を保つための構造であり、前後の2本は同板が下方へ倒れるのを防ぐ構造であったと思われる。前後の2本を上方へ引っ張れば（もしくは緩めば）、同板は馬の胴側にたたむことができたと推定されるのである。同板が馬の右胴側に装着されているのであるから、横坐りした時に馬の右側に人の正面が向くことになる。つまり、鐙を使って乗り込むとき、まず邪魔にならないようにたたまれて、馬の右側で鐙に足を掛けて上がり、鞍に尻を乗せたあと鐙から足を外して短冊形水平板に両足を乗せるという動作となろう。そこで想起されるのが、佐原眞が木下順二の論を引用しつつ、日本列島では右乗りであったことを指摘していることである（佐原1993、木下1991）。

古代中国では左乗りであったようであり、著名な湖南省長沙金盆嶺第21号墓（永寧2年：302年）で出土した騎馬俑には左側にのみ輪鐙が表現されており、かつ鐙に足を入れていないので、乗り込む時に使用したのであろう（樋口1972、湖南省1959）。朝鮮半島では右乗りか左乗りかを推定する事例を知らない。日本列島において、短冊形水平板装着の馬形埴輪だけをもって、古墳時代の乗馬がすべて右乗りであったと断じることはできないが、少なくとも横坐り乗馬の場合は、右乗りであったとして大過ないと思われる。さらに推測するならば、もともと右乗りであったがために、短冊形水平板は右側に装着されたとはいえまいか。

第3節　中央アジア・中国での横坐り乗馬

　中央アジアの事例は前述のアフラシヤブ丘の壁画である（図2）。並列する馬列中で左を向いて横坐りする女性の一番手前には輪鐙に左足を入れている様子が見て取れる。この場合、馬の左側から乗り込んだと考えられる。また、並列する馬列中で右および左を向いて横坐りする男性が確認できる。この壁画では鐙の表現がないが、狩猟場面を表現した壁画で右向きと左向きに失踪する騎馬像には、それぞれ鐙に足を入れているので（図3）、基本的には馬の両側に鐙があったと思われる。右からでも左からでも乗り込んで横坐りしたということだろう。これらの横坐りする人物は、いずれも長いスカート状の着衣を身にまとっている。裾が広がっていないことを考えると、馬に跨る構造の衣服ではないのだろう。そのような衣服を着たときには、男性でも女性でも横坐りをしたことを示している。

　前稿では、中国において図像として横坐りの例が確認できないと述べたが（杉山・井上・日高1997）、その後河南省黄冶唐三彩窯出土の騎馬俑に類例を確認することができた（河南省2000）。標本7930とされた小型の騎馬俑であり、細部の表現はわからないものの、左を向いて横坐りし、両手をひざの上に置いている。頭から肩にかけて全体を覆う被り物を着けているように見えることから、女性像と考えてよかろう。黄冶唐三彩窯は隋代から宋・金代ころまで操業が続いていたと考えられているが、騎馬俑はおおむね唐代の所産と思われる。左向きに横坐りするという特徴は、前述した中国での馬への左乗りという特徴とも符合する。原田淑人が論じたように（原田1918）、宋高丞の『事物紀原』巻9・跨馬鞍の項に「国初以来婚姻之礼、皆胡虜之法也、謂坐女於馬鞍之側」との記述があり、女性の横坐り乗馬が文献ではみられたが、それを物質資料として確認できたことになる。

第6章 横坐り乗馬考

図2 アフラシヤブ丘壁画にみる横坐り図像

図3　アフラシヤブ丘壁画にみる騎馬図像

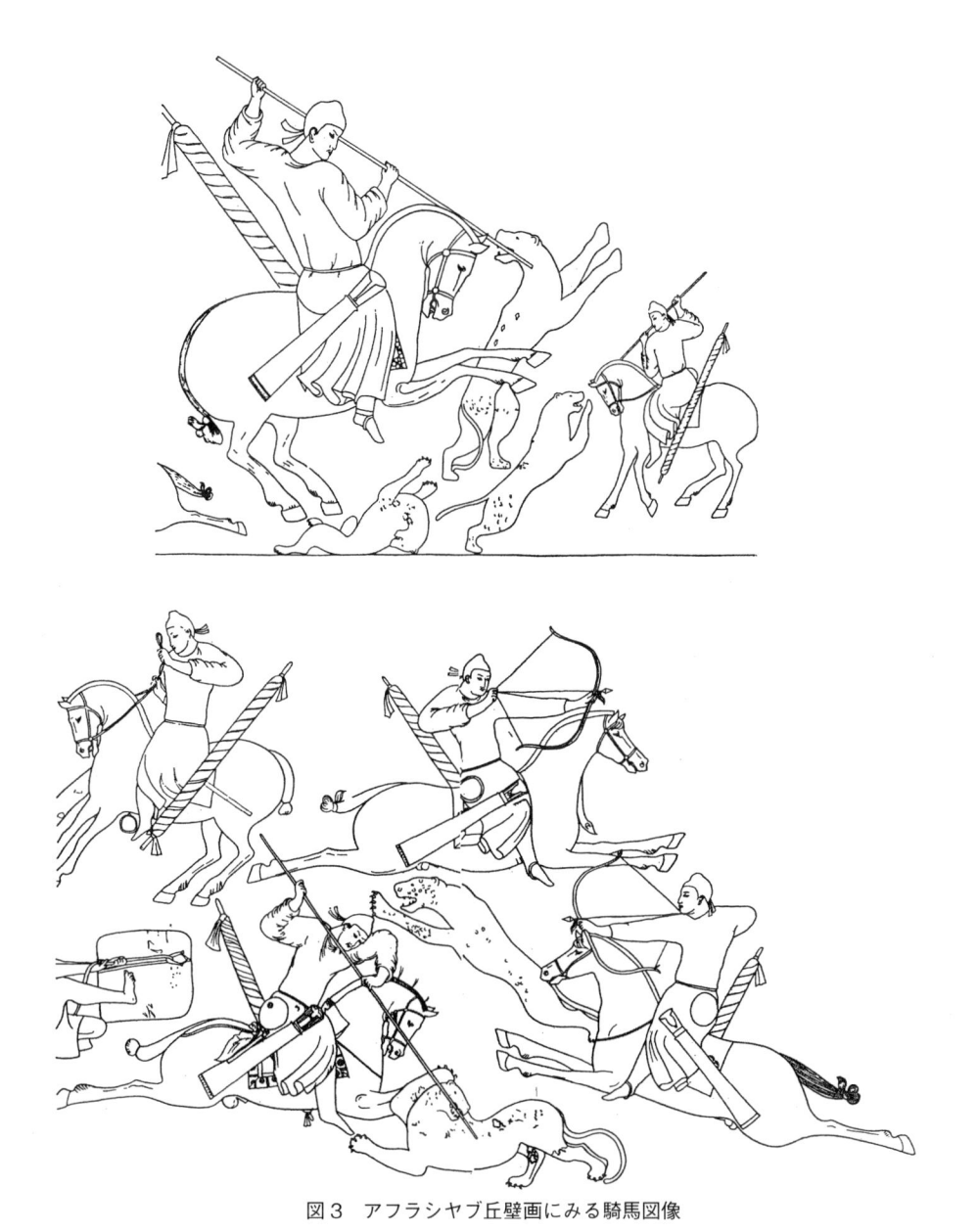

第4節　横坐り乗馬と衣服

　以上、中国・中央アジア・日本列島において、文献資料、絵画資料、物質資料で横坐りの存在が確認できたわけだが、横坐りを考える上で重要なことは、乗馬のときの服装であろう。中

国では女性馬に跨る姿も騎馬俑や壁画などで確認できる。その際の衣服とはズボン状着衣である。逆に男性でも横坐りをおこなっていた中央アジアの壁画では、男性がスカート状着衣を身にまとっていた。それでは、日本列島において、短冊形水平板を装着した馬には男女のいずれが乗っていたのだろうか。古墳時代の衣服を考える上で参考となるのは、人物埴輪である。数ある出土例を通観すると、男性はズボン状着衣、女性は丈の長い（もしくは短い）スカート状着衣を身にまとっている。ズボン状着衣を身にまとった女性あるいは、丈の長いスカート状着衣を身にまとった男性は確認されていない。

　人物埴輪のなかで、いわゆる盛装した男女の衣服に厳然と違いが存在することから、日本列島において横坐りをおこなうのは基本的に女性であると考えることができよう。『日本書紀』天武11・13年の條にみられる女性の横坐りの記述は古墳時代に遡ると思われる。また、女性が埋葬された朝鮮半島の韓国慶州市皇南大塚北墳出土の把手付後輪から、女性用の鞍であるとの議論がある。奈良県生駒郡斑鳩町藤ノ木古墳で同様の馬具が出土しているが、石棺に埋葬されていたのは2人の男性であった[3]。このことから、杉山晋作はこの種の馬具について、女性用あるいは横坐り乗馬との関連に慎重な態度をとっている（杉山・井上・日高1997：p.180）。短冊形水平板を装着した馬形埴輪に把手などの馬具がついた例はないので、筆者も杉山の慎重な意見を支持したい。

おわりに

　日本列島における乗馬が右乗りであったならば、騎馬民族との関わりで極めて重要な問題を含んでいよう。しかし、騎馬民族について横坐り乗馬だけで論ずるには材料不足である。かつて佐原眞が述べたように、実際に出土する鐙の左右での磨り減り方に着目することが重要な鍵になるだろう。本章は、横坐り乗馬に端を発して古代日本列島における騎馬文化の具体像の一端を示したに過ぎない。古墳時代を東アジア歴史世界の中で位置づけていくには、課題はあまりにも多いが、一歩ずつ近づいていくことを期し擱筆する。

註
1)　千葉県姫塚古墳でも同様の特徴を有する馬が最低6個体出土している。
2)　騎馬民族はそもそも鐙を使用しないので、必ずしも乗り込むための鐙が必要であったわけではない。
3)　玉城一枝は藤ノ木古墳の被葬者について、骨の残りのよくない人物について足玉の存在から女性であった可能性を指摘する（玉城2008・2015）。

第7章　埴輪にみる渡来文化

はじめに

　日本の古墳時代には多くの渡来人が存在した。本章では、日本列島にほぼ限定される埴輪をとりあげ[1]、埴輪表現のなかにみられる渡来文化について考えていく。さらに、韓国栄山江流域に存在する墳周土器とも呼ばれる埴輪に類する資料についてもとりあげたい。これらの資料は、日本列島と朝鮮半島との交流の結果と考えられることから、改めてその位置づけを考えてみたい。

第1節　渡来人あるいは渡来人の影響がみられる人物埴輪

　古墳時代の人びとを表現した人物埴輪のなかに、渡来人そのものがいたようである。埼玉県行田市酒巻14号墳は径42mほどの円墳であり（行田市教育委員会1988）、中心部の状況は不明であるが、西側に馬列と馬曳き人物、東側に人物埴輪列が確認された。西側から筒袖の男子（やや背が低い）→正坐する女子→筒袖の男子（背が高い）→女子→着飾った力士→女子の順に並べられていた（図1）。墳丘の南側および東側は調査されていないので、ここに別の人物像がある可能性もあるが、現状で見るかぎり、真ん中に位置する背の高い筒袖の男子が中心人物であると思われる。筆者はこの人物が被葬者であると考えている。正坐をする女子とともに何らかの儀式をおこなっている場面であろう。注目されるのが、筒袖の人物2体と着飾った力士がいずれも渡来人を表現していると思われる点である。儀式に登場している主要な男子がすべて渡来人で構成されているということは、他に類例のないものである。被葬者は渡来人であったと理解したほうがよいと考えている。

　太田博之によれば、筒袖の男子は神奈川県横浜市北門1号墳、埼玉県北本市中井1号墳、千葉県市原市山倉1号墳で出土している（太田2010）。いずれも渡来人を表したものであると思

第 7 章　埴輪にみる渡来文化

図1　酒巻14号墳の人物埴輪列

われる。酒巻14号墳の力士と同様の資料は、埼玉県吉見町和名埴輪窯で出土しているものと合致することから、酒巻14号墳の埴輪を生産していた窯の有力な候補である（太田前掲）。

　千葉県市原市山倉1号墳は墳丘長43mの小型の前方後円墳である（市原市文化財センター2004）。人物埴輪は主体部の西側から前方部にかけてのテラスに立て並べられており、水鳥2体→頭巾状被り物を被る男子半身像2体→女子半身像4体→筒袖の男子2体→振り分け髪の男子1体→頭巾状被り物を被る男子2体→振り分け髪の男子半身像2体・壺を頭に載せる人物1体（女子か？）→鍬を担ぐ男子半身像2体→馬2体以上の順で出土した（図2）。このなかで最も大振りにつくられているのが頭巾状被り物を被る双脚男子であり、振り分け髪の双脚男子もほぼ同じ大きさである。いずれかが中心人物すなわち被葬者であろう。それに比べて筒袖の男子はやや小振りであり、儀式に参列した渡来人を表現していると考えられよう。何らかの儀式の場面に渡来人が存在していることを殊更造形しているのであり、極めてパーソナルな要因を想定するべきである。つまり、頭巾状被り物を被る双脚男子あるいは振り分け髪の双脚男子が主催する儀式の場面に、渡来人が参列していることを表現する必然性があったのである。このほかに、墳頂部において器財埴輪や家形埴輪が立て並べられていたようである。

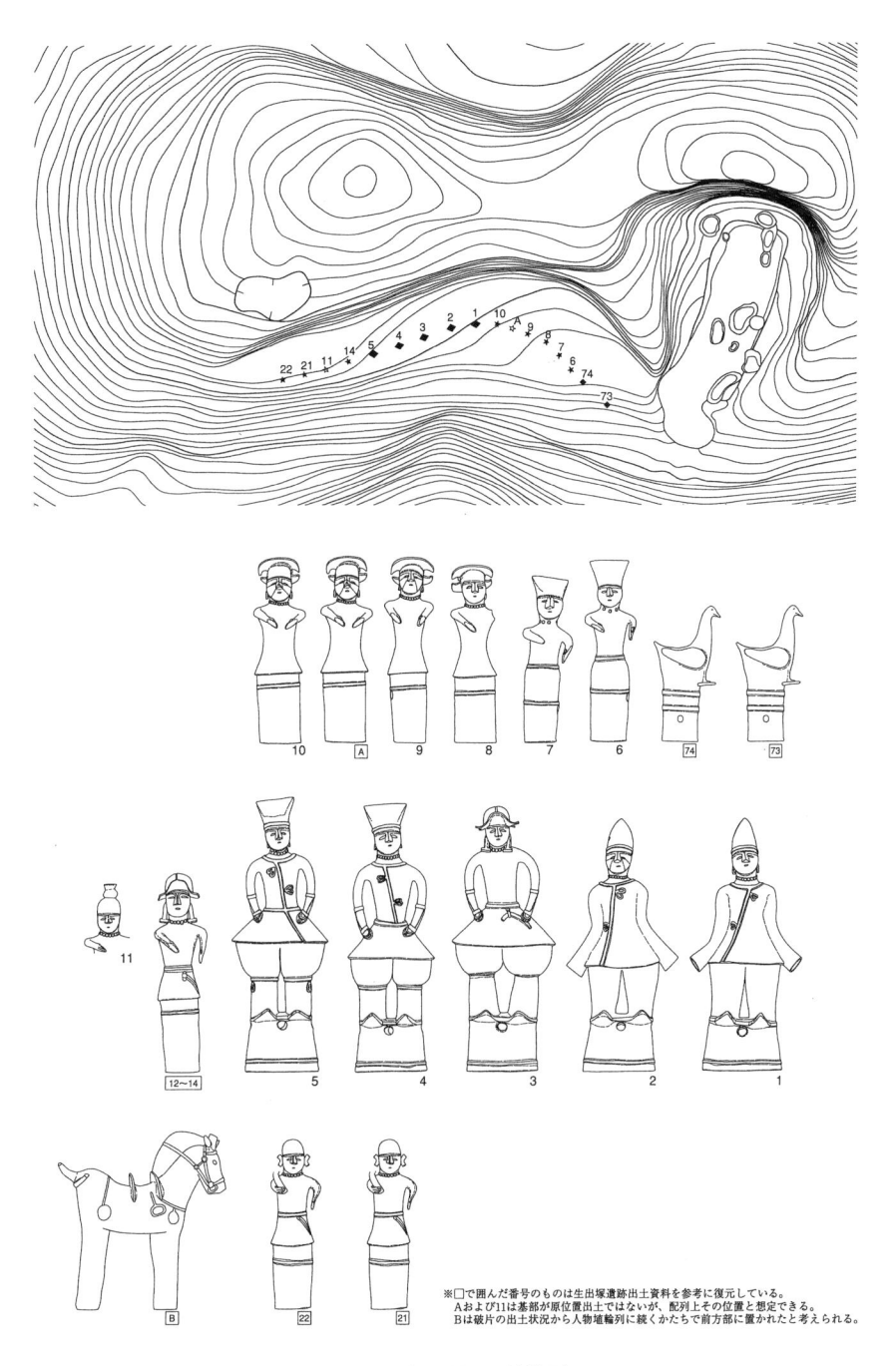

第1節　渡来人あるいは渡来人の影響がみられる人物埴輪

※□で囲んだ番号のものは生出塚遺跡出土資料を参考に復元している。
　Aおよび11は基部が原位置出土ではないが、配列上その位置と想定できる。
　Bは破片の出土状況から人物埴輪列に続くかたちで前方部に置かれたと考えられる。

図2　山倉1号墳の埴輪列

149

第7章　埴輪にみる渡来文化

　ところで、関東地域の茨城県や千葉県北部では男子の埴輪で顎鬚を表現したものが多く出土する（日高 2013b）。また、他地域では顎部分に線刻や彩色で鬚を表現した例も散見される。中村倉司はこれらの顎鬚をもつ人物埴輪に首飾りをしたものが極端に少ないことをも考慮して、渡来人の造形であると考えた（中村 1995）[2]。極めて興味深い指摘であり、なぜこの地域を中心にして分布する特徴なのかを説明したものとして高く評価されるものである。ただし筆者は、この人物埴輪を渡来人とするには、もう少し考証が必要であると考えている。それは、上述の筒袖の人物には顎鬚が表現されておらず足結もなく、顎鬚をもつ人物埴輪に認められる足結の表現が、高句麗古墳壁画では少数ないし下位の階層の人びとに見られるが、日本列島の足結装着人物埴輪はことごとく階層的に上位の人物であることなどからである[3]。今は中村説の紹介だけにとどめておきたい。

第2節　渡来系と考えられる器物を表現した形象埴輪

　古墳時代に新たに朝鮮半島から渡来した器物として胡籙がある。実物としての胡籙は出土品に類例があり、人物埴輪の腰に胡籙を装着した表現はこれまで確認されていた。しかし、和歌山県和歌山市大日山 35 号墳では胡籙そのものを表現した埴輪が近年発見された。大日山 35 号墳は墳丘長約 86m、基壇長約 105m の前方後円墳である（和歌山県立紀伊風土記の丘 2013）。西側と東側に造出しがあり、数多くの形象埴輪が出土した。家形埴輪、人物埴輪（盛装男子、武人、力士、巫女ほか）、動物埴輪（馬、牛、猪、犬、水鳥、翼を広げた鳥）、器財埴輪（大刀、胡籙、靫、蓋）が出土した。このうち、両面人物埴輪や翼を広げた鳥形埴輪、胡籙形埴輪は全国初例であり、西造出しで出土している。

　両面に顔がある人物埴輪は他に類例がなく評価をするのは難しいが（図 3）、強いて類例をあげれば、時代は下るが橘寺の二面石、梅山古墳（欽明陵古墳）の西に隣接する吉備姫皇女王墓内にある猿石と呼ばれる石造物は両面に人物表現がある。二面石は善相と悪相が彫られているとされ、大日山 35 号墳の場合も片面は矢羽表現があり、穏やかな表情で、もう一方は鏃表現があり兎口となっているなど怪異な表情である点は共通している可能性もある。形象埴輪に想像上の動物や人物、神像などは存在しないことからすると、本例は極めて特異な存在であり、系譜について今後考究していかなければならない。渡来系の要素ととらえられなくもない。葬礼に伴う方相氏との関わりで理解しようとする意見もある（奥西 2011）。

　胡籙形埴輪は上半部に矢羽の表現があり、収納部外面には弧文とともに勾玉状金具の可能性がある粘土塊を貼りつけている（図 4）。実物の胡籙には勾玉状の金具がつけられていることが

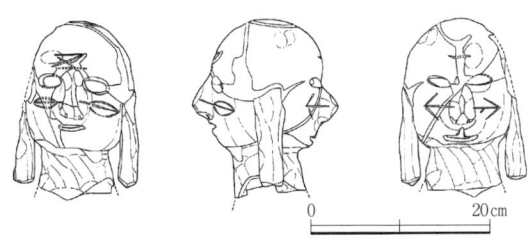

図3　大日山35号墳の両面人物埴輪

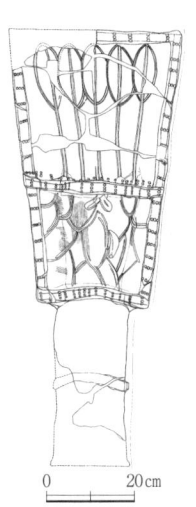

図4　大日山35号墳の胡籙埴輪

確認されるので、それを表現したと思われる。古墳時代中期に渡来した朝鮮半島系の器物を埴輪として表現したものと評価できる。大日山35号墳には奴凧形の靭も出土している。これなどは、日本列島に古墳時代前期から存在していたものからの発展形である。旧来のものと新来のものの両者を表現することに意義があったのだと思われる。

　鉾に横方向の刃部が取りついた武器がある。句兵あるいは戈、戟などと称される武器を埴輪に表現したものである。太田博之による詳細な検討から、鉄製品としては5世紀後半から6世紀前半代に出土していることが知られ（太田2001a）、器財埴輪や盾持人の盾面に表現された長柄の武器にそれを見出すことができる（太田1995）。埴輪はおおむね6世紀代のものと思われる。太田は日本列島におけるこの種の武器の導入が、朝鮮半島系譜の鉄鉾の導入とほぼ同時期であることを指摘している（太田2001a）。器財埴輪のなかでこの種のものは類例が限られることから、渡来系の武器埴輪を古墳に並べることに、渡来人との関わりを想定することができるかもしれない。

　栃木県下野市甲塚古墳は、基壇と呼ばれる幅広の第一段があり、基壇は基本的に円墳という形状であるが、その上に乗る墳丘は前方後円形になるという類を見ないものである。基壇は径80mであり、石室の開口する南側が若干膨らむような形状と推定されている（下野市教育委員会2014）。その基壇の上に主軸長47mの前方後円形墳丘がのる。石室の西側の最も離れた位置から、片手綱の馬→片手綱の馬→素環鏡板付轡の飾り馬→f字形鏡板付轡の飾り馬がそれぞれ馬曳き男子を伴って並ぶ。f字形鏡板付轡の飾り馬には胴右側面に横坐り用の短冊形水平板が装着されている。続いて馬列寄りに女子が9体（人物1～9）、続けて男子が7体（人物10～16）並べられていた（第Ⅰ部第5章参照：図5）。人物埴輪のなかでも2体の機織形埴輪はいずれも女性であり、一方が地機、もう一方が原始機と呼ばれる織機であると思われる。地機は古墳時代中期から後期に渡来したものと考えられ、原始機は弥生時代以来の伝統的な織機であると思

第7章 埴輪にみる渡来文化

われる。本古墳でも旧来のものと新来のものの両者を表現することに意義があったのだと思われる。

　古墳時代の馬や牛も弥生時代以前には日本列島に存在しなかった動物であり、渡来系資料のひとつといえる。改めて馬の埴輪に対して渡来文化を見出すのは難しいものの（ある意味すべての馬や牛が渡来系といえる）、装着されている馬具のなかにそれを指摘することはできる。上述の酒巻14号墳の馬列は西側から裸馬→飾り馬→蛇行状鉄器に旗を挿している飾り馬（図6）→詳細未詳の馬（飾り馬か？）がそれぞれ馬曳き人物（男子）を伴って出土している。先頭から手前へと馬装が豪華になっている。詳細未詳の馬も相応の馬装となっていたはずである。斎藤国夫はこれらの異なる馬装をもつ馬形埴輪について、「馬の一生を表現しているのではないか。つまり、若駒としての裸馬から、鞍を乗せられる成長した馬へ、蛇行状鉄器の表現から軍馬としての活躍、そして最後の馬が死を表現している」（斎藤1989：p.183）という注目すべき理解を示した。複数の馬形埴輪が出土すると、多くの場合馬装が異なっているが、そのことの

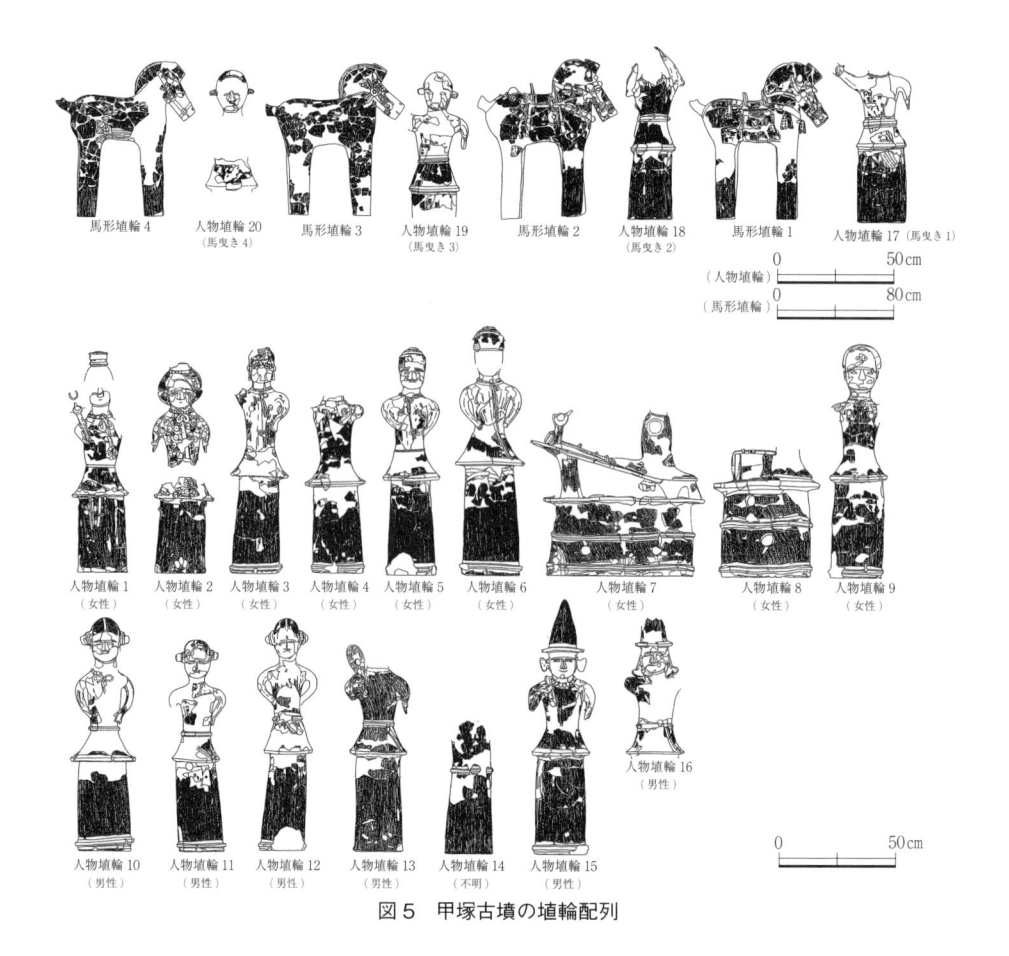

図5　甲塚古墳の埴輪配列

意味を論じたものはほとんどない。極めて重要な指摘であり、埴輪の意義にも繋がるものであるが、ここでは酒巻14号墳の被葬者に関わる表現であろうとだけ指摘しておきたい。蛇行状鉄器に旗を挿している飾り馬との関連で注目されるのが、埼玉古墳群に所在する埼玉将軍山古墳出土の馬冑と蛇行状鉄器（2個体）である。関東地域では他に類例がないものであり、酒巻14号墳の埴輪を製作した工人が蛇行状鉄器と旗が実際に馬に装着された姿を目にしていたのだろう。酒巻14号墳の被葬者は、将軍山古墳の被葬者に渡来系資料をもたらした人物そのものであった可能性があり、極めてパーソナルな要素を埴輪に表現した好例といえるだろう。

　上述の甲塚古墳の横坐り用の短冊形水平板が装着された飾り馬は、繋（馬鐸）、鞍、鐙（壺鐙）、障泥、尻繋（馬鐸）が伴ったフル装備の飾り馬である。甲塚古墳の馬の中では中心的な造形であると考えられる。この横坐り馬の埴輪については、日本列島の近畿地方から関東地方まで広く分布し、当時の一

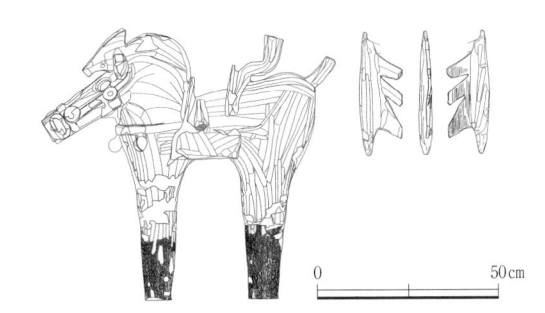

図6　酒巻14号墳の蛇行状鉄器に旗を挿している馬形埴輪

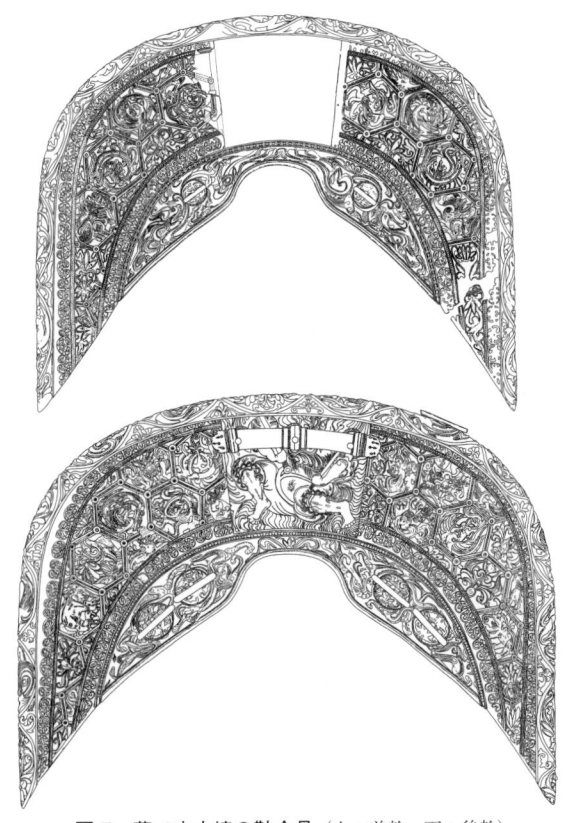

図7　藤ノ木古墳の鞍金具（上：前輪　下：後輪）

般的な乗馬方法の一つであると考えられる（杉山・井上・日高1997）。筆者は基本的に女性に限定される乗馬方法であると考えている（第Ⅱ部第6章参照）。

　奈良県斑鳩町藤ノ木古墳からは豪華な金銅製馬具が出土しているが（奈良県立橿原考古学研究所1990）、そのなかの鞍金具（後輪）には後ろ側に把手がついている（図7）。同様の資料が韓国慶州皇南大塚北墳から出土しており、女性の墓であることがわかっているので、女性用の

第7章　埴輪にみる渡来文化

馬具であることが推定される。女性が横坐りし、この把手を握っていた（右手か？）と思われる[4]。そうすると、藤ノ木のものも女性用の鞍金具ということになるが、片山一道によれば家形石棺に埋葬されていたのは2人とも男性である（片山2013）。いずれにしても、藤ノ木の馬具は中国・新羅・百済などさまざまな要素が考えられる渡来系資料と考えられるので（勝部・鈴木2003）、横坐り用であるとするならば、横坐り乗馬そのものも朝鮮半島から伝わった習俗の可能性がある。甲塚古墳に横坐り馬の埴輪が立て並べられる背景に、被葬者が女子であった可能性を指摘したい。馬形埴輪のなかで中心的な造形が横坐り馬であることは、被葬者の性別を反映していると思われる（第Ⅰ部第5・6章参照）。

　ちなみに、東京都狛江市亀塚古墳出土の金銅製金具に、馬や人物が彫られたものがある（狛江市史編さん委員会1985）。どのような部品であるのか未詳であるが、馬具の一部である可能性がある。韓国慶州の天馬塚古墳からは泥障に馬の絵が描かれたものがある。亀塚古墳のものは、金具の縁の形状が異なるから泥障となるか未詳であるが、関連するものとして理解したい。

　横坐り図像としては、ウズベキスタン・アフラシヤブ丘の壁画に女子および男子の横坐りする姿がある（アリバウム1980）。ハラートと呼ばれるスカート状着衣を着た人にその乗馬方法が確認できる。男子でもズボン状着衣でない場合には横坐りをしたということであろう。中には2人が向かい合わせに馬の右側、左側に両足を下げる様子もみられる。馬に乗り込むときに、右側からなのか、左側からなのかという問題もある。日本では、右側から乗ったようであり、中国やヨーロッパでは左側から乗り込むようで、その違いについては今後検討していかなくてはならない（第Ⅱ部第6章参照）。

　女子が馬に乗るという行為について、中世の女騎という語に注目した海老澤美基は、その服装に着目した。すなわち、騎馬のための「指貫」や「張袴」という衣装であり、「馬に乗る場合、張袴を指貫に替えて乗ったのであろう」（海老澤2011：p.45）とされたのである。いずれもズボン状の袴であるが、指貫が支給されたということから考えると、騎馬用の服装として特別に袴を穿くことがあったと理解できよう。果たして、古墳時代の女子が袴を穿いていたのかどうか、人物埴輪の造形からはわからない。ただし、横坐り馬が女子用として理解できるのであれば、それは裳などのスカート状着衣であったはずである。『日本書紀』天武11年の詔での女性への横坐り禁止と、13年の詔にみられる40歳以上の女性が従来どおりの横坐りを許された記述は、飛鳥時代以前には横坐りが主流だったことを暗に示しているのではなかろうか。松本政春はその論文の註において、天武紀11・13年の記事に関して「鞍に跨るという男性並みの騎馬規定が女性にも適用されるという措置の中に、軍国体制下の天武朝の特質がよくあらわれ

第3節　朝鮮半島の墳周土器の影響と思われる壺形埴輪

　日本列島から出土する須恵器の中で、百済系の須恵器平底壺がある。平底短頸壺とも呼ばれ、田口一郎によれば、北部九州、近畿地方とともに群馬県や埼玉県北部で出土している（田口 1995）。これらの諸例はおおむね百済系と考えて大過ない。近畿地方より東方では海岸沿いでは出土していないが、東京湾沿岸地域の千葉県千葉市大森第2遺跡で平底坏や平底鉢が出土している（酒井 2013）。このことから沿岸地域も見逃せないが、むしろ古東山道を想定したほうがよいだろう。後述のタタキの埴輪の分布とも重なってくる。

　埴輪の代用品のように墳丘上に並べられた例として、埼玉県行田市中の山古墳、福岡県嘉麻市次郎太郎2号墳、大分県日田市朝日天神山2号墳がある（太田 2006）。太田博之によれば、朝鮮半島（全羅道地域）において型式変化をしていることが想定され、培材大学所蔵資料・伝界火島出土品→伏岩里2号墳→チュンナン遺跡と理解できるという（図8）。中の山古墳との時間的隔たりは大きいが、「チュンナン遺跡、朝日天神山2号墳、埼玉中の山古墳の有孔平底壺系円筒形土器は、相互に一系的な連続関係にはなく、ある共通の祖形から個別的に派生している」（太田前掲：p.54）という可能性を提示した。また、朝鮮半島に系譜を求められる資料が墳丘に並べられる背景として、「6世紀後半段階には、朝鮮半島と関東の首長層との間に一定の交通関係が成立していた」（太田前掲：p.58）ことを想定している。

　北野遺跡は三重県明和町に所在する遺跡であり、6世紀前半から8世紀後半にいたる土師器焼成坑が検出された。特に8世紀代のものは、伊勢神宮と斎宮への供給を目的としていたと考えられている。北野遺跡からは特異な底部穿孔の壺形土器が出土している。おおむね8世紀第

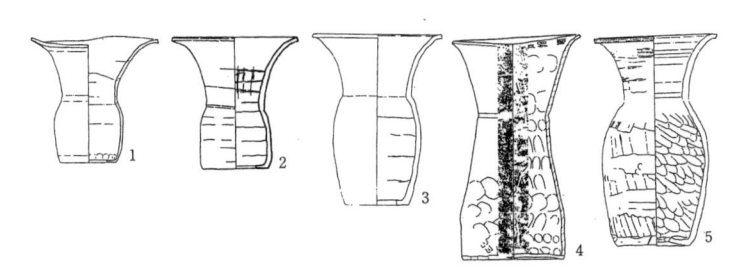

（縮尺不同）

図8　壺形埴輪の変遷（太田博之による）
1.培材大学所蔵　2.伝界火島出土　3.伏岩里2号墳　4.チュンナン遺跡　5.埼玉中の山古墳

第7章 埴輪にみる渡来文化

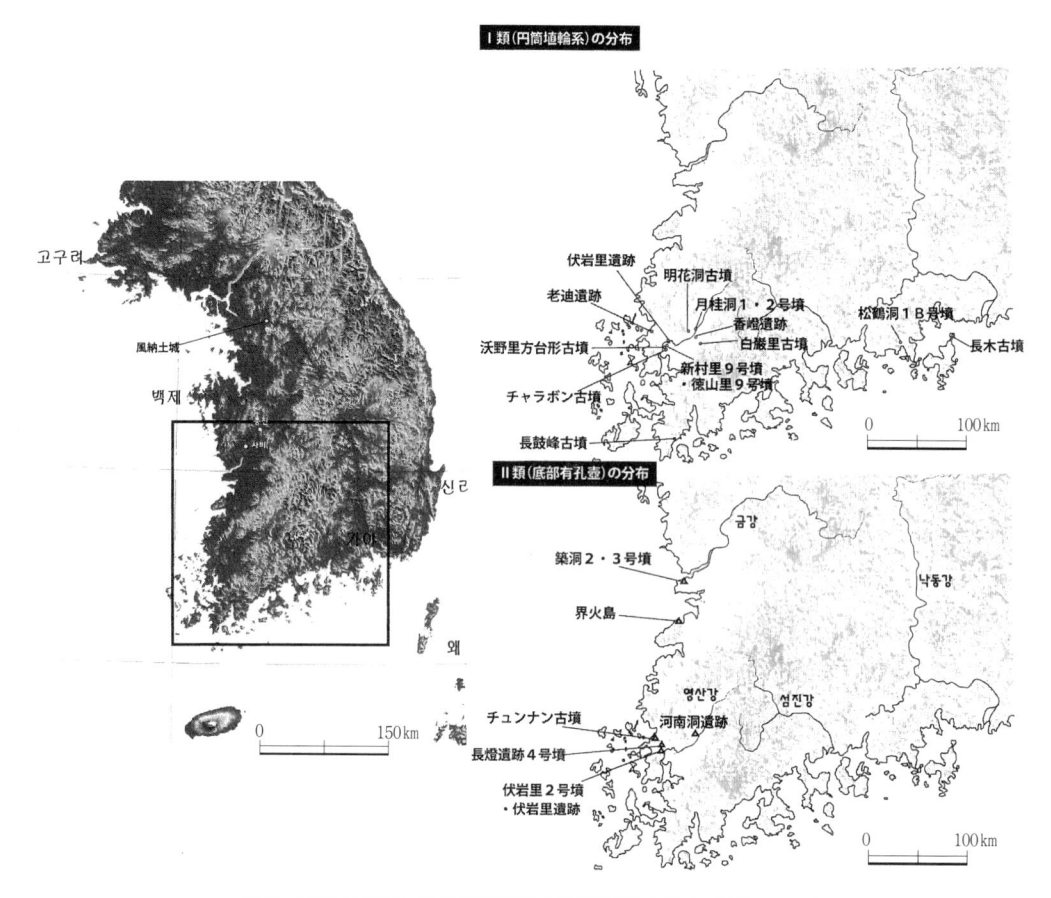

図9 朝鮮半島における円筒埴輪と壺形埴輪の分布（坂靖による）

1四半期頃の年代が求められ、周辺遺跡では斎宮で8世紀末〜9世紀初頭と思われる土坑から、類品が出土している（上村2006）。日本列島内で類例を探すことは困難である。奈良時代であり、年代的には隔たりがあるものの、渡来系土器の情報が具有されていたとしか考えられない。本資料は埴輪ではないものの、埴輪と関連する資料であるとの評価をすべきであろう。

　朝鮮半島における墳周土器（円筒・壺・朝顔）は、全羅道において集中して発見されている（図9）。坂靖によれば、円筒（Ⅰ類）と朝顔（Ⅲ類）は朝鮮半島の西南海岸沿いに主に分布し、壺（Ⅱ類）は西海岸に分布している（坂2014）。前方後円墳が築造された栄山江流域とも重なってくるが、それよりも分布範囲は広い。また前方後円墳は羅州中心部にはみられないが、埴輪は濃密に分布する。被葬者をめぐって、「前方後円墳の被葬者については、周知のとおり倭人説・在地首長説のあいだで論争が提起されているが、韓半島の埴輪出土古墳のうち方形墳・梯形墳の場合、その被葬者は倭人ではなく在地首長といえる。―中略―韓半島の埴輪は、独自色が強く、倭との対外交渉に関わった被葬者が樹立したもの」（坂前掲：pp.156-157）ととら

えた。
　一方、日本列島にもタタキの埴輪が存在する。長野県、埼玉県、茨城県に点在しており、朝鮮半島出身の土器製作技術者が関与していた可能性が指摘されている（太田2008）。このほか、須恵器系埴輪のなかにタタキを施す埴輪も存在する。また、いわゆる淡輪技法について詳細に検討した辻川哲郎は、輪台技法という名称を用い、朝鮮半島の鉄・鉄器生産関連遺跡から出土する大型送風管との製作技法上の共通性を指摘した（辻川2007）。朝鮮半島南東部および西部地域、日本列島では、北部九州、近畿、東海地域に分布する（坂前掲）。

第4節　まとめ

　ここまで、検討してきたような要素を具体的にみていくことにより、日本列島で渡来人が果たした役割や影響をひもとくことができるようになるだろう。人物埴輪に渡来人の姿が見られることは、当時の日本列島で在地首長の儀式の場面に渡来人が参加していたことを示している。その姿から故地の服装で参加していたことがわかる。渡来人は渡来人としてのアイデンティティを堅持して生きていたと考えられるのである。もちろん、渡来1世と2・3世では意識も異なってくるはずであり、倭人の生活に同化していくこともあっただろう。
　酒巻14号墳の場合、被葬者そのものが渡来人であった可能性を指摘した。当時の東アジア世界の中で、先端技術を日本列島にもたらしたのは朝鮮半島の人びとである。埼玉古墳群の被葬者に、生前渡来系資料をもたらした人物であった可能性は極めて高い。そのような人物が倭の墓制である古墳に葬られたことに意義がある。一定の階層に位置づけられていたことを物語っている。
　最先端の技術や道具類を埴輪に表現することは、先端技術を享受していたことを一般の人びとにも広く知らしめる効果があったはずである。それは、被葬者そのものの性格までも反映させた結果であり、それぞれの被葬者のパーソナルな要素を埴輪として表現させたと考えられるだろう。類例の少なさは、埴輪製作に関して個別の理由があったことを示していると考えられる。
　壺形埴輪の一部には渡来人の関与を窺わせる要素がある。また、円筒埴輪にも技法の面で渡来人の関与が想定されるものもある。古墳時代には、我々が考えている以上に多くの渡来人が日本列島に存在していたことを物語っていよう。
　当時の人びとに技術や習俗など多大な影響を及ぼしたはずであり、それは精神世界にまで及んでいたと思われる。横穴式石室の導入による葬送儀礼の変化、馬の導入による交通・交易方

法の変化、鉄器生産技術の定着などさまざまな分野に及んでいたはずである。古墳時代から飛鳥時代・奈良時代へと移り変わっていくときに、渡来人の果たした役割は多大なものがあったはずである。

アジアには大きく4つの歴史世界が存在していた。東アジア歴史世界、北アジア歴史世界、インド歴史世界、西アジア歴史世界である（田村1990）。日本列島は東アジア歴史世界と北アジア歴史世界に接しており、両歴史世界からの影響を常に受けていた地域である。日本列島は四方を海で囲まれているが、海は隔てるものではなく、交流の方向を幾重にも複雑に進めていくものであったに違いない。

おわりに

ここまで、埴輪にみる渡来文化について考察してきた。さまざまな要素をとりあげたので、雑駁な議論に終始したことは否めない。本来とりあげるべき資料が欠落していることも考えられる。他日を期したい。

註
1) 現在韓国では、墳周土器と呼ばれる日本でいうところの円筒埴輪、朝顔形埴輪、壺形埴輪の類品が、朝鮮半島南西部の栄山江流域およびその周辺を中心に25例以上が確認されている（坂2014）。また、月桂洞1号墳で石見型木製品なども出土しているが、平成16年（2014）12月25日の共同通信等が配信した情報によると、全羅南道咸平の金山里方台形古墳で、鶏および馬などの埴輪破片が出土したことが伝えられている。
2) 中村倉司は、このほかに白髭神社と渡来人について考察した論文もあり（中村1994）、参照すべき内容が多く含まれる。
3) 坪井正五郎は、『古事記』允恭天皇崩御後に軽太子が大前小前宿禰の家に逃げていた際に、大前小前宿禰が詠んだ「宮人の　脚結の小鈴　落ちにきと　宮人とよむ　里人もゆめ」に関わり、日常的な生活の中で足結に鈴をつけていたと考えている（坪井1895）。足結に関しては、階層やその淵源、胡服との関わりなど更なる研究の深化が必要である（第Ⅰ部第1章参照）。
4) 横坐りの馬形埴輪で後輪に把手がついたものは皆無である。さらに藤ノ木古墳から、横坐りの馬形埴輪にみられる短冊形水平板と考えられる部品なども出土していないので、両者が同様の馬装を表しているのかどうか未詳であることも指摘しておかなければならない。

第8章　東国古墳時代における渡来文化の流入と展開

はじめに

　日本列島の古墳時代には、朝鮮半島から多くの渡来人がやってきたことがわかっている。これらの渡来人が、日本列島の古墳時代社会に多大な影響を及ぼしていたことは想像に難くない。現在、日本各地の発掘調査の成果により朝鮮半島産あるいは朝鮮半島系の資料（遺構を含む）が発見されている。これまで注目されてきたのは主に西日本地域のそれらであり、東国の古墳時代にどれだけの渡来系資料が存在するのかは、未だ集成研究などもおこなわれていないのが現状である。第Ⅱ部第4章において、古墳時代の鋳造鉄斧という朝鮮半島渡来の資料をもとに、関東地域では古墳出土例がなく、ほとんどが集落遺跡出土であることを示した。それは近畿・中国・九州では古墳出土例が多く、四国でも半数が古墳出土例であり、関東地域での集落遺跡出土しかないという在り方に極めて明瞭な違いがある。

　本章では、東国における渡来文化について、その概略を述べていきたい。もとより集成作業が急務であるが、どのようなものが渡来系資料であるのかということを示すのにも意味があると考えているので、ここでは東国における渡来系資料のいくつかを先学の研究に学びつつ提示してみたい。

第1節　亀田修一による渡来人の定着ルート・生活

　渡来系文化を論じる際に、渡来人の在り方あるいは渡来人の生活様式がどのようなものであったか、という点は極めて重要である。この点について、亀田修一は渡来人が日本列島に入ってくるにあたって、さまざまな可能性を提示するため、下記のような定着ルートを想定した（亀田1993）。少し長くなるが、正確を期すために記しておきたい。もちろん可能性が低いものも含まれる。

A　直接定着型
　　　a 朝鮮半島→定着地（畿内）
　　　b 朝鮮半島→定着地（地方・畿内周辺部）
　　B　畿内経由型
　　　a 朝鮮半島→畿内（中心地）→定着地（地方・畿内周辺部）
　　C　九州経由型
　　　a 朝鮮半島→九州→定着地（畿内）
　　　b 朝鮮半島→九州→定着地（地方・畿内周辺部）
　　　c 朝鮮半島→九州→畿内→定着地（地方・畿内周辺部）
　　　d 朝鮮半島→九州→地方→定着地（畿内）
　　D　地方経由型
　　　a 朝鮮半島→地方→定着地（畿内）
　　　b 朝鮮半島→地方→定着地（地方・畿内周辺部）

　また、朝鮮半島から日本列島に渡来してきた人びとの生活について、日本列島での生活の変化に着目して以下のような可能性を指摘した（亀田前掲）。これも少し長くなるが正確を期すために記しておく。

　　A　朝鮮半島型生活
　　　朝鮮半島での生活とほとんど同じ（住居・もの・祭祀・墓など）
　　　　→オンドル、陶質土器、軟質土器など
　　　※渡来後間もない1世～3世
　　B　一部日本型生活
　　　部分的に日本人の生活と同じ（道具・生活用品としての日本の須恵器や土師器を使用する）
　　　※渡来後比較的長い期間が過ぎた1世～3世
　　C　大部分日本型生活
　　　かなりの部分で日本人の生活と変わりがないが、部分的に朝鮮半島の生活の在り方がみられる
　　　※渡来後かなり年月が過ぎた1世～3世以降の子孫
　　D　完全日本型生活
　　　完全に日本人と変わらない生活
　　　※かなりの長い年月が過ぎた渡来人で、意識の上で日本人への変化がないと考えにくい

遺跡から出土する遺物とは、渡来系資料であれ、日本列島産資料であれ、当たり前のことだが最終的に廃棄（取り残された場合も含む）あるいは埋納・副葬された場所からのものである。それらを単独で理解しようとすれば、日本列島内でどのような来歴をもって最終の場所に至ったのかを認識することは難しい。つまり、渡来系資料であれば、日本列島の何処から入ってきて、その後どのようなルートを通って最終的な場所にたどり着いたのかは不明とせざるを得ないのである。しかし、同様な資料の日本列島内での分布（出土地）を見ていくことで、どのようなルートを辿ってきた可能性が高いのかを推定することはできると思われる。その意味で集成研究が急務なわけである。

　次には、渡来系資料のいくつかをとりあげて、その分布から流入のルートを考えてみたい。

第2節　鋳造鉄斧の東方伝播

　千葉県松戸市行人台遺跡の古墳時代中期の6号住居より鋳造鉄斧が出土している（峰村ほか2005：第Ⅱ部第4章図2～4参照）。鋳造鉄斧とは鍛造ではなく、鋳型による鋳造でつくられた鉄製品である。弥生時代から古墳時代にかけてのこの種の鉄製品はすべて輸入品、特に古墳時代のものは朝鮮半島製と考えられるものである。これらは近年の調査成果によると、斧としているが土掘り具である可能性が高いものである。関東以北では、行人台遺跡のほか、千葉県市原市送り神遺跡、同草刈遺跡J区107号住居、埼玉県本庄市後張遺跡162号住居から出土している。全国では80数遺跡の出土である。出土傾向は近畿地方と九州地方が突出して多い。時期は中期前半から中葉、後期前半から中葉にピークがある。関東地方の出土地をみると、千葉県の東京湾沿岸と埼玉県後張遺跡という内陸部に1例である。後張のものも東京湾から旧利根川を遡っていた可能性もある。さらに、鉄素材の鉄鋌は千葉・東京・群馬などで出土している。

　関東への鋳造鉄斧の伝播については、今のところ太平洋沿岸地域を伝わってきた可能性が高い。中部・東海地域での出土は、静岡県浜松市天王中野遺跡、同須部Ⅱ遺跡SD07、磐田市磐田67号墳、長野県飯綱町鍛冶久保古墳である。また、三重県津市雲出嶋抜遺跡、上野市わき塚古墳、名張市青蓮寺土山C-11地区祭祀遺構で出土例が知られている。長野県で出土例が知られているので、東山道ルートも想定されるが、今のところ群馬県地域での出土例は知られていない。太平洋ルート（東海道ルート）が想定されるわけである。

第3節　陶質土器・韓式系土器の東方伝播

　関東地方において古墳時代の陶質土器は、東京都足立区伊興遺跡の百済土器（5世紀後半〜6世紀前半）、千葉市大森第2遺跡の百済土器（5世紀中葉）、千葉市戸張作遺跡の新羅系陶質土器（5世紀中葉）、千葉県富津市野々間古墳の新羅土器（7世紀後半）、神奈川県大磯町愛宕山下横穴出土とされる新羅系伽耶土器（5世紀後半）、栃木県栃木市白山台遺跡の伽耶土器（5世紀）、上三川町殿山遺跡の伽耶土器（5世紀前半）、大野市二ノ谷遺跡の新羅系土器（5世紀前半）、小山市延島遺跡の新羅土器（6世紀中葉）があげられる。栃木県では、8世紀代の新羅土器が宇都宮周辺で多数出土していることは特筆される（定森1999）。また、千葉県松戸市行人台遺跡で金海系土器と思われる陶質土器（5世紀中葉）が出土している（第Ⅱ部第5章図1参照）。このほか、茨城県東海村権現山古墳、埼玉県本庄市金鑚神社古墳、同公卿塚古墳、同生野山将軍塚古墳、長野県千曲市土口将軍塚古墳の埴輪に格子目タタキ技法がみられる。須恵器製作との関連も想定されるが、韓式系土器の技法とも思われる。

　群馬県では、榛名山東麓を中心に10遺跡から韓式系土器が出土している（小林2009）。特に高崎市剣崎長瀞西10号墳は、他の要素とともに特筆される。鋳造鉄斧が出土した行人台遺跡でも陶質土器かと思われる坏が出土しており、陶質土器の分布は東京湾沿岸地域と栃木県域に分布の中心がある。一方韓式系土器は群馬県に集中する。ここでは積石塚も集中して分布していることから、渡来人の存在を示していると考えられる。また、田口一郎は百済系と考えられる平底の短頸瓶が関東地方の群馬、埼玉北部から出土していることを明らかにし、埼玉県行田市埼玉中の山古墳の須恵質埴輪壺についても同様の資料として評価した（田口1995：図1）。東山道ルートあるいは日本海側からのルートを想定するべきかもしれない。

　東京湾沿岸地域では韓式系土器の出土はほとんど知られていないが、東京都葛飾区柴又八幡神社古墳と千葉県松戸市大谷口16号住居で土師器の把手付坏が出土している。両者は近接した地域であり、6世紀末ころの渡来系資料として注目される。

　東北地方では山形県山形市で大伽耶地域からの陶質土器が出土しており、新庄市で新羅系陶質土器が出土している。いずれも6世紀前半から中葉のものである。このほか伝山形県とされる5世紀後半の新羅系陶質土器がある。福島県では郡山市で陶質土器が出土している。慶尚道西部と思われるが、須恵器との意見もある。北陸地域の新潟県胎内市宮の入遺跡でも5世紀代の新羅系陶質土器が出土している（水澤2009）。これらの分布を見ると、日本海に面した新潟、最上川流域の山形というように日本海沿岸のルートによってもたらされたものと考えることが

第4節 初期馬具の東方伝播

図1 平底短頸瓶の分布（田口一郎による）

できよう。福島県郡山市のものは東山道ルート、あるいは日本海ルートからの会津経由であろうか。

陶質土器・韓式系土器の関東への伝播は、東山道ルート、日本海ルート、太平洋ルート（東海道ルート）の3つが想定される。

第4節　初期馬具の東方伝播

本格的に馬具が関東以北に入ってくるのは5世紀後半である。例えば群馬県高崎市保渡田二子山古墳、埼玉県行田市埼玉稲荷山古墳などである。しかし、まれにそれより古い資料が存在する。群馬県高崎市剣崎長瀞西遺跡13号土坑（馬の殉葬）の轡、宮城県角田市吉ノ内1号墳の轡、さらには北海道余市町大川遺跡96号土坑墓の鏡板がある。いずれも5世紀中葉ころと考えられる資料である（第Ⅱ部第3章参照）。剣崎長瀞西遺跡では10号墳から朝鮮半島製の金製垂飾付耳飾が出土しており、高崎市下芝谷ツ古墳からは5世紀後半の金銅製飾履が出土している。

群馬県、宮城県、北海道とあまりにも点在した在り方なので、伝播ルートを考えるには情報が少ないのが現状である。ただし、剣崎長瀞西遺跡へは東山道ルートを想定するべきであろ

う。吉ノ内1号墳は阿武隈川下流域であり、東山道ルートから白河を越えて阿武隈川を下っていった可能性もあるが、太平洋ルートによってもたらされたことも想定される。大川遺跡へは日本海ルートを想定するべきだろう。

　大川遺跡50号土坑墓では多孔鈴と呼ばれる独特な鈴が出土している。日本列島では岡山県伝榊山古墳、群馬県白石稲荷山古墳からのみ出土している。これらの類例は内蒙古や遼寧省周辺の鮮卑系文化に特有のものであるらしい。鮮卑では鈴を上方に向けて雲珠や辻金具の頂上に差し込んでいたようである。大川遺跡の鏡板、多孔鈴については、日本海ルートを想定するべきだろう（第Ⅱ部第3章参照）。

第5節　L字竈・大壁建物の東方伝播

　L字竈、大壁建物に関して、これまで東国においてはほとんど注目されてこなかった。前者については関東地域で2例が確認されており、後者は検出例がほとんどないと思われていたが、奈良時代以降の類例を多く認めることができる。

　L字竈については、東京都府中市武蔵台東遺跡の38号住居に類例がある（図2）。奈良時代末期（8世紀末）ころの土器が出土している。周辺に奈良時代から平安時代にかけての竪穴住居が多数検出されているが、L字竈をもつのは本竪穴住居だけである。武蔵国分尼寺の北方に隣接しており、土器などに渡来系の要素はないが、国分尼寺に近在することから国家事業に渡来人が関わっていたことを想定するべきだろう。また、群馬県伊勢崎市今井学校遺跡9号住居において類例がある（赤堀町教育委員会1991）。6世紀前半を前後する時期と思われるが、周囲に堀と柵を巡らせたいわゆる首長居館である。首長居館内の竪穴住居でL字竈がつくられている例は稀有な例である。

　L字竈は琵琶湖周辺、北部九州および石川県地域に集中するが（松室1996：図3）、それ以外の地域では点在する在り方を示す。武蔵台東遺跡38号住居は松室分類C類、今井学校遺跡9号住居はB類である。武蔵台東遺跡のように、奈良時代あるいは7世紀後半以降の例は、寺院造営に関連したものである場合が多いようである（松室前掲：p.170）。

　古墳時代を中心とした大壁建物は、琵琶湖周辺と奈良盆地南部に集中して検出されている（花田2000）。東日本では三河および信濃でその存在が指摘されるにとどまっていた。しかし、中田英の研究から、奈良時代以降の関東地域で同様の建物が知られるようになってきた（中田1981・2005）。中田は「溝持ち」掘立柱建物として神奈川・群馬・栃木・静岡の事例を示しているが、特に神奈川県では中田の論考以降にも藤沢市若尾山遺跡などで全周する「溝持ち」掘

第5節 L字竈・大壁建物の東方伝播

立柱建物が検出されているし、茨城県水戸市台渡里廃寺でも「溝持ち」掘立柱建物が複数例確認されている。また、青柳泰介は石川・埼玉・山形・宮城で同様の建物の検出例を紹介している（青柳2012）。特に東北地域では城柵官衙で確認されるようである。これらの東日本で確認される事例は神奈川県で6世紀代も存在するが、その多くは7世紀後半から8世紀前半のものが多い（図4）。現在までのところで東日本において92例を確認している。

それぞれの遺構やその周辺から、渡来系遺物はほとんど見つかっていない。ただし、栃木県宇都宮市西下谷田遺跡の柵による方形区画に取りついた八脚門とされたSB-10が「溝持ち」掘立柱建物であるが、方形区画内から新羅土器や陶質土器などが出土している。中田英は「七世紀中葉まで大津北郊を中心に展開された大壁造り建物、それを構築する技術をもった渡来人

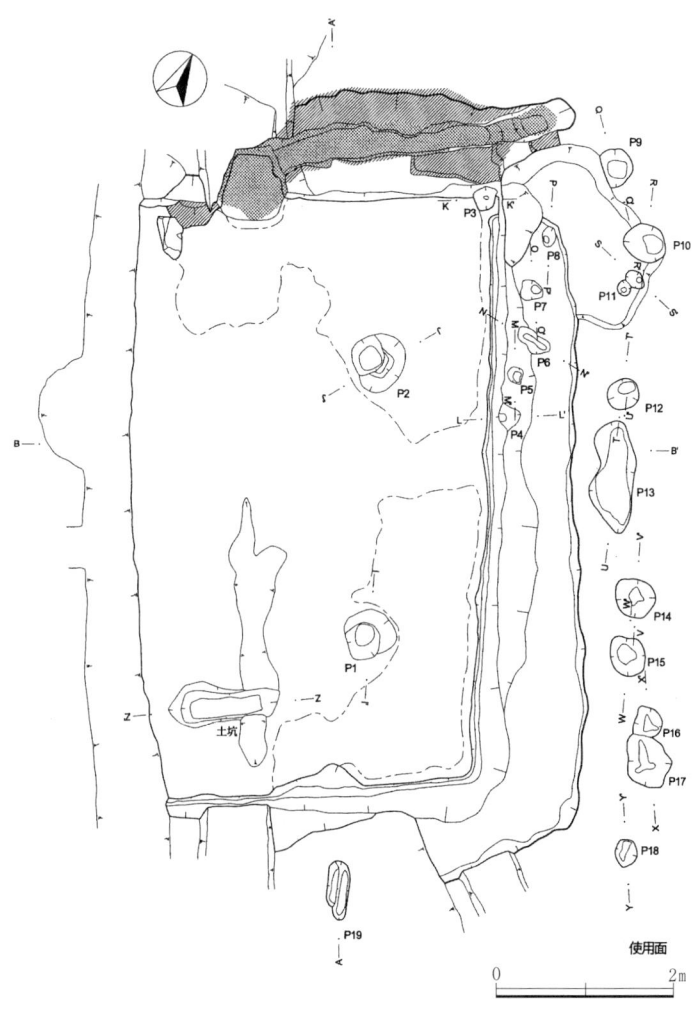

図2　武蔵台東遺跡38号住居のL字竈

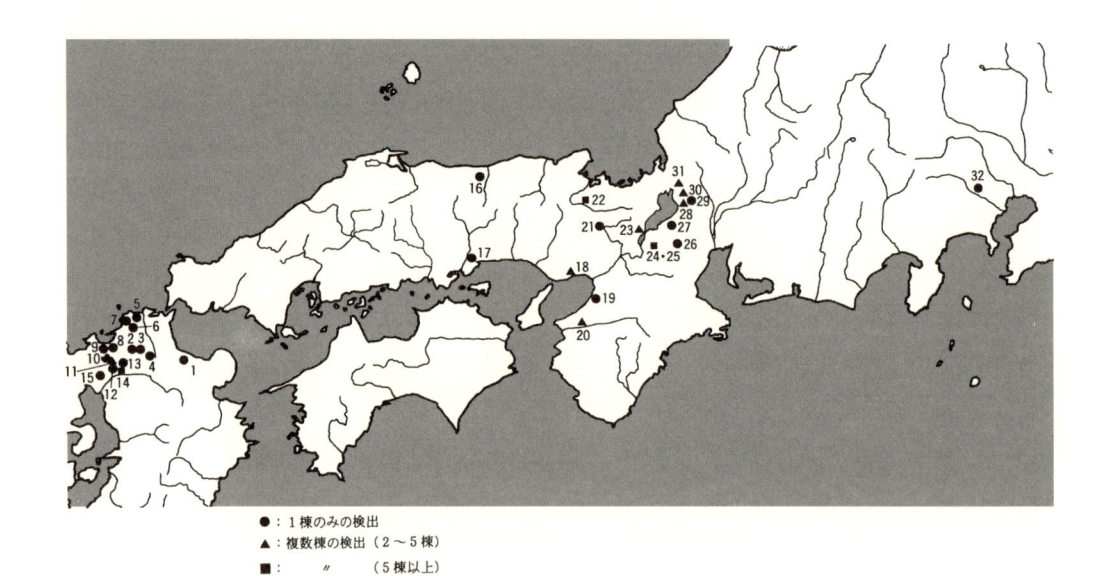

第 8 章　東国古墳時代における渡来文化の流入と展開

●：1棟のみの検出
▲：複数棟の検出（2〜5棟）
■：　　〃　　（5棟以上）

図3　L字竈の分布（松室孝樹による）

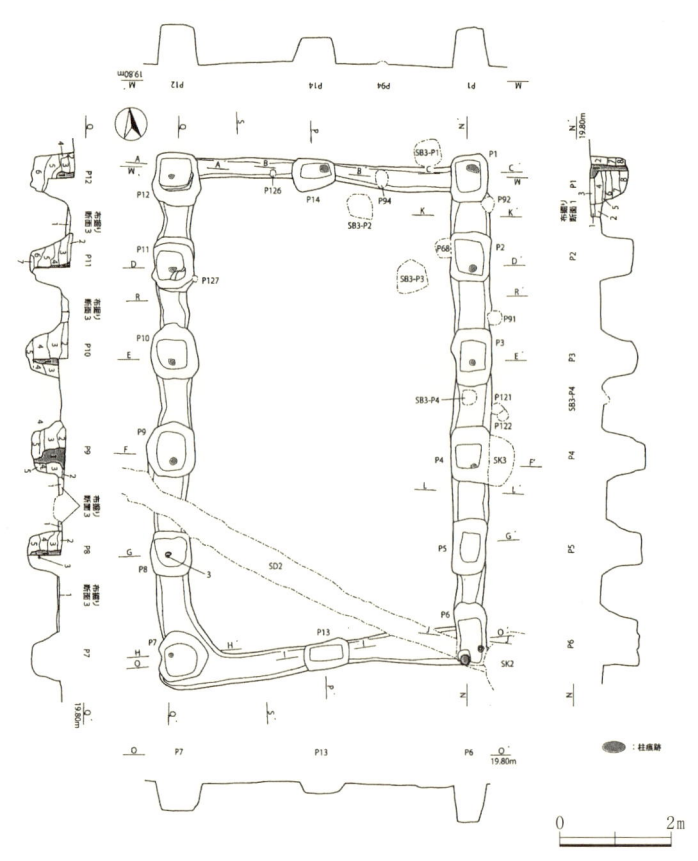

図4　狛江市古屋敷・相之原遺跡の「溝持ち」掘立柱建物

166

の集団、あるいはその技術が七世紀後半の相模の地に伝えられ、郡衙跡の正倉や一部の建物、大規模集落の大型掘立柱建物の柱掘りかたとして」(中田 2005：p.590) 採用されたと考えたのである。

　青柳泰介は東日本の大壁建物を見渡して、青柳分類のD類 (中田英の「溝持ち」掘立柱建物) が東海〜東北の太平洋側に分布し、E類 (布掘筏地業建物) が今後北陸〜東北の日本海側で確認される可能性があることを指摘した (青柳 2012：p.267)。太平洋側のものは、日本列島西部の大壁建物と直接的な系譜が辿れる可能性を指摘している。百済滅亡後の移民との関わりを追跡する手掛かりになるとの推測をおこなっている。太平洋ルートと日本海ルートの2つの方向で東北へと伝播した可能性があり、なかでも太平洋ルートがメインルートであったと推定した。なお、大壁建物そのものから渡来系資料が出土する例は少ない。青柳が大壁建物と渡来系資料について、「五世紀代の例は周辺の遺構から出土するケースが多いが、六世紀代の例は周辺からもほとんど出土しないケースが多い」(青柳 2003c：p.368) としたように、日本列島内での何世代か後の渡来人が構築した遺構として大壁建物が存在していた可能性が指摘できる。

第6節　まとめ

　ここまで、東国古墳時代の渡来系資料を紹介してきた。その伝播ルートを示すと以下の通りである。
　　①鋳造鉄斧は太平洋ルートがある
　　②陶質土器・韓式系土器は東山道ルート・日本海ルート・太平洋ルートがある
　　③初期馬具は類例が少ないが東山道ルートおよび北海道への日本海ルートがある
　　④古墳時代から奈良時代にかけての大壁建物は太平洋ルートと日本海ルートがある
　古墳時代から古代にかけて、東国への渡来系資料の伝播には海上ルートが大きな役割を果たしていたことが判明した。もちろん東山道ルートという内陸を通る伝播もあったことは間違いない。しかし、古墳時代には奈良時代以降のような官道 (直線道路) は存在しない。情報や文物の伝播に際しては、船が活躍していたはずである。河川をもとにした水上交通、海をもとにした海上交通がその主たるルートであったはずである。筆者は以前、古墳時代の太平洋沿岸地域の主要古墳の立地を通して、海上交通を掌る、港を統括する首長の存在を指摘したことがある (図5)。福島県いわき市荒田目条里遺跡で出土した木簡に書かれていた「津長」について、この木簡は奈良時代のものであるが、それが古墳時代にまで遡ることを指摘したのである (日高 2002)。古墳時代には、渡来系資料のみならず、海上交通・水上交通が極めて大きな役割を

第 8 章　東国古墳時代における渡来文化の流入と展開

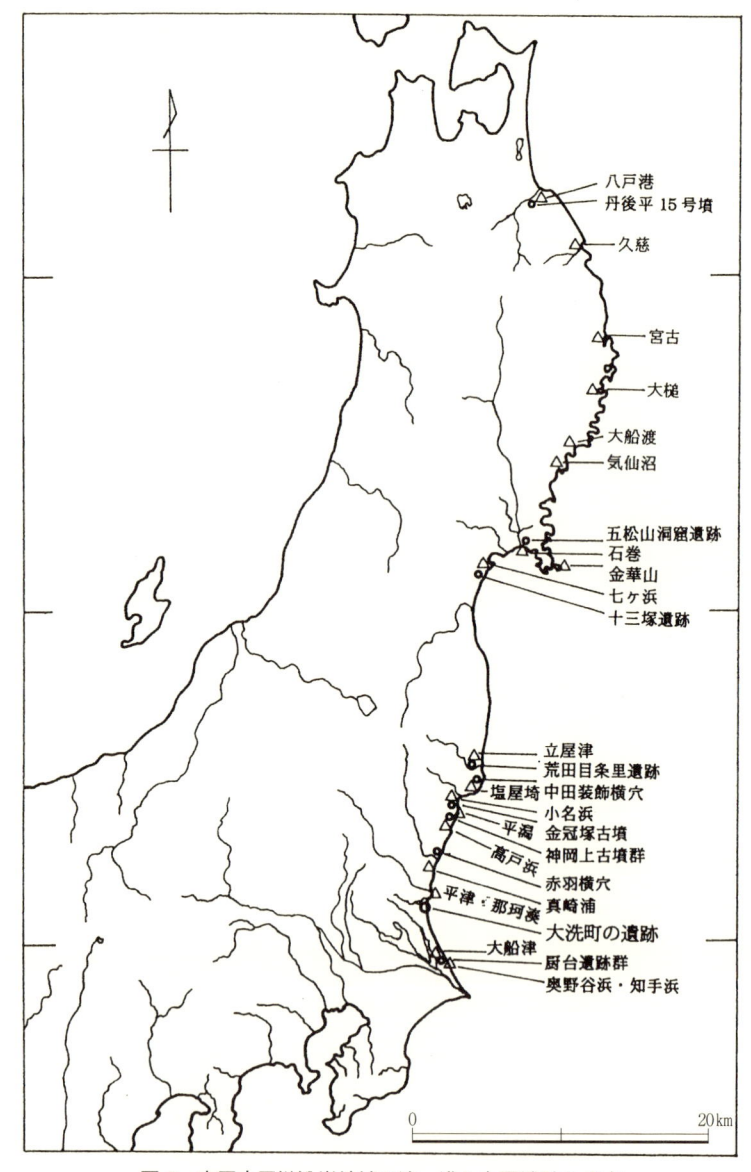

図 5　東国太平洋沿岸地域の津・港と主要遺跡の分布

担っていたと考えられるだろう。

　このほかにも東国における渡来系資料としては、重層ガラス玉やトンボ玉（安永 2006）、柄孔鉄斧（伊藤 2001）、埼玉県行田市埼玉将軍山古墳の馬冑・蛇行状鉄器や同酒巻 14 号墳の蛇行状鉄器を装着した馬形埴輪や渡来人と目される人物埴輪、儀仗用サルポなど触れられなかった渡来系資料が多く存在する。これらの渡来系資料の集成研究が急務である。今後の検討を期したい。

図版出典一覧

第Ⅰ部
第1章
図1：末永 1955

第2章
図1：若松・日高 1993

図2：図1をもとに筆者作成

第3章
図1～3：今津 1988

第4章
図1：坂 1988

図2：笠原 1991・大西 1994

図3：間壁 1988

図4：笠原 1991

第5章
図1・2：下野市教育委員会 2014

第6章
図1：今平・梁木 1992

図2：市原市文化財センター 2004

図3・4：石塚ほか 1980

第7章
図1：古屋 2007

図2：中井ほか 2003

図3：徳田・清喜 2001

図版出典一覧

　　図4：西田ほか1991
　　図5：桝井ほか1990
　　図6：松田ほか2007
　　図7：前原ほか1992
　　図8：桝井ほか1990
　　図9：深澤2007
　　図10：石戸ほか1991
　　図11：太田2001b

第Ⅱ部
　第1章
　　図1：日高ほか2000
　　図2：大塚ほか1978

　第2章
　　図1：常木ほか2004
　　図2：1.小海町教育委員会1994／2～4.西山1999／5.常木ほか2004
　　図3：1.宮内庁1977／2.皆川ほか2003／3.秋田市教育委員会1994／4.津野2003
　　図4：馮2001
　　図5：1・2.中国社会科学院考古研究所1980／3.馮2001
　　図6：1・2.中国社会科学院考古研究所1980
　　図7：奈良文化財研究所編2008

　第3章
　　図1：筆者作成
　　図2・3：菊池1995などをもとに筆者作成

　第4章
　　図1：松戸市教育委員会1997
　　図2～4：峰村ほか2005
　　図5～11：筆者作成

図 12：峰村ほか 2005・小久保ほか 1978

図 13：松戸市立博物館 2003

第 5 章

図 1：筆者作成

図 2：峰村ほか 2005

図 3：1～3.樋口ほか 1991 ／ 4.岡戸 1996 ／ 5.青柳 2003b ／ 6～8.安ほか 1993 ／ 9.筆者作成

図 4：峰村ほか 2005

第 6 章

図 1：1.杉山ほか 2004 ／ 2.三浦ほか 1998 ／ 3.中沢・長滝 2003 ／ 4.小渕ほか 1980 ／ 5.大塚ほか 1989 ／ 6.井上 2004 ／ 7.下村 1973 ／ 8.高橋ほか 2005 ／ 9.天理市教育委員会 1985

図 2：アリバウム 1980

図 3：アリバウム 1980

第 7 章

図 1：行田市教育委員会 1988

図 2：市原市文化財センター 2004

図 3・4：和歌山県立紀伊風土記の丘 2013

図 5：第Ⅰ部第 5 章

図 6：行田市教育委員会 1988

図 7：奈良県立橿原考古学研究所 1990

図 8：太田 2006

図 9：坂 2014

第 8 章

図 1：田口 1995

図 2：西野ほか 1999

図 3：松室 1996

図 4：宇佐美ほか 2012

図 5：日高 2002

引用・参考文献一覧

青柳泰介　1996「御所市井戸遺跡・南郷安田遺跡発掘調査概報」『奈良県遺跡調査概報　1995年度』
　　　奈良県立橿原考古学研究所

青柳泰介　2003a「導水施設考」『古代学研究』160　pp.15-35

青柳泰介　2003b『南郷遺跡群Ⅲ』奈良県立橿原考古学研究所

青柳泰介　2003c「「大壁建物」再考」『橿原考古学研究所論集　第十四』八木書店　pp.347-371

青柳泰介　2012「「大壁建物」東へ」『東アジアの文物　中軒沈奉謹先生古稀記念論選集　2巻　考
　　　古学・ロシア』世宗出版社　pp.261-272

赤堀町教育委員会　1991「今井学校遺跡第Ⅲ地点調査概報」『平成2年度埋蔵文化財発掘調査概報』
　　　pp.1-33

秋田市教育委員会　1994『秋田城跡　平成5年度秋田城跡調査概報』

秋元陽光・大橋泰夫・水沼良浩　1989「国分寺市甲塚古墳調査報告」『栃木県考古学会誌』11
　　　pp.181-198

朝日新聞愛媛版　1985.8.23付「朝鮮製の鉄斧出土　松山の古墳」

朝日新聞但馬版　2002.5.30付「竹野・出持3号墳　農具「鋳造鉄斧」が出土」

東　　潮　1979「朝鮮三国時代の農耕」『橿原考古学研究所論集』4　吉川弘文館（東1998に加筆・
　　　修正し再録　pp.323-359）

東　　潮　1998「鋳造斧形品をめぐる諸問題」『古代東アジアの鉄と倭』渓水社　pp.284-322

足立区立郷土博物館　2000『古代伊興遺跡の世界』

穴沢咊光・馬目順一　1979「郡山市牛庭出土の銀作大刀」『福島考古』20　pp.101-116

阿部知己　1999「福島県埴輪カタログ　中通り編その一」『福島考古』40　pp.71-82

甘粕　健ほか　1982『横浜市史　資料編21　考古資料編』横浜市

天野哲也　1994「オホーツク文化期北海道島にもたらされた帯飾板の背景」『北方史の新視座』雄山
　　　閣　pp.45-73

L.I.アリバウム（加藤九祚訳）　1980『古代サマルカンドの壁画』文化出版局

安在晧ほか　1993『金海禮安里古墳群Ⅱ』釜山大学校博物館

飯塚　誠ほか　1993『少林山台遺跡』群馬県埋蔵文化財調査事業団

井沢紘生ほか編　1996『日本動物大百科2　哺乳類Ⅱ』平凡社

石塚久則ほか　1980『塚廻り古墳群』群馬県教育委員会

石戸啓夫　1991「古墳時代遺構群の性格」『千葉県印旛郡栄町龍角寺尾上遺跡・龍角寺谷田川遺跡』
　　　財団法人印旛郡市文化財センター　pp.91-102

石戸啓夫ほか　1991『千葉県印旛郡栄町龍角寺尾上遺跡・龍角寺谷田川遺跡』財団法人印旛郡市文
　　　化財センター

石山　勲ほか　1978「太田町遺跡」『九州縦貫自動車道関係埋蔵文化財調査報告ⅩⅩⅠ』福岡県教育
　　　委員会

和泉田毅ほか　2002『西島松5遺跡』北海道埋蔵文化財センター

泉森　皎　1983「古墳と周辺施設」『関西大学考古学研究室開設参拾周年記念考古学論叢』関西大学　pp.227-252

泉森　皎　1985「刀剣の出土状態の検討」『末永先生米壽記念獻呈論文集　乾』末永先生米寿記念会　pp.393-435

泉森　皎　1991「装身具」『古墳時代の研究3』雄山閣　pp.34-44

市川　創　2004「舶来品の鉄器と玉」『葦火』111　(財)大阪市文化財協会　pp.4-5

市毛　勲　1985「人物埴輪における隊と列の形成」『古代探叢Ⅱ』早稲田大学出版部　pp.353-368

市毛　勲　1991a「人物埴輪における姿態別服飾について」『古代探叢Ⅲ』早稲田大学出版部　pp.449-469

市毛　勲　1991b「髪形と身体装飾」『古墳時代の研究3』雄山閣　pp.45-51

市原市文化財センター　2004『市原市山倉古墳群』市原市教育委員会

市原壽文　1953「武蔵国田園調布四丁目観音塚古墳発掘報告」『白山史学』創刊号　pp.42-49

伊藤秋男　1973「韓国慶州古墳群における石室墳の編年について―慶州皇南洞第151号墳の研究―」『古代文化』25-11　pp.355-374

伊東重敏・川崎純徳　1985『花園壁画古墳(第3号墳)調査報告書』岩瀬町教育委員会

伊藤裕偉・川崎志乃　2001『嶋抜Ⅲ』(三重県埋蔵文化財調査報告218)三重県埋蔵文化財センター

伊藤雅文　2001「新羅斧考」『能登半島の考古学』石川考古学研究会　pp.141-156

伊藤勇輔ほか　1978『兵家古墳群』(奈良県史跡名勝天然記念物調査報告37)奈良県教育委員会

乾　芳宏　2000『大川遺跡における考古学的調査Ⅱ』余市町教育委員会

乾　芳宏ほか　2000『大川遺跡における考古学的調査Ⅲ』余市町教育委員会

乾　芳宏ほか　2001『大川遺跡における考古学的調査Ⅳ』余市町教育委員会

犬木　努　2008「形象埴輪「列状配置」についての補遺」『埴輪の風景』六一書房　pp.215-220

井上裕一　2004「動物埴輪資料」『山内清男考古資料14』奈良文化財研究所　pp.57-100

猪熊兼繁　1962『古代の服飾』至文堂

茨城県教育財団　2003『二の沢A遺跡・二の沢遺跡(古墳群)・ニガサワ古墳群』

今津節生　1988『東国のはにわ』福島県立博物館

岩﨑卓也　1973「古式土師器再考」『東京教育大学文学部紀要』91　pp.1-26

岩﨑卓也　1986「刀剣類について」『武者塚古墳』新治村教育委員会　pp.80-81

岩崎仁志　1994『木ノ井山古墳』山口県教育委員会

岩松　保　2011「人面付き土器の系譜(上・下)」『京都府埋蔵文化財情報』115・116　pp.17-24・pp.23-30

上村安生　2006「有孔広口筒形土器について」『三重県史研究』21　pp.59-80

宇垣匡雅　1997「前期古墳における刀剣副葬の地域性」『考古学研究』44-1　pp.72-92

宇佐美哲也ほか　2012『東京都狛江市古屋敷・相之原遺跡』国際文化財株式会社

宇田川武久　1987「李朝前期の兵器の諸相と「兵器図説」」『国立歴史民俗博物館研究報告』12

pp.15-183

内山敏行　2011「毛野地域における6世紀の渡来系遺物」『古墳時代毛野の実像』（季刊考古学・別冊17）雄山閣　pp.142-147

梅沢重昭　1987「綿貫観音山古墳の埴輪祭式」『討論群馬・埼玉の埴輪』あさを社　pp.161-170

梅沢重昭　1990「観音山古墳の発掘調査」『藤ノ木古墳と東国の古墳文化』群馬県立歴史博物館　pp.58-80

梅沢重昭　1998「綿貫観音山古墳の埴輪祭祀」『綿貫観音山古墳Ⅰ』群馬県教育委員会・群馬県埋蔵文化財調査事業団　pp.457-471

梅沢重昭ほか　1998『綿貫観音山古墳Ⅰ』群馬県教育委員会・群馬県埋蔵文化財調査事業団

梅沢重昭ほか　1999『綿貫観音山古墳Ⅱ』群馬県教育委員会・群馬県埋蔵文化財調査事業団

梅原末治・小林行雄　1940『筑前国嘉穂郡王塚装飾古墳』京都帝国大学文学部

江上波夫・水野清一　1935『内蒙古・長城地帯』東亜考古学会

海老澤美基　2011「女騎考」『総合女性史研究』28　pp.33-56

榎村寛之　1996『律令天皇制祭祀の研究』塙書房

大崎康文　2003『北牧野古墳群』滋賀県教育委員会・滋賀県文化財保護協会

大田区教育委員会　2005『大田区の埋蔵文化財』17

太田博之　1995「句兵を表現する埴輪」『古代』100　pp.345-356

太田博之　2001a「古墳時代の句兵」『考古聚英　梅澤重昭先生退官記念論文集』pp.211-218

太田博之　2001b『旭・小島古墳群―前の山古墳―』本庄市教育委員会

太田博之　2006「埼玉中の山古墳出土の有孔平底壺系円筒形土器」『考古学雑誌』90-2　pp.27-63

太田博之　2008「古墳時代中期東日本の埴輪製作技術と渡来工人」『日本考古学』25　pp.47-65

太田博之　2010「朝鮮半島起源の服飾・器物を表現する埴輪について」『古代』123　早稲田大学考古学会　pp.111-127

太田博之　2013「東日本における古墳時代後期の朝鮮半島系遺物と首長層の動向」『国立歴史民俗博物館研究報告』179　pp.167-194

大塚和義　1998「イノシシの魂を所持する人物埴輪の考察」『時の絆［道を辿る］』石附喜三男先生を偲ぶ本刊行委員会　pp.537-548

大塚初重　1978「虎塚古墳壁画の特色と被葬者の性格」『虎塚壁画古墳　勝田市史別編Ⅰ』勝田市　pp.133-144

大塚初重ほか　1978『虎塚壁画古墳　勝田市史別編Ⅰ』勝田市

大塚初重ほか　1989『小幡北山埴輪製作遺跡』茨城町教育委員会

大塚広往ほか　1990「行人台遺跡」『平成元年度松戸市内遺跡発掘調査概報』松戸市教育委員会　pp.31-48

大西貴晴　1994『梶遺跡第二次発掘調査概要』守口市教育委員会

大沼忠春　1996「北海道古代社会と文化―七～九世紀―」『古代蝦夷の世界と交流』名著出版　pp.103-140

岡崎　敬ほか　1979『宗像沖ノ島』宗像大社復興期成会
小笠原信夫　1991「ある七星剣について」『刀剣美術』416　pp.2-8
岡田精司　1983「大王就任儀礼の原形とその展開」『日本史研究』245　pp.1-32
岡田精司　1988「古代伝承の鹿―大王祭祀復元の試み―」『古代史論集』塙書房　pp.125-151
岡田莊司　1989「大嘗祭―〝真床覆衾〟論と寝座の意味―」『国学院雑誌』90-12　pp.1-27
岡戸哲紀　1996『陶邑・大庭寺遺跡Ⅴ』（財）大阪府埋蔵文化財調査研究センター
岡山県教育委員会　1994『山陽自動車道建設に伴う発掘調査8』
小川良太　1992「筒江中山古墳群」『兵庫県史　考古資料編』兵庫県
奥西峻介　2011「双面の者」『日本語・日本文化』37　大阪大学日本語日本文化教育センター　pp.1-32
奥野和夫ほか　1990『森遺跡Ⅱ』交野市教育委員会
小野真一　1959『駿河石川古墳群発掘調査報告』原町教育委員会
小渕良樹ほか　1980『広木大町古墳群』埼玉県遺跡調査会
折口信夫　1928「大嘗祭の本義」『国学院雑誌』34-8・11（のち1955『折口信夫全集　第3巻』中央公論社　pp.174-240に再録）
鏡山　猛ほか　1958『沖ノ島』宗像神社復興期成会
笠原勝彦　1991　『梶遺跡』守口市教育委員会
加島　勝　1991「出土の小金銅仏」『季刊考古学』34　pp.60-65
片山一道　2013『骨考古学と身体史観』敬文舎
勝部明生・鈴木　勉　2003「藤ノ木古墳出土馬具の源流を辿る」『橿原考古学研究所論集　第十四』八木書店　pp.373-406
上村俊雄　1978「鹿児島県曽於郡大崎町持留双子塚出土の朝鮮式鉄斧」『隼人文化』4　隼人文化研究会　p.84
上村俊雄　1980「鹿児島県の古墳文化（一）」『古文化談叢』7　pp.93-104
亀井正道　1966「衣服と装身具」『日本の考古学Ⅴ　古墳時代下』河出書房新社　pp.211-237
亀田修一　1993「考古学から見た渡来人」『古文化談叢』30　pp.747-778
河南省鞏義市文物保護管理所編　2000『黄冶唐三彩窯』科学出版社
川西宏幸・辻村純代　1991「古墳時代の巫女」『博古研究』2　pp.1-26
上林史郎　2002「副葬品配置が意味するもの」『未盗掘古墳の世界』大阪府立近つ飛鳥博物館　pp.73-80
菊池俊彦　1995「東北アジアからみた古代の余市」『余市シンポジウムの記録』北海道・東北史研究会　pp.20-34
菊地芳朗　2004「古墳時代刀剣類研究の諸問題―後期を中心に―」『鉄器文化の多角的研究』鉄器文化研究会　pp.1-12
岸　俊男　1979「聖徳太子と古代刀剣」『歴史と人物』9-12　pp.190-195
木下順二　1991『ぜんぶ馬の話』文春文庫　pp.121-122

行田市教育委員会　1988『酒巻古墳群　昭和 61 年度～昭和 62 年度発掘調査報告書』
行田裕美・木村祐子　1992『長畝山北古墳群』(津山市埋蔵文化財発掘調査報告 45) 津山市教育委員会
宮内庁　1977『正倉院の大刀外装』小学館
熊谷公男　1988「古代王権とタマ（霊）」『日本史研究』308　pp.1-23
車崎正彦　1999「東国の埴輪」『はにわ人は語る』山川出版社　pp.133-179
黒沢哲郎ほか　2002『多古台遺跡群Ⅱ』香取郡市文化財センター
小海町教育委員会　1994『眠りからさめた三寅剣』
小久保徹ほか　1978『東谷・前山 2 号墳・古川端』(埼玉県遺跡発掘調査報告書 16) 埼玉県教育委員会
児島隆人　1973「山ノ神古墳」『嘉穂地方史　先史編』
小嶋芳孝　1996「蝦夷とユーラシア大陸の交流」『古代蝦夷の世界と交流』名著出版　pp.399-437
小玉道明ほか　1988『井田川茶臼山古墳』三重県教育委員会
後藤守一　1927『日本考古学』四海書房
後藤守一　1931a「埴輪の意義」『考古学雑誌』21-1　pp.26-50
後藤守一　1931b「着裳の埴輪女子発見」『考古学雑誌』21-8　pp.61-62
後藤守一　1933a「埴輪の意義を論じて古代の祭祀に及ぶ」『国史学』14　pp.1-17
後藤守一　1933b『上野国佐波郡赤堀村今井茶臼山古墳』(帝室博物館学報第六冊)
後藤守一　1935「前方後円墳雑考」『歴史公論』4-7　pp.25-44
後藤守一　1936「所謂裂裟衣着用埴輪について」『考古学論叢』第三輯（のち 1942『日本古代文化研究』河出書房　pp.271-294 に再録）
後藤守一　1937「埴輪より見たる上古時代の葬礼」『斎藤先生古稀記念論文集』（のち 1942『日本古代文化研究』河出書房　pp.257-270 に再録）
後藤守一　1940「上古時代の帽に就て」『人類学雑誌』55-5（のち 1942『日本古代文化研究』河出書房　pp.366-399 に再録）
後藤守一　1941a「上古時代の天冠」『史潮』10-3・4（のち 1942『日本古代文化研究』河出書房　pp.319-365 に再録）
後藤守一　1941b「上古時代衣服の形式」『古代文化』12-7（のち 1942『日本古代文化研究』河出書房　pp.295-318 に再録）
後藤守一　1942『日本古代文化研究』河出書房
後藤守一　1943『服装史概説』四海書房
後藤守一　1948『私たちの生活史　衣服編』八重山書店
後藤守一　1956『衣服の歴史』河出新書
後藤守一・相川龍雄　1936『多野郡平井村白石稲荷山古墳』(群馬県史蹟名勝天然紀念物調査報告三) 群馬県
湖南省博物館　1959「長沙両晋南隋墓発掘報告」『考古学報』1959-3　pp.75-103
小林　修　2009「古墳時代後期における古墳属性の分析と史的意義」『考古学雑誌』93-2　pp.1-29

小林高範　1989「短冊形鉄斧」『保内三王山古墳群測量・発掘調査報告書』三条市教育委員会　pp.163-165

小林孝秀ほか　2012『企画展　東日本の古墳と渡来人』松戸市立博物館

小林行雄　1935「小型丸底土器小考」『考古学』6-1　pp.1-6

小林行雄　1944「埴輪論」『史迹と美術』15-4　pp.105-114

小林行雄　1951『日本考古学概説』創元社

小林行雄　1960『埴輪』(陶器全集1) 平凡社

小林行雄　1974『埴輪』(陶磁大系3) 平凡社

小林行雄　1976 (初出1949)「黄泉戸喫」『古墳文化論考』平凡社　pp.263-281

五味充子　1972「服飾からみた高松塚」『飛鳥高松塚古墳』学生社　pp.131-144

小南一郎　1991『西王母と七夕伝承』平凡社

狛江市史編さん委員会　1985『狛江市史』狛江市

小柳義男　1994『庚申塚古墳発掘調査報告書』牟礼村教育委員会

近藤義郎　1952「問題の所在」『佐良山古墳群の研究　第一冊』津山市教育委員会　pp.41-53

近藤義郎　1998『前方後円墳の成立』岩波書店

近藤義郎　2005『前方後円墳の起源を考える』青木書店

今平利幸・梁木　誠　1992『下桑島西原古墳群』宇都宮市教育委員会

西郷信綱　1967『古事記の世界』岩波新書

斎藤明彦　1993「東坊城遺跡　六反田地区」『大和を掘る　1991年度発掘調査速報展』奈良県立橿原考古学研究所附属博物館　p.18

西藤清秀ほか　1997『島の山古墳調査概報』学生社

斎藤国夫　1989「埼玉県行田市酒巻十四号墳の埴輪配列について」『古代』87　早稲田大学考古学会　pp.172-188

斎藤　忠　1988『古典と考古学』学生社

酒井清治　1998「日韓の甑の系譜から見た渡来人」『楢崎彰一先生古希記念論文集』真陽社　pp.27-38

酒井清治　2002『古代関東の須恵器と瓦』同成社

酒井清治　2013『土器から見た古墳時代の日韓交流』同成社

堺市教育委員会　1989『堺市の文化財―考古資料編―』

酒井元樹　2014「鎌倉時代における刀身彫刻の研究」『佛教藝術』334　pp.70-91

坂本経堯　1962『阿蘇長目塚』(熊本県文化財調査報告3) 熊本県教育委員会

坂本太郎ほか校注　1967『日本書紀　上』(日本古典文学大系67) 岩波書店

坂本豊治　2012「第8章 結語」『中村1号墳』出雲市教育委員会　pp.345-351

笹川龍一ほか　1992『史跡有岡古墳群（王墓山古墳）保存整備事業報告書』善通寺市文化財保護協会

佐々木安彦ほか　1983『朽木橋横穴古墳群・宮前遺跡』宮城県教育委員会

佐田　茂　1974「人物埴輪に見える衣服の形式」『史淵』101　pp.177-198

佐田　茂ほか　1984『セスドノ古墳』田川市教育委員会

佐藤敏幸　2008『矢本横穴群Ⅰ』東松島市教育委員会

定森秀夫　1999「陶質土器からみた東日本と朝鮮」『青丘学術論集』15　韓国文化研究振興財団　pp.5-93

佐藤政則　1978『日立市六ツヶ塚遺跡発掘調査報告書』日立市教育委員会

佐藤由紀男ほか　2000『須部Ⅱ遺跡』（財）浜松市文化協会

佐原　眞　1993『騎馬民族は来なかった』日本放送出版協会　pp.30-32

沢田むつ代　1992「天寿国繍帳の現状」『MUSEUM』495　pp.4-25

島立　桂　1992「市原市草刈遺跡Ｊ区（千原台地区）」『千葉県文化財センター年報』17　財団法人千葉県文化財センター　pp.21-24

下野市教育委員会　2014『甲塚古墳発掘調査報告書』

下村登良男　1973『三重県神前山１号墳発掘調査報告書』明和町教育委員会

城倉正祥　2008「北武蔵における埴輪生産の定着と展開」『古代文化』60-1　pp.97-107

小郷利幸　1994『河辺上原遺跡』（津山市埋蔵文化財発掘調査報告54）津山市教育委員会

白井久美子ほか　2006『千葉東南部ニュータウン35―千葉市椎名崎古墳群Ｂ支群―』千葉県教育振興財団

白石太一郎　1975「ことどわたし考」『橿原考古学研究所論集　創立35周年記念』吉川弘文館　pp.347-371

申敬澈（大竹弘之訳）　2001「嶺南出土の土師器系土器」『3・4世紀日韓土器の諸問題』釜山考古学研究会・庄内式土器研究会・古代学研究会　pp.1-25（pp.26-39）

末永雅雄　1930「七星剣の兵器的考察」『歴史と地理』26-1　pp.18-29

末永雅雄　1955「衣食住」『日本考古学講座5　古墳文化』河出書房　pp.218-232

末永雅雄　1979「古代刀剣身の銘文と装飾」『歴史と人物』9-1　pp.46-61

末永雅雄　1981『増補日本上代の武器』木耳社

末永雅雄編　1972『飛鳥高松塚古墳』学生社

須賀川市教育委員会　1974『須賀川市史　自然　原始　古代』

菅谷文則　1971「横穴式石室の内部―天蓋と垂帳―」『古代学研究』59　pp.23-28

杉井　健　1993「竈の地域性とその背景」『考古学研究』40-1　pp.33-60

杉井　健　1999「甑形土器の地域性」『国家形成期の考古学』大阪大学考古学研究室　pp.383-409

杉崎茂樹ほか　1986『瓦塚古墳』（埼玉古墳群発掘調査報告書4）埼玉県教育委員会

杉原たく哉　1984「七星剣の図様とその思想―法隆寺・四天王寺・正倉院所蔵の三剣をめぐって―」『美術史研究』21　pp.1-21

杉山晋作　1983「人物埴輪頭部における装身表現」『季刊考古学』5　pp.47-51

杉山晋作　1986「古代東国の埴輪群像」『歴博』16　国立歴史民俗博物館　p.15

杉山晋作　1991「人物埴輪の背景」『古代史復元7　古墳時代の工芸』講談社　pp.41-56

杉山晋作　2004「埴輪が語ること」『王の墓と奉仕する人びと』山川出版社　pp.162-179

杉山晋作・井上裕一・日高　慎　1997「古墳時代の横坐り乗馬」『古代』103　早稲田大学考古学会

　　　　　　 pp.157-186
杉山晋作ほか　2004「猿田Ⅱ遺跡の調査」『国立歴史民俗博物館研究報告』120　pp.277-481
鈴木一有　1998「構築過程の復元と儀礼」『宇藤坂古墳群』(財)浜松市文化協会　pp.106-111
鈴木敏則ほか　1991『瓦屋西古墳群』浜松市教育委員会
鈴木一寿　2003『下総塚古墳発掘調査報告書（第6次調査）』白河市教育委員会
鈴木正行　1997『天王中野遺跡2』財団法人浜松市文化協会
鈴木靖民　1996「古代蝦夷の世界と交流」」『古代蝦夷の世界と交流』名著出版　pp.13-72
須藤　宏　1991「人物埴輪のもつ意味」『古代学研究』126　pp.26-32
清家　章　2010『古墳時代の埋葬原理と親族構造』大阪大学出版会
清家　章　2015『卑弥呼と女性首長』学生社
関口慶久ほか　2006『吉田古墳Ⅰ』水戸市教育委員会
瀬谷昌良　1986『丑塚古墳群・寺山古墳群・裏山遺跡』協和町小栗地内遺跡調査会
薗田香融　1991（初出は1964年）「護り刀考」『日本古代の貴族と地方豪族』塙書房　pp.3-12
田井知二　1997『千原台ニュータウン7―草刈1号墳―』（千葉県文化財センター調査報告295）
髙島好一・馬目順一　2010『神谷作106号墳・白穴横穴群』いわき市教育委員会
高槻市立しろあと歴史館　2004『発掘された埴輪群と今城塚古墳』
高橋克壽　1996『埴輪の世紀』講談社
高橋克壽ほか　2005『奈良山発掘調査報告Ⅰ』奈良文化財研究所
高橋健自　1923「日本原史時代の服飾」『中央史壇』6-1　pp.75-96
高橋健自　1925「大和国佐味田発見埴輪土偶に就いて」『考古学雑誌』15-2　pp.1-9
高橋健自　1927『日本服飾史論』大鐙閣
高橋健自　1929a『歴世服飾図説』聚精堂書店
高橋健自　1929b『埴輪及装身具』（考古学講座第21巻）雄山閣
滝口　宏　1956「千葉県芝山古墳群調査速報」『古代』19・20合併号　早稲田大学考古学会 pp.49-64
滝口　宏　1963『はにわ』日本経済新聞社
滝口　宏ほか　1951『上総金鈴塚古墳』千葉県教育委員会
滝口　宏ほか　1988『Shibayama Haniwa Catalogue』芝山はにわ博物館
田口一郎　1995「平底短頸瓶覚書」『群馬考古学手帳』5　pp.75-91
武末純一　1997「土器からみた加耶と古代日本」『加耶と古代日本』金海市学術委員会　pp.87-116
武田佐知子　1984『古代国家の形成と衣服制』吉川弘文館
武田佐知子　1993「埴輪の衣服について」『月刊考古学ジャーナル』357　pp.26-29
武正良浩　2003『福音小学校内遺跡Ⅱ』（松山市文化財調査報告書91）松山市教育委員会
辰巳和弘　1980『引佐町の古墳文化Ⅰ　北岡2号墳発掘調査報告書』引佐町教育委員会
辰巳和弘　1990『高殿の古代学』白水社
辰巳和弘　1991「衣服」『古墳時代の研究3』雄山閣　pp.27-33
辰巳和弘　1992『埴輪と絵画の古代学』白水社

辰巳和弘　1994「後期古墳における武器副葬の呪的意味」『安井良三博士還暦記念論集　考古学と文化史』pp.1-14

辰巳和弘　1996『「黄泉の国」の考古学』講談社

辰巳和弘　2003「矢の呪力」『大塚初重先生喜寿記念論文集　新世紀の考古学』pp.427-441

たなかしげひさ　1965「丙子椒林・7星剣と法隆寺の日月剣」『佛教藝術』56　pp.63-77

田中新史　1995「使用具の古墳埋納（下）」『古代』100　pp.5-87

田中新史ほか　1988『「王賜」銘鉄剣概報』吉川弘文館

田中幸夫　1935「筑前宗像郡釣川の遺蹟」『考古学評論』1-2　pp.41-47

田中　裕　1992「小型埋葬施設出土の日本初期の鈴」『史跡森将軍塚古墳』更埴市教育委員会　pp.536-544

田中義昭　1969「白山2号墳」『我孫子古墳群』我孫子町教育委員会　pp.191-197

田中良之　2004「殯再考」『福岡大学考古学論集―小田富士雄先生退職記念―』小田富士雄先生退職記念事業会　pp.661-627

玉城一枝　1992「足玉考」『同志社大学考古学シリーズⅤ　考古学と生活文化』pp.235-250

玉城一枝　1994「古墳構築と玉使用の祭祀」『博古研究』8　pp.12-34

玉城一枝　2008「藤ノ木古墳の被葬者と装身具の性差をめぐって」『考古学からみた古代の女性』大阪府立近つ飛鳥博物館　pp.70-73

玉城一枝　2015「藤ノ木古墳の南側被葬者男性説は成り立つのか」『同志社大学考古学シリーズⅩⅠ　森浩一先生に学ぶ』pp.351-360

田村実造　1990『アジア史を考える』中央公論社

千賀　久ほか　1988『寺口忍海古墳群』新庄町教育委員会

千葉徳爾　1975『狩猟伝承』法政大学出版局

中国社会科学院考古研究所　1980『中国古代天文文物図集』文物出版社

中條英樹　2003「土製品からみた墳頂における儀礼について」『史跡昼飯大塚古墳』大垣市教育委員会　pp.447-454

張　殿甲　1991「試析渾江市永安遺址出土的銅鈴」『博物館研究』1991-2　pp.82-87

塚田良道　1991『朝鮮半島から武蔵へ　海をわたってきた文化』行田市郷土博物館

塚田良道　2007『人物埴輪の文化史的研究』雄山閣

辻川哲郎　2007「埴輪生産からみた須恵器工人」『考古学研究』54-3　pp.79-98

常木　晃ほか　2004『稲荷山』大栄町教育委員会・稲荷山遺跡調査会

常松幹雄ほか　1995『クエゾノ遺跡』（福岡市埋蔵文化財調査報告書420）福岡市教育委員会

津野　仁　2003「唐様大刀の展開」『研究紀要』11　（財）とちぎ生涯学習文化財団　埋蔵文化財センター　pp.61-94

坪井正五郎　1895「足結の小鈴」『史学雑誌』6-7　pp.56-64

坪井正五郎　1901『はにわ考』東京東洋社（のち坪井正五郎1972『日本考古学選集3』築地書館 pp.56-72に再録）

津屋崎町教育委員会　1998『生家釘ヶ裏遺跡』（津屋崎町文化財調査報告書 14）
出島村史編さん委員会　1971『出島村史』出島村教育委員会
天理市教育委員会　1985『岩室池古墳　平等坊・岩室池遺跡』
東大寺　2015『国宝東大寺金堂鎮壇具保存修理調査報告書』
東野治之　1980「護身剣銘文考」『文学』48-1　pp.127-136
東北・関東前方後円墳研究会編　2008『埴輪の風景〜構造と機能〜』六一書房
徳田誠志・清喜裕二　2001「仁徳天皇　百舌鳥耳原中陵の墳丘外形調査及び出土品」『書陵部紀要』52　pp.1-19
鳥取県教育文化財団　1994『南谷大山遺跡Ⅱ　南谷29号墳』（鳥取県教育文化財団調査報告書 36）
鳥取県教育文化財団　1997『長瀬高浜遺跡Ⅶ』（鳥取県教育文化財団調査報告書 49）
豊島直博　2001「古墳時代後期における直刀の生産と流通」『考古学研究』48-2、pp.82-100
中井正幸ほか　2003『史跡昼飯大塚古墳』大垣市教育委員会
長岡拓也・坂　靖　1991「古墳出土の鋳造鉄斧地名表」『寺口千塚古墳群』奈良県立橿原考古学研究所　pp.251-253
中沢良一・長滝歳康　2003『白石古墳群Ⅱ』美里町教育委員会
長滝歳康　2003「左右で異なる馬装の馬形埴輪」『白石古墳群Ⅱ』美里町教育委員会　pp.224-228
中田尚子　1989「万葉集にみる女性の髪」『生活文化史』15　pp.1-14
中田　英　1981「古代東国集落における掘立柱建物の一考察」『神奈川考古』12　pp.115-134
中田　英　2005「全周する布掘・「溝持ち」掘立柱建物」『古代東国の考古学　大金宣亮氏追悼論文集』慶友社　pp.577-592
中西克宏　1994「集落跡出土の鋳造鉄斧」『東大阪市文化財協会ニュース』6-2　pp.9-17
中西克宏ほか　1997『鬼塚遺跡第8次発掘調査報告書』財団法人東大阪市文化財協会
中野和浩　2001『島内地下式横穴墓群』えびの市教育委員会
長濱誠司ほか　2002『年ノ神古墳群』（兵庫県文化財調査報告 234）兵庫県教育委員会
中原　斉ほか　1985『里仁古墳群〈32・33・34・35号墳の調査〉』鳥取県教育文化財団
中村倉司　1994「渡来人の祀る神社─白髭神社に道教思想を探る─」『埼玉県立博物館紀要』19　pp.21-58
中村倉司　1995「鬚を蓄えた人物埴輪─渡来人の幻影をみる─」『土曜考古』19　pp.23-49
生江芳徳ほか　1979『加倉古墳群』浪江町教育委員会
奈良県立橿原考古学研究所　1990『斑鳩藤ノ木古墳第1次調査報告書』斑鳩町教育委員会
奈良文化財研究所編　2008『特別史跡　キトラ古墳発掘調査報告』文化庁・奈良文化財研究所・奈良県立橿原考古学研究所・明日香村教育委員会
新納　泉　1983「装飾付大刀と古墳時代後期の兵制」『考古学研究』30-3　pp.50-70
新納　泉ほか　2001『定東塚・西塚古墳』岡山大学考古学研究室
西川　宏　1975『吉備の国』学生社
西川　宏　1986「三輪山第6号墳」『岡山県史　第18巻　考古資料』岡山県　pp.378-379

引用・参考文献一覧

西田健彦ほか　1991『舞台・西大室丸山』群馬県教育委員会

西谷真治・鎌木義昌　1959『金蔵山古墳』(倉敷考古館研究報告1)　倉敷考古館

西野善勝ほか　1999『武蔵台東遺跡』都営川越道住宅遺跡調査会

西山要一　1986「古墳時代の象嵌」『考古学雑誌』72-1　pp.1-30

西山要一　1995「文字の書かれた大刀」『考古学と自然科学』31・32　pp.81-105

西山要一　1999「東アジアの古代象嵌銘文大刀」『文化財学報』17　pp.37-85

西山要一・山口誠治・李午憙　1996・1997「日韓古代象嵌遺物の基礎的研究（一）・（二）」『青丘学術論集』9・10　pp.7-96　pp.99-174

二宮忠司ほか　1980『吉武塚原古墳群』（福岡市埋蔵文化財調査報告書54）福岡市教育委員会

日本随筆大成編輯部編　1975『日本随筆大成7』吉川弘文館　pp.7-55　pp.255-279

橋本達也・藤井大祐　2007『古墳以外の墓制による古墳時代墓制の研究』鹿児島大学総合研究博物館

橋本英将　2012「東大寺金堂鎮壇具を見直す（1）」『考古学雑誌』96-2　pp.36-50

橋本博文　1981「埴輪研究の動静を追って」『歴史公論』63　pp.120-130

橋本博文　1980「埴輪祭式論」『塚廻り古墳群』群馬県教育委員会　pp.337-368

橋本博文　1981a「埴輪研究の動静を追って」『歴史公論』63　pp.120-130

橋本博文　1981b「ⅩⅤ梶山古墳出土玉類をめぐって」『梶山古墳』大洋村教育委員会　pp.61-80

橋本博文　1986「埴輪研究余録（その1）」『早大所沢文化財調査室月報』11　pp.2-7

橋本博文　1987「関東地方の埴輪」『季刊考古学』20　pp.72-77

橋本博文　1992「古墳時代後期の政治と宗教」『日本考古学協会1992年度大会　研究発表要旨』日本考古学協会　pp.81-96

橋本博文　1993「埴輪の語るもの」『はにわ』群馬県立歴史博物館　pp.17-22

花田勝広　1993「宗像郷土館の研究」『古文化談叢』30（上）　pp.413-467

花田勝広　2000「大壁建物集落と渡来人（上・下）」『古代文化』52-5・7　pp25-38・pp.29-39

土生田純之　1998a（初出1996）「古墳出土の須恵器（Ⅲ）」『黄泉国の成立』学生社　pp.80-101

土生田純之　1998b（初出1994）「畿内型石室の成立と伝播」『黄泉国の成立』学生社　pp.173-199

土生田純之　1998c（初出1995）「古墳構築過程における儀礼」『黄泉国の成立』学生社　pp.202-221

土生田純之　1998d（初出1987）「『記紀』と横穴式石室」『黄泉国の成立』学生社　pp.304-314

土生田純之　2006『古墳時代の政治と社会』吉川弘文館

土生田純之　2010「古墳時代後期における西毛（群馬県西部）の渡来系文物」『国立歴史民俗博物館研究報告』158　pp.181-195

原田淑人　1918「唐代女子騎馬土偶に就いて」『考古学雑誌』8-8　pp.1-10

原田淑人　1962『東亜古文化論考』吉川弘文館

坂野和信　2005「畿内と東国の古墳中期における韓半島系食器―丸底と平底食器の系譜―」『考古学雑誌』89-3　pp.25-61

坂野和信　2007『古墳時代の土器と社会構造』雄山閣

坂　　靖　1988「埴輪文化の特質とその意義」『橿原考古学研究所論集　第八』吉川弘文館　pp.293-393

坂　　靖　1996「古墳時代の導水施設と祭祀」『月刊考古学ジャーナル』398　pp.16-20

坂　　靖　2000「埴輪祭祀の変容」『古代学研究』150　pp.127-134

坂　　靖　2001「近畿地方の武器・武具形埴輪」『古代武器研究』2　pp.85-91

坂　　靖　2014「韓半島の埴輪と日本列島」『韓国円筒形土器（墳周土器）の研究　現況と課題』国立羅州文化財研究所・全南大学校博物館　pp.153-169

坂　　靖ほか　1991『寺口千塚古墳群』（奈良県史跡名勝天然記念物調査報告62）奈良県教育委員会

東影　悠　2011「東北地方における埴輪製作技術の導入と展開」『シンポジウム〈もの〉と〈わざ〉』東北・関東前方後円墳研究会　pp.83-94

東村純子　2011『考古学からみた古代日本の紡織』六一書房

樋口隆康　1972「鐙の発生」『青陵』19（のち森浩一編　1993『馬の文化叢書一　古代』馬事文化財団　pp.325-327に再録）

樋口隆康ほか　2002『岩崎山第4号古墳・快天山古墳発掘調査報告書』津田町教育委員会・綾歌町教育委員会

樋口吉文ほか　1991「四ツ池遺跡」『堺市文化財概要報告　第18冊』堺市教育委員会

比佐陽一郎　1992「埴輪馬の馬具」『同志社大学考古学シリーズⅤ　考古学と生活文化』pp.279-289

日高　慎　1999「大阪府守口市梶二号墳出土の狩猟場面を表現した埴輪群」『駆け抜けた人生笠原勝彦君追悼文集』笠原勝彦君追悼文集編集委員会　pp.76-94

日高　慎　2000「風返稲荷山古墳出土須恵器をめぐる諸問題」『風返稲荷山古墳』霞ヶ浦町教育委員会　pp.109-120

日高　慎　2001「東北北部・北海道地域における古墳時代文化の受容に関する一考察」『海と考古学』4　pp.1-22

日高　慎　2002「水界民と港を統括する首長」『専修考古学』9　pp.31-45

日高　慎　2004「第3節　歴史時代　1.土坑」『稲荷山』大栄町教育委員会・稲荷山遺跡調査会　pp.141-152

日高　慎　2005「象嵌の形態とその意味するもの―律令期の刀剣類にみる―」『月刊考古学ジャーナル』532　pp.15-18

日高　慎　2006「香川県丸亀市綾歌町岡田万塚出土の鋳造鉄斧」『考古学雑誌』90-4　pp.54-64

日高　慎　2011a「6世紀後半における長距離供給埴輪について」『埴輪研究会誌』15　pp.93-102

日高　慎　2011b「古墳の葬送儀礼と埴輪」『日本考古学協会2011年度栃木大会研究発表資料集』日本考古学協会2011年度栃木大会実行委員会　pp.327-333

日高　慎　2013a「「公の芸術作品」だった人物埴輪」『新発見　週刊日本の歴史　古墳時代2』朝日新聞出版　pp.30-32

日高　慎　2013b『東国古墳時代埴輪生産組織の研究』雄山閣

日高　慎・赤沼英男・常木　晃　2004「千葉県稲荷山遺跡出土の七星剣をめぐる諸問題」『日本考古

引用・参考文献一覧

　　　　学協会第 70 回総会研究発表要旨』pp.162-165
日高　慎ほか　2000『風返稲荷山古墳』霞ヶ浦町教育委員会
兵庫県教育委員会　1984『筒江遺跡群』（兵庫県文化財調査報告書 31）
平井　勝　1982『殿山遺跡・殿山古墳群』（岡山県埋蔵文化財発掘調査報告 47）岡山県教育委員会
平林章仁　1992『鹿と鳥の文化史』白水社
広島県教育委員会　1974『西願寺遺跡群』（広島市高陽町矢口所在遺跡群の調査概報）
広瀬和雄　2013『古墳時代を再考する』同成社
深澤敦仁　2007「「喪屋」の可能性をもつ竪穴」『同志社大学考古学シリーズⅨ　考古学に学ぶⅢ』
　　　　pp.375-389
深澤敦仁ほか　2004『多田山古墳群』財団法人群馬県埋蔵文化財調査事業団
冨加見泰彦ほか　1990『陶邑大庭寺遺跡Ⅱ』（財）大阪府埋蔵文化財協会
福島県　1964『福島県史　第 6 巻資料編 1 考古資料』
福島県教育委員会　1982『原山 1 号墳発掘調査概報』
福永光司　1987『道教思想史研究』岩波書店
藤沢　敦　1992『西屋敷一号墳・吉ノ内一号墳発掘調査報告書』角田市教育委員会
藤沢　敦　2002「東北地方の円筒埴輪」『埴輪研究会誌』6　pp.17-42
藤田和裕・安楽　勉　1984『コフノ阹遺跡』（上対馬町文化財調査報告書 1）上対馬町教育委員会
古瀬清秀　1974「古墳時代鉄製工具の研究―短冊形鉄斧を中心として―」『考古学雑誌』60-2
　　　　pp.31-56
古屋紀之　2007『古墳の成立と葬送祭祀』雄山閣
古屋紀之　2009「弥生墳墓から古墳へ」川崎市市民ミュージアム編『墓から探る社会』雄山閣
　　　　pp.168-173
朴沢志津江ほか　2002『角塚古墳』胆沢町教育委員会
穂積裕昌　2004「いわゆる導水施設の性格について」『古代学研究』166　pp.1-20
前田敬彦　2001『渡来文化の波―5～6 世紀の紀伊国を探る―』和歌山市立博物館
前原　豊ほか　1992『後二子古墳・小二子古墳』前橋市教育委員会
間壁葭子　1987「考古学から見た女性の仕事と文化」『古代の日本 12　女性の力』中央公論社
　　　　pp.17-66
間壁葭子　1988「装飾須恵器の小像群」『倉敷考古館研究集報』20　pp.33-84
馮　時　2001『中国天文考古学』社会科学文献出版社
桝井豊茂ほか　1990『ヒル塚古墳発掘調査概報』八幡市教育委員会
増田逸朗ほか　1982『後張』（埼玉県埋蔵文化財調査事業団報告書 15　財団法人埼玉県埋蔵文化財
　　　　調査事業団
増田精一　1976『埴輪の古代史』新潮社
増田精一　1986「結髪について」『武者塚古墳』新治村教育委員会　pp.76-78
増田美子　1995『古代服飾の研究』源流社

増田美子　1996「人物埴輪の意味するもの」『学習院女子短期大学紀要』34　pp.1-17
増田美子　2002『日本喪服史【古代篇】』源流社
町田　章　1987（初出は1976）「環頭の系譜」『古代東アジアの装飾墓』同朋社　pp.90-114
松浦哲二　1977『磐田67号墳調査報告書』（磐田市立郷土館報告2）磐田市教育委員会
松尾昌彦　2002『古墳時代東国政治史論』雄山閣
松尾昌彦　2004「古墳時代後期の石材交流と舟運」『専修考古学』10　pp.173-179
松尾充晶　2005「装飾付大刀の表徴機能・氏族関係に関する研究史」『装飾付大刀と後期古墳』島根県教育庁古代文化センター　pp.7-10
松田　度ほか　2007「井辺八幡山古墳の再検討」『同志社大学歴史資料館館報』10　pp.13-34
松戸市教育委員会　1997『松戸市埋蔵文化財地図』
松戸市立博物館　2003『川の道　江戸川』
松前　健　1990「大嘗・新嘗祭と真床追衾」『國學院雑誌』91-7　pp.494-518
松村昌彦　1977「地蔵堂山遺跡群」『高陽新住宅市街地開発事業地内埋蔵文化財発掘調査報告』広島県教育委員会
松室孝樹　1996「竪穴住居に設置されるL字形カマドについて」『韓式系土器研究』Ⅵ　pp.147-183
松本政春　1991「貴族官人の騎馬と乗車」『日本歴史』515　pp.18-30
丸子　亘ほか　1978『城山第1号前方後円墳』小見川町教育委員会
三浦京子ほか　1998『世良田諏訪下遺跡』尾島町教育委員会
三上次男　1972「高松塚古墳壁画の服装について」『飛鳥高松塚古墳』学生社　pp.278-287
三品彰英　1971「民族学から見た『魏志』倭人伝（増補）」『三品彰英論文集　第3巻　神話と文化史』平凡社　pp.47-114
水口昌也・門田了三　1978『名張市遺跡調査概要　蔵持黒田遺跡　前山遺跡群』名張市教育委員会
水澤幸一　2009「陶質土器」『天野遺跡3次・4次』胎内市教育委員会　pp.196-197
水野清一ほか　1953『対馬』（東方考古学叢刊乙種第六冊）東亜考古学会
水野正好　1971「埴輪芸能論」『古代の日本2　風土と生活』角川書店　pp.255-278
水野正好　1990「王権継承の考古学事始」『ドルメン』4　pp.4-39
道澤　明ほか　1991『千葉県八日市場市鷲ノ山横穴墓A群発掘調査報告書』鷲ノ山横穴墓群調査会
皆川隆男ほか　2003『稲古舘古墳・稲古舘遺跡』須賀川市教育委員会
峰村　篤ほか　2005『行人台遺跡』松戸市遺跡調査会
三宅宗議ほか　1975『青山横穴古墳群・混内山横穴古墳群』三本木町教育委員会
宮坂光昭ほか　1988『一時坂』諏訪市教育委員会
宮島一彦　1999「キトラ古墳天文図」『キトラ古墳学術調査報告書』明日香村教育委員会　pp.51-63
宮島一彦　2014「朝鮮・天象列次分野之図の諸問題」『大阪市立科学館研究報告』24　pp.57-64
宮　宏明　1992「Ⅳ結び」『一九九一年度大川遺跡発掘調査概報』余市町教育委員会　pp.50-53
宮本勢助　1933「肩巾考」『民俗学』5-9・10　pp.1-14・pp.15-42
村上英之助　1981「古墳時代の斧形鋳鉄品」『たたら研究』24　pp.1-11

村上恭通　2004「古墳時代の鉄器生産と社会構造」『文化の多様性と比較考古学』考古学研究会　pp.67-74

村田文夫　1995「横穴式石室・横穴墓内を垂下する布帛」『みちのく発掘―菅原文也先生還暦記念論集―』pp.343-365

村田文夫　2000「横穴式石室・横穴墓内を垂下する布帛・その後」『民俗と考古の世界―和田文夫先生頌寿記念献呈論文集』

pp.261-285

村田文夫　2007「狭蠅なす妖魔・悪鬼を放逐する呪術・その断想」『史峰』35　新進考古学同人会　pp.15-28

茂木雅博　1994『古墳時代寿陵の研究』雄山閣

望月薫弘・中野　宥　1979『駿河井庄段古墳』静岡市教育委員会

望月薫弘ほか　1962『駿河丸山古墳』静岡市教育委員会

本村豪章　1991「古墳時代の基礎研究稿―資料編（Ⅱ）―」『東京国立博物館紀要』26　pp.11-282

森　浩一　1972「三、左側くびれ部と穿孔土器」『井辺八幡山古墳』同志社大学文学部考古学研究室　pp.325-329

森　浩一　1987「古墳にみる女性の社会的地位」『古代の日本12　女性の力』中央公論社　pp.67-112

森　浩一　1993『日本神話の考古学』朝日新聞社

森　浩一ほか　1972『井辺八幡山古墳』同志社大学文学部考古学研究室

森　浩一ほか　1973「三重県わき塚古墳の調査」『古代学研究』66　pp.14-37

森下章司ほか　1997『行者塚古墳発掘調査概報』（加古川市文化財調査報告書15）加古川市教育委員会

森田克行　2009「今城塚古墳の実像と埴輪群」『国宝武人埴輪、群馬へ帰る！』群馬県立歴史博物館　pp.186-193

森田克行　2011a『よみがえる大王墓　今城塚古墳』新泉社

森田克行　2011b「大王の荘厳なる埴輪宇宙」『考古学ジャーナル』617　pp.22-26

森田克行ほか　1993『新池』（高槻市文化財調査報告書17）高槻市教育委員会

森田　悌　1995「埴輪の祭り」『風俗』122　日本風俗史学会　pp.2-22

諸橋轍次　1956『大漢和辞典　巻3』大修館書店

諸橋轍次　1958『大漢和辞典　巻7』大修館書店

安居香山　1969『緯書』明徳出版社

安居香山　1988『緯書と中国の神秘思想』平河出版社

安居香山・中村璋八編　『重修　緯書集成』（全6巻）明徳出版社

安永周平　2006「双六古墳出土の装飾付ガラス玉（通称トンボ玉）について」『双六古墳』壱岐市教育委員会　pp.93-104

柳沢一男ほか　2002『鋤崎古墳』福岡市教育委員会

柳田康雄ほか　1968『炭焼古墳群』（福岡県文化財調査報告書37）福岡県教育委員会

山岸裕美子　1998「埴輪女子像の服飾」『群馬社会福祉短期大学研究紀要』1　pp.111-118

横山邦継・加藤良彦　2003『吉武遺跡群　ⅩⅤ』（福岡市埋蔵文化財調査報告書775）福岡市教育委員会

吉澤　悟　2004「第3節　歴史時代　2.火葬墓」『稲荷山』大栄町教育委員会・稲荷山遺跡調査会　pp.152-154

吉澤　悟　2011『奈良時代の仏教美術と東アジアの文化交流（第二分冊）』奈良国立博物館

吉村正親ほか　1989『堀切古墳群調査報告書』（田辺町埋蔵文化財調査報告書11）田辺町教育委員会

吉本正典・戸高眞知子　1994『野久首遺跡　平原遺跡　妙見遺跡』（九州縦貫自動車道建設工事にともなう埋蔵文化財調査報告書2）宮崎県教育委員会

米田耕之助　1976「上総山倉1号墳の人物埴輪」『古代』59・60合併号　pp.70-80

若狭　徹　2000「人物埴輪再考」『保渡田八幡塚古墳』群馬町教育委員会　pp.485-520

若狭　徹　2009『もっと知りたいはにわの世界』東京美術

若松良一　1986a「形象埴輪群の配置復原について」『瓦塚古墳』（埼玉古墳群発掘調査報告書4）埼玉県教育委員会　pp.83-86

若松良一　1986b「人物埴輪腕の製作技法について」『瓦塚古墳』（埼玉古墳群発掘調査報告書4）埼玉県教育委員会　pp.87-88

若松良一　1987「人物埴輪編年試論」『討論群馬・埼玉の埴輪』あさを社　pp.136-161

若松良一　1988『はにわ人の世界』埼玉県立さきたま資料館

若松良一　1991「双脚輪状文と貴人の帽子」『埼玉考古学論集』埼玉県埋蔵文化財調査事業団　pp.711-738

若松良一　1992a「人物・動物埴輪」『古墳時代の研究9　埴輪』雄山閣　pp.108-150

若松良一　1992b「再生の祀りと人物埴輪」『東アジアの古代文化』72　pp.139-158

若松良一・日高　慎　1992「形象埴輪の配置と復原される葬送儀礼（上）」『調査研究報告』5　埼玉県立さきたま資料館　pp.3-20

若松良一・日高　慎　1993「形象埴輪の配置と復原される葬送儀礼（中）」『調査研究報告』6　埼玉県立さきたま資料館　pp.1-12

若松良一・日高　慎　1994「形象埴輪の配置と復原される葬送儀礼（下）」『調査研究報告』7　埼玉県立さきたま資料館　pp.25-46

若松良一ほか　1989『奥の山古墳・瓦塚古墳・中の山古墳』（埼玉古墳群発掘調査報告書7）埼玉県教育委員会

若松良一ほか　1992『二子山古墳・瓦塚古墳』（埼玉古墳群発掘調査報告書8）埼玉県教育委員会

和歌森太郎　1958「大化前代の喪葬制について」『古墳とその時代』(2)　朝倉書店　pp.55-81

和歌山県教育委員会　1984『鳴神地区遺跡発掘調査報告書』

和歌山県文化財研究会　1973『鳴滝古墳群緊急発掘調査現地説明会資料』

和歌山県立紀伊風土記の丘　2013『大日山35号墳発掘調査報告書』和歌山県教育委員会

鷲尾順敬編　1970『日本思想闘諍史料 4』名著刊行会　pp.228-259　pp.262-307
和田　萃　1993「古代の喪葬儀礼と埴輪群像」『はにわ―秘められた古代の祭祀―』群馬県立歴史博物館　pp.11-14
和田　萃　1995a（初出 1969）「殯の基礎的考察」『日本古代の儀礼と祭祀・信仰（上）』塙書房　pp.7-83
和田　萃　1995b（初出 1978）「薬狩と本草集注」『日本古代の儀礼と祭祀・信仰（中）』塙書房　pp.93-149
和田一之輔　2010「尾張系埴輪の展開にみる諸相」『待兼山考古学論集Ⅱ』大阪大学考古学研究室　pp.525-538
和田晴吾　1989「葬制の変遷」『古代史復元 6　古墳時代の王と民衆』講談社　pp.105-119
和田晴吾　1992「群集墳と終末期古墳」『新版古代の日本 5　近畿Ⅰ』角川書店　pp.325-350
和田晴吾　1995「棺と古墳祭祀」『立命館文学』542　pp.484-511
和田晴吾　2009「古墳の他界観」『国立歴史民俗博物館研究報告』152　pp.247-272
和田晴吾　2014『古墳時代の葬制と他界観』吉川弘文館
和田千吉　1919「備中国都窪郡新庄下古墳」『考古学雑誌』9-11　pp.33-45
藁科哲男・東村武信　2001「大川遺跡出土の管玉の産地分析」『大川遺跡における考古学的調査Ⅳ』余市町教育委員会　pp.342-353

初出論文との対応

　以下、初出論文との対応を示す。いずれも文意や論旨の変更はしていないが、体裁を整えたり、適宜補註やその後の知見などを加えたりしている。また、初出論文掲載誌の都合等で削除していた部分を改めて記述したものもある。地名は2015年現在のものに変更した。

第Ⅰ部　埴輪編

第1章　埴輪の装いとその意義
　　（「日常の装い」『古墳時代の考古学』6　同成社　2013年）

第2章　形象埴輪群像を読み解く
　　（「埼玉県埼玉瓦塚古墳の埴輪群像を読み解く」『埴輪群像を読み解く』かみつけの里博物館　2000年）

第3章　東北の前方後円墳埴輪配列
　　（「東北の前方後円墳埴輪体系」『月刊考古学ジャーナル』617　2011年）

第4章　形象埴輪群像における動物
　　（「形象埴輪のなかの動物たち―狩猟場面を再現する動物埴輪―」『犬の考古学』かみつけの里博物館　2002年）

第5章　甲塚古墳の埴輪群像における被葬者像
　　（「甲塚古墳の埴輪配列について」『甲塚古墳』下野市教育委員会　2014年）

第6章　被葬者の埴輪
　　（「埴輪に表現された被葬者」『同志社大学考古学シリーズⅩⅠ　森浩一先生に学ぶ』2015年）

第7章　古墳時代の葬送儀礼
　　（「葬送儀礼」『古墳時代研究の現状と課題　上』同成社　2012年）

第Ⅱ部　副葬品・渡来系資料編

第1章　後期古墳における刀類立てかけ副葬について
　　（「後期古墳における刀類立てかけ副葬について」『王権と武器と信仰』同成社　2008年）

第2章　稲荷山遺跡出土七星剣考
　　（「稲荷山遺跡出土七星剣考」『博古研究』35　博古研究会　2008年）

第3章　北海道大川遺跡の渡来系資料
　　（「北海道大川遺跡出土資料の再検討」『同志社大学考古学シリーズⅧ　考古学に学ぶⅡ』2003年）

初出論文との対応

第4章　行人台遺跡の鋳造鉄斧と多孔式甑―東京湾沿岸地域と渡来系資料―

　　　（「松戸市行人台遺跡の鋳造鉄斧と多孔式甑―東京湾沿岸地域と渡来系文物―」『海と考古学』

　　　六一書房　2005年）

第5章　行人台遺跡出土の金海系土器について

　　　（「行人台遺跡出土の金海系土器について」『松戸市立博物館紀要』14　2007年）

第6章　横坐り乗馬考

　　　（「横坐り乗馬再考」『同志社大学考古学シリーズⅨ　考古学に学ぶⅢ』2007年）

第7章　埴輪にみる渡来文化

　　　（「埴輪にみる渡来文化」『アーキオ・クレイオ』12　東京学芸大学考古学研究室　2015年）

第8章　東国における渡来系資料の流入と展開

　　　（「東国古墳時代における渡来文化の流入と展開」『百済文化』50　公州大学校百済文化研究所

　　　2014年）

あとがき

　本書は、前書『東国古墳時代埴輪生産組織の研究』に続く私の2冊目の論文集である。前書では、あとがきに書いたように博士論文の第10～12章を削除していたので、本書において博士論文の第10章を第Ⅰ部第2章、第11章を第Ⅰ部第4章、第12章を第Ⅱ部第6章としてまとめることにした。博士論文の口頭試問において、主査の土生田純之先生をはじめとして副査の先生方から、これらの各章は別にまとめたほうがよいという貴重なご指摘を頂いたこともあり前書では割愛した。これで博士論文のすべてを公刊したことになるが、主査・副査の先生方のご意見に幾許かも答えられているならば幸甚である。

　本書は、第Ⅰ部埴輪編と第Ⅱ部副葬品・渡来系資料編という構成にした。第Ⅱ部にも渡来系資料に関わる埴輪をとりあげた論文を配したが、これは古墳時代の文化を考えるならば当然のことと言えるし、交流の実体を描こうとしたならばさまざまな物質資料が浮かび上がってくる。文化と交流という本書の題名は、私の古墳時代観を投影したものに他ならない。

　私は「東国」という地域名にこだわって、これまで研究を進めてきた。それは、古墳時代はもとより、それ以前・以降についても、「東国」には中心地（畿内）とは異なる論理があったと考えているからである。また、地域の歴史を繙くなかで中心地である畿内の様相もわかってくるはず、との考えがある。森浩一先生が、同志社大学在学中の講義や日常の対話の中で、「地方」ではなく「地域」と呼ぶように強く主張されていたことを、私なりに拙いながらも実践してきた結果である。畿内の古墳文化研究を肌で感じていた同志社大学を経て、筑波大学大学院で岩﨑卓也先生、西野元先生をはじめとする多くの先生方にお世話になっていた時には、茨城（常陸）という恰好のフィールドを中心に古墳時代社会を考えようとしてきた。そのなかで、常陸をはじめとする太平洋沿岸地域に独特な文化交流があることにも気付かされた。これは、日本海沿岸地域にもいえることで、今後一書としてまとめたいと考えている。

　本書は古墳時代をあつかったものであるが、第Ⅱ部第2章のみやや異なる時代をとりあげている。すなわち奈良時代末から平安時代初めころの象嵌鉄刀である。しかし、象嵌鉄刀（特に刀装具への象嵌）はむしろ古墳時代に隆盛した物質資料であり、その思想的背景を考える上では古墳時代やそれ以降と同時代の大陸文化に目を向けなければならない。このことから、本書に収め渡来系資料の一つとして理解しようとした。

　本書の論文は最近15年間に著したものであるが、こうして本書をまとめてみると、私がいかに多くの先達から課題を与えて頂き、それに応えるべく論文として研究成果を公にしてきたかがわかる（期待に応えられたかどうかは心許ないところであるが）。第Ⅰ部第1章から第5章お

あとがき

よび第7章は、多くの諸先輩に課題を与えられ執筆したものであり、第6章についても第5章で考えた内容を発展させて執筆したものである。一方の第Ⅱ部は自らの研究課題を考究すべく執筆したものであるが、第1章は茨城県かすみがうら市風返稲荷山古墳の報告書をまとめていた際に認識された課題、第2章は千葉県成田市稲荷山遺跡の報告書をまとめていた際に考究できなかった課題、第4・5章は千葉県松戸市行人台遺跡の報告書執筆以降の新たな課題、第6章は千葉県横芝光町姫塚古墳の整理作業で認識された課題をもとにしている。第7・8章は近年の私の研究関心についてその基本的な考えを述べたものである。

つまり、多くの論文は先達から課題を与えられたものや、私が関わった報告等を発展させたものであり、論文執筆の動機づけという面では偶然（もちろん必然でもあるわけだが）関わることになった考古資料がもとになっている。この間、多くの方々との対話、快く資料を実見させて頂いた研究者の方々に便宜を図って頂いて論文を執筆してきた。お名前は記さないがお世話になった多くの方々に感謝申し上げたい。

私の研究姿勢について改めて申し上げておきたい。新たな手法・視点による多くの論文が公になっていることは誠に喜ばしいことであるが、一方で、近年では研究史を渉猟するという基本がややもすれば見逃されがちであると感じている。私はできるかぎり論文・報告等の孫引きはせず、引用箇所がはっきりとわかるように示すことが研究者の務めであると考え、それを実践してきた。本書においても引用論文・報告、引用箇所の頁などをしっかりと提示することで、プライオリティーを守るように心掛けた。これは2014年春に起こった論文不正問題やコピペ問題に対して、研究者が果たし得る重要かつ最低限の方法である。私が日常的に対話している東京学芸大学の学生たちにも、引用箇所を提示するよう口酸っぱく言い続け、ことあるごとに研究史をしっかり纏めることの重要性を指摘してきた。近年の東京学芸大学考古学研究室の卒業論文・修士論文をみると、私の意図するところが浸透してきたと感じている。また、私が東京学芸大学に赴任した2011年以降に書いた論文は、論文を公にする前に学生たちにその内容を話し、共に議論したことを反映したところもある。議論につきあってくれた学生たちにも感謝したい。

最後に、土日など外に出る機会も多く春季や夏季に長期調査に出掛けるなど、我儘な私をいつも温かく見守ってくれている妻理恵に改めて感謝したい。

2015年4月6日　　日高　慎

索 引

人物

【あ行】
赤沼英男 112
東潮 130
穴沢咊光 104
天野哲也 117
石戸啓夫 83
泉森皎 19, 82, 96
市毛勲 16
伊藤順一 112
犬木努 37
井上裕一 139
猪熊兼繁 13
岩﨑卓也 74, 75
宇垣匡雅 98
梅沢重昭 25
江上波夫 118
海老澤美基 154
榎村寛之 26
太田博之 18, 147, 155
大塚和義 48
大塚初重 94
大沼忠春 116
岡田精司 25, 85
岡田莊司 26
折口信夫 26
【か行】
片山一道 154
片山祐介 98
亀井正道 13
亀田修一 137, 159

川西宏幸 17
上林史郎 94
菊池俊彦 117
菊地芳朗 96
岸俊男 104
木下順二 142
熊谷公男 26
車﨑正彦 25
小嶋芳孝 118
後藤守一 12
小林高範 115
小林行雄 13, 26, 78
五味充子 15
近藤義郎 63, 73, 75
【さ行】
斎藤国夫 152
酒井清治 128
酒井元樹 111
坂本豊治 98
佐田茂 15
佐藤渉 98
佐原眞 142
沢田むつ代 21
白石太一郎 79
白澤崇 98
申敬澈 135
末永雅雄 13, 112
菅谷文則 82
杉原たく哉 109
杉山晋作 18, 139

鈴木健夫 141
須藤宏 25
薗田香融 96
【た行】
高橋克壽 25
高橋健自 12
滝口宏 25
田口一郎 155, 162
武末純一 138
武田佐知子 16
辰巳和弘 16, 94, 98
田中新史 130
田中裕 118
田中良之 83
玉城一枝 72, 146
千葉德爾 46
塚田良道 17
辻川哲郎 157
津野仁 104
坪井正五郎 12, 158
藤貞幹 21
東野治之 103
豊島直博 98
豊田長敦 21
【な行】
長岡拓也 130
中條英樹 75
長滝歳康 141
中田尚子 19
中田英 164

索 引

中西克宏 130
中村璋八 111
中村倉司 150
新納泉 96
西田守夫 112
西山要一 99
【は行】
橋本博文 25
土生田純之 63, 71, 79
原田淑人 13, 143
坂野和信 134
坂靖 25, 130, 156
東村武信 117
平林章仁 46
広瀬和雄 63
深澤敦仁 83
福永光司 110
古瀬清秀 115

古屋紀之 73
【ま行】
間壁葭子 45
増田精一 20
増田美子 17, 26
町田章 96
松尾昌彦 130
松尾充晶 96
松前健 26
松本政春 154
馬目順一 104
三上次男 15
三品彰英 15
水野清一 118
水野正好 25, 85, 110
宮本勢助 13
村田文夫 82, 95, 98
茂木雅博 86

本居宣長 21
桃﨑祐輔 98
森浩一 80
森田悌 25
【や行】
安居香山 111
山岸裕美子 17
山田俊輔 98
吉澤悟 106, 112
米田耕之助 16
【わ行】
若狭徹 17
若松良一 24
和歌森太郎 25
和田萃 25, 81
和田晴吾 63, 72
藁科哲男 117

用語・遺跡

【あ】
秋田城（秋田県秋田市） 104
安久路2号墳（静岡県磐田市） 130
盤頸 52
顎鬚 150
朝日天神山2号墳（大分県日田市） 155
足掛け 141
足玉 146
アスターナ墳墓 106
愛宕山下横穴（神奈川県大磯町） 162
荒田目条里遺跡（福島県いわき市） 167
アフラシヤブ丘 139, 154
脚結 27, 158
足結 19, 150, 158
【い】
家中心場面 37, 56
井刈古墳（埼玉県さいたま市）

27
伊興遺跡（東京都足立区） 129, 162
イザナギ 79
イザナミ 79
『緯書』 111
井田川茶臼山古墳（三重県亀山市） 94
市川橋遺跡（宮城県多賀市） 96
一時坂古墳（長野県諏訪市） 86
稲古舘古墳（福島県須賀川市） 104
今井学校遺跡（群馬県伊勢崎市） 164
今城塚古墳（大阪府高槻市） 23, 37, 67
磐田67号墳（静岡県磐田市） 123, 161
石見遺跡（奈良県三宅町）

19
陰剱 102
井辺八幡山古墳（和歌山県和歌山市） 79
【う】
後二子古墳（群馬県前橋市） 81
馬曳き 12
梅山古墳（奈良県明日香村） 150
【え】
江田船山古墳（熊本県和水町） 99, 118
L字竈 164
『延喜式』 47
円頭大刀 90, 96
【お】
生出塚窯跡群(埼玉県鴻巣市) 27
生出塚産 27
王塚古墳(福岡県桂川町) 98

194

大壁建物 164
大壁造り建物 165
大川遺跡（北海道余市町） 113
大川遺跡 96 号土坑墓（北海道余市町） 163
大王就任儀礼 85
大森第 2 遺跡（千葉県千葉市） 129, 155, 162
沖ノ島（福岡県宗像市） 123
送り神遺跡（千葉県市原市） 129, 161
おじょか古墳（三重県志摩市） 94
意須衣 17
意須比 12
乙植木 2 号墳（福岡県須恵町） 130
乙女山古墳（奈良県河合町） 75
小沼耕地 1 号墳（埼玉県加須市） 27
大庭寺遺跡（大阪府堺市） 134
オホーツク文化 117
織姫三星 100
尾張系埴輪 38
音乗谷古墳（京都府木津川市） 142

【か】
戈 151
海岸洞窟の墓地説 79
河鼓三星 100
鍛冶久保古墳（長野県飯綱町） 161
梶 2 号墳（大阪府守口市） 43
鹿島神宮 111
嘉祥武梁祠（中国） 106
風返稲荷山古墳（茨城県かすみがうら市） 89, 94
花仙山原産地 117

香取神宮 111
カトンボ山古墳（大阪府堺市） 130
金蔵山古墳（岡山県岡山市） 123
金鑽神社古墳（埼玉県本庄市） 162
頭椎大刀 90
甲塚古墳（栃木県下野市） 49, 141, 153
カマス切先 101
神岡上 3 号墳（茨城県北茨城市） 94
神谷作 101 号墳（福島県いわき市） 35
神谷作 106 号墳（福島県いわき市） 38
亀塚古墳（東京都狛江市） 38, 154
伽耶 128, 134
伽耶土器 162
瓦塚古墳（埼玉県行田市） 23
神前山 1 号墳（三重県明和町） 141
韓式系土器 162, 163
『含象剣鑑図』 110
貫頭 15
貫頭衣 12, 19
環頭大刀 96

【き】
『儀象法纂』 109
『魏志倭人伝』 12, 81
北野遺跡（三重県明和町） 155
キトラ古墳（奈良県明日香村） 109
衣縫部 13
吉備姫皇女王 150
鬼門 94
行者塚古墳（兵庫県加古川市） 28, 75, 123

匈奴 116
行人台遺跡（千葉県松戸市） 119, 161
金海 134
金家村大墓（中国） 20
金銀壮大刀 102
金山里方台形古墳（韓国） 158
金象嵌銘鉄剣 99
金盆嶺第 21 号墓（中国） 143
欽明陵古墳（奈良県明日香村） 150
金鈴塚古墳（千葉県木更津市） 98

【く】
公卿塚古墳（埼玉県本庄市） 162
草刈遺跡（千葉県市原市） 129, 161
草刈 1 号墳（千葉県市原市） 129
薬狩 47
百済 154
百済土器 129, 162
朽木橋 8 号横穴（宮城県古川市） 94
久保 2 号墳（埼玉県美里町） 142
雲出嶋抜遺跡（三重県津市） 161
供養・墓前祭祀 25
黒漆塗り直刀 97
黒宮大塚墳丘墓（岡山県倉敷市） 73

【け】
継体大王 67
圭頭 96
戟 151
袈裟衣 12
袈裟形 17
袈裟状 17

195

索 引

袈裟状衣 12
元乂墓 106
牽牛（河鼓） 58, 100
『鉗狂人』 21
剣崎長瀞西遺跡13号土坑（群馬県高崎市） 163
剣崎長瀞西10号墳（群馬県高崎市） 162
原始機 53

【こ】
高句麗 15, 116
格子目タタキ技法 162
高丞 143
皇南大塚北墳（韓国） 146, 153
句兵 151
黄冶唐三彩窯（中国） 143
後漢 106
胡人 18
護身剣 103
五代 109
コトドワタシ 79
後張遺跡（埼玉県本庄市） 129, 161
胡服 12, 158
小丸山古墳（岡山県赤磐市） 45
胡籙 150
権現山古墳（茨城県東海村） 162
混内山7号横穴（宮城県大崎市） 94

【さ】
斎宮 156
再生阻止儀礼 98
酒巻6号墳（埼玉県行田市） 142
酒巻14号墳（埼玉県行田市） 17, 65, 147
埼玉稲荷山古墳（埼玉県行田市） 23, 99, 163
埼玉瓦塚古墳（埼玉県行田市） 43
埼玉古墳群（埼玉県行田市） 23
埼玉将軍山古墳（埼玉県行田市） 23, 153
左衽 12, 52
サマルカンド 139
猿石 150
猿八原産地 117
サルポ 168
沢ベリ7号墳（鳥取県倉吉市） 47
三寅剣 99
三台 109

【し】
『史記天官書』 109
始皇帝陵 29
四条1号墳（奈良県橿原市） 141
七星剣 99
地鎮儀礼 72
四天王寺 99
地機 53
『事物紀原』 143
島内地下式横穴墓群（宮崎県えびの市） 97
島田髷 18
島の山古墳（奈良県川西町） 77
清水風遺跡（奈良県田原本町） 19
下桑島西原2号墳（栃木県宇都宮市） 62
下芝谷ツ古墳（群馬県高崎市） 163
しもつけ古墳群（栃木県下野市） 49
下総塚古墳（福島県白河市） 36
『重修緯書集成』 111
重層ガラス玉 168
首長権（霊）継承儀礼 25
寿墓（寿陵） 61, 72
狩猟儀礼 31
狩猟文鏡 16, 20
『春秋緯合誠図』 109
『衝口発』 21
城柵官衙 165
正倉院 99
『上代衣服考』 21
杖刀 101
青蓮寺土山C-11地区祭祀遺構（三重県名張市） 161
初期須恵器 130
織女 58
『続日本紀』 32
女真 117
新羅 32, 154
新羅系伽耶土器 162
新羅系陶質土器 162
新羅系土器 162
新羅土器 162, 165
白萩2号横穴（福岡県北九州市） 130
白石稲荷山古墳（群馬県藤岡市） 117, 164
次郎太郎2号墳（福岡県嘉麻市） 155
城山1号墳（千葉県香取市） 94, 98
白山台遺跡（栃木県栃木市） 162
秦 29
神宴儀礼 26
『新儀象法要』 109
新屋敷C区35号墳（埼玉県鴻巣市） 38

【す】
『隋書天文志』 109
垂帳 82
垂髪 20
スカート状 143
スカート状着衣 146, 154
鋤崎古墳（福岡県福岡市）

78, 98
須部Ⅱ遺跡（静岡県浜松市）161
ズボン状着衣 146, 154
【せ】
正坐 147
星宿 99
生前顕彰 25
関峯崎3号横穴（千葉県香取市）111
セスドノ古墳（福岡県田川市）97
戦国時代 116
鮮卑 164
鮮卑系 116
宣命 85
全羅道 155
【そ】
葬送儀礼 71
葬列 25
素環頭大刀 98
蘇州南宋天文図 112
【た】
大嘗祭 26, 85
大嘗祭論 26
大成洞1号墳（韓国）135
大仙陵（仁徳陵）古墳（大阪府堺市）45, 76
大日山35号墳（和歌山県和歌山市）150
太平洋ルート 167
台渡里廃寺（茨城県水戸市）165
他界における王権祭儀 25
高松塚古墳（奈良県明日香村）15, 109
高御座 85
剛志天神山古墳（群馬県伊勢崎市）25
蛇行剣 97
多孔式甑 127
蛇行状鉄器 18, 152, 168

多孔鈴 116, 164
多古台No.3地点5号墳（千葉県多古町）94
欅 17
タタキの埴輪 157
多田山古墳群69号竪穴（群馬県伊勢崎市）83
多田山3号墳（群馬県伊勢崎市）84
橘寺 150
楯築墳丘墓（岡山県倉敷市）73
玉纏大刀 96
田向2号墳（群馬県伊勢崎市）141
壇 86
短冊形水平板 50, 139
淡輪技法 157
【ち】
中国 154
中心儀礼場面 37, 56
鋳造鉄斧 122, 161
中平年銘大刀 99
『中右記』103
チュンナン遺跡（韓国）155
『塵袋』102
【つ】
塚畑古墳（福島県須賀川市）36
塚廻り3号墳（群馬県太田市）67
塚廻り4号墳（群馬県太田市）59, 67
津長 167
筒袖 16, 147
角塚古墳（岩手県奥州市）35
積石塚 162
【て】
梯形墳 156
鉄鋌 129
寺山Ⅲ号墳（茨城県筑西市）

94
天蓋 82
伝界火島 155
伝榊山古墳（岡山県岡山市）116, 117, 164
天寿国繡帳 13, 15
天象列次分野之図 112
天王壇古墳（福島県本宮市）38, 47
天王中野遺跡（静岡県浜松市）161
天馬塚古墳（韓国）154
天理 109
【と】
唐 106
稲荷台1号墳（千葉県市原市）77
稲荷山遺跡（千葉県成田市）99
道教 110
東山道ルート 167
東寺 110
陶質土器 130, 132, 162, 163, 165
導水施設 86
東大寺 102
『東大寺献物帳』102
東大寺山古墳（奈良県天理市）99
動物中心場面 37, 56
特殊扁壺 52
土口将軍塚古墳（長野県千曲市）162
舎人遺跡（東京都足立区）129
殿山遺跡（栃木県上三川町）162
戸張作遺跡（千葉県千葉市）162
渡来系資料 137
渡来系文物 128
渡来人 137, 147

索 引

虎塚古墳（茨城県ひたちなか市）94
鳥養部 32
敦煌 18
敦煌文書 106
トンボ玉 168
【な】
内蒙古包頭県 118
中井1号墳（埼玉県北本市）147
中の山古墳（埼玉県行田市）155
中村1号墳（島根県出雲市）98
名木廃寺（千葉県成田市）111
ナスビ形曲柄平鍬 54
生野山将軍塚古墳（埼玉県本庄市）162
南郷大東遺跡（奈良県御所市）86, 134
【に】
西島松5遺跡（北海道恵庭市）97
西下谷田遺跡（栃木県宇都宮市）165
西ノ辻遺跡（大阪府東大阪市）130
西求女塚古墳（兵庫県神戸市）74
二ノ谷遺跡（栃木県大野市）162
二部式衣服 16
日本海ルート 167
『日本書紀』 13
二面石 150
女騎 154
【の】
納棺・埋納儀礼 72
野毛平植出遺跡（千葉県成田市）104
野中宮山古墳（大阪府藤井寺市）42
野々間古墳（千葉県富津市）162
延島遺跡（栃木県小山市）162
【は】
培材大学所蔵資料 155
裴世清 32
拝礼 85
袴 13, 19
褌 13
土下211号墳（鳥取県北栄町）47
馬冑 168
破敵剣 103
花園3号墳（茨城県桜川市）98
ハラート 154
原山1号墳（福島県泉崎村）33
『播磨国風土記』 47
【ひ】
『常陸国風土記』 15
左乗り 143
姫塚古墳（千葉県横芝光町）28, 139, 141
平底短頸壺 155
平底坏 155
平底壺 155
平底鉢 155
昼飯大塚古墳（岐阜県大垣市）75
昼神車塚古墳（大阪府高槻市）59
ヒル塚古墳（京都府八幡市）77
領巾 13
肩巾 13
広木大町28号墳（埼玉県美里町）142
【ふ】
武王大刀 104
伏岩里2号墳（韓国）155
藤ノ木古墳（奈良県斑鳩町）146, 153, 158
舞台1号墳（群馬県前橋市）28, 77
布帛 82
舞踊塚（中国）15
古川端遺跡（埼玉県本庄市）128
墳丘守護場面 37, 56
墳周土器 147
【へ】
兵馬俑 29
辟邪 94
『弁正衣服考』 21
鑾鈴 118
【ほ】
宝器の授受 85
方形墳 156
方頭 104
法隆寺 99, 112
北魏 12, 106
北周 12, 20
北斗七星 99
墓上儀礼 72
墓前儀礼 72
渤海 117
北門1号墳（神奈川県横浜市）147
方相氏 150
保渡田Ⅶ遺跡（群馬県高崎市）43, 47
保渡田八幡塚古墳（群馬県高崎市）26, 42
保渡田二子山古墳（群馬県高崎市）48, 163
【ま】
前の山古墳（埼玉県本庄市）85
前二子古墳（群馬県前橋市）83
巻き狩り 31

鞆鞴 117
真床追衾 26
真床追衾論 26
護り刀 96
丸塚古墳（福島県相馬市）34
『万葉集』12, 104
【み】
右乗り 142
巫女 17
美豆良 18
みそ岩屋古墳（千葉県栄町）83
「溝持ち」掘立柱建物 164
任那 32
宮の入遺跡（新潟県胎内市）162
【む】
武蔵台東遺跡（東京都府中市）164
武蔵国造の乱 31
武者塚古墳（茨城県土浦市）20, 91
【め】
女代南（B）遺跡（兵庫県豊岡市）117
【も】
裳 13
殯 25

殯屋（喪屋）83
喪屋説 79
【や】
山形足金物 104
山倉1号墳（千葉県市原市）65, 147
ヤマトタケル 32
山ノ神古墳（福岡県穂波町）123
八幡原（群馬県高崎市）16
【よ】
陽剣 102
横坐り 50, 56
横坐り乗馬 139
横塚（群馬県伊勢崎市）59
横幅 12
横幅衣 19
吉田古墳（茨城県水戸市）98
吉ノ内1号墳（宮城県角田市）163
吉野ヶ里遺跡（佐賀県神埼市・吉野ヶ里町）20
四ツ池遺跡（大阪府堺市）134
黄泉国 79
黄泉戸喫（飡泉之竈）79
四足土器 134

【ら】
雷電神社跡古墳（群馬県伊勢崎市）141
洛東江 134
羅州 156
【り】
李賢夫婦墓（中国）20
龍王崎3号墳（佐賀県白石町）118
龍角寺尾上遺跡（千葉県栄町）83
梁 15
『梁職貢図』15
遼代 109
良洞里90・107号墳（韓国）135
『令義解』15, 104
【れ】
禮安里94号墳（韓国）135
【わ】
若尾山遺跡（神奈川県藤沢市）164
わき塚古墳（三重県上野市）161
綿貫観音山古墳（群馬県高崎市）25, 65, 94
和名埴輪窯（埼玉県吉見町）148

■著者紹介

日高　慎（ひだか　しん）

1968 年　東京都生まれ。
1991 年　同志社大学文学部卒業
1998 年　筑波大学大学院博士課程歴史・人類学研究科退学
1998 年　日本学術振興会特別研究員（PD）
2002 年　筑波大学歴史・人類学系文部科学技官
2004 年　東京国立博物館文化財部展示課研究員
2011 年　東京学芸大学教育学部准教授（現在に至る）
2013 年　博士（歴史学）（専修大学）

《主要著書・論文》

『北岡大塚古墳（引佐町の遺跡Ⅶ）』静岡県引佐郡引佐町教育委員会　1996 年
『風返稲荷山古墳』（分担）霞ヶ浦町教育委員会　2000 年
「妙見山古墳の埴輪—その位置付けと高浜入り周辺の埴輪生産—」『玉里村立史料館報』6　2001 年
「東北北部・北海道地域における古墳時代文化の受容に関する一試考」『海と考古学』4　2001 年
「水界民と港を統括する首長」『専修考古学』9　2002 年
「茨城県」『前方後円墳の終焉』雄山閣　2010 年
「毛野の影響圏としての北武蔵」『古墳時代毛野の実像』（季刊考古学・別冊 17）雄山閣　2011 年
『東国古墳時代埴輪生産組織の研究』雄山閣　2013 年
「総論　埴輪研究の課題—生産と流通」『月刊考古学ジャーナル』667　2015 年
「土師氏（部）と埴輪生産」『月刊考古学ジャーナル』667　2015 年

2015 年 10 月 10 日 初版発行　　　　　　　　　　　　　　　《検印省略》

東国古墳時代の文化と交流
（とうごくこふんじだいのぶんかとこうりゅう）

著　者	日高　慎
発行者	宮田哲男
発行所	株式会社　雄山閣
	〒 102-0071　東京都千代田区富士見 2-6-9
	ＴＥＬ　03-3262-3231㈹／FAX 03-3262-6938
	URL　http://www.yuzankaku.co.jp
	e-mail　info@yuzankaku.co.jp
	振替：00130-5-1685
印刷・製本	株式会社ティーケー出版印刷

©Shin Hidaka 2015　　　　　　　　　　ISBN978-4-639-02381-4 C3021
Printed in Japan　　　　　　　　　　　　N.D.C.210 199p 27cm